André Jacob
Hochbegabte Kinder in der Beratung

Basiswissen Beratung

André Jacob

Hochbegabte Kinder in der Beratung

Diagnostik und Hilfen für Familien

Online-Materialien stehen zum kostenlosen Download bereit unter: www.beltz.de.

Bibliografische Information der Deutschen Nationalbibliothek
Die Deutsche Nationalbibliothek verzeichnet diese Publikation in der Deutschen Nationalbibliografie; detaillierte bibliografische Daten sind im Internet über http://dnb.d-nb.de abrufbar.

Werderstr. 10, 69469 Weinheim
www.beltz.de · www.juventa.de
Herstellung und Satz: Ulrike Poppel
Druck und Bindung: Beltz Bad Langensalza GmbH, Bad Langensalza
Printed in Germany
ISBN 978-3-7799-3420-2

Für Erika, Laura & Sophie

Inhalt

MATERIALIEN ZUM DOWNLOAD

Einleitung

Dieses Buch entstand als Teil der Reihe Basiswissen zur Beratung, die die Bundeskonferenz für Erziehungsberatung seit dem Jahr 2016 herausgibt. Es wendet sich demzufolge in erster Linie an Beraterinnen und Berater[1] in institutionellen Beratungskontexten. Mit dieser Zielgruppe vor Augen entfaltete sich nicht nur die Systematik des Textes sondern auch dessen Inhalt. Der erste Teil bietet im Wesentlichen Wissen über die Geschichte, die Begriffe, die Modelle und aus Studien im Feld der Hochbegabung. Im zweiten Teil steht dann eher die Praxis der Diagnostik und Beratung in verschiedenen Handlungsfeldern im Fokus.

Ich verhehle nicht, dass es mir mit diesem Buch weniger darum geht, den Weg hochbegabter Kinder und Jugendlicher zu Hochleistern zu beschreiben. Vielmehr schien es mir wichtig, die humanistische Tradition einer an der ganzen Person des Menschen orientierten Grundhaltung im Beratungsgeschehen rund um die Erziehung und Bildung von (nicht nur) hochbegabten Kindern zu Grunde zu legen. Denk- und Handlungstraditionen, die dieser Perspektive nicht entsprechen, finden in diesem Buch selbstverständlich auch ihren Platz und ihre fachliche Würdigung. Und dennoch sei ganz klar betont, dass dieses Buch keinen schulenübergreifenden Impetus hat sondern sich deutlich an den person- und systemorientierten Traditionslinien orientiert.

Ich möchte mich herzlich bei allen bedanken, die mich bei der Fertigstellung des Buches unterstützt haben:

Peter Gerstenberger, Ursula Geißler, Sabine Lüder, Karl Wahlen und meine Frau, Erika Jacob, redigierten das Manuskript nicht nur sehr engagiert sondern auch äußerst wertschätzend, gründlich und sachkundig.

---

1 Die Verwendung der männlichen, weiblichen und geschlechtsneutralen Formen im Text erfolgt zufällig, um so jede tendenziöse Bevorzugung zu vermeiden.

Christine Koop, Heike Morche, Dietrich Arnold, Francis Preckel und Iris Großgasteiger trugen in dankenswerter Weise mit ihren eigenen Beiträgen zu einer deutlichen Fundierung und Anreicherung des Buches bei.

Die Herausgeber sowie die Mitarbeiter von Beltz Juventa halfen mir durch ihre freundliche, geduldige und kundige Art, den Text passgenauer auf die Leserwünsche auszurichten und somit ein hoffentlich interessantes und lesenswertes Buch zu gestalten.

Schließlich unterstützten mich auch die Mitarbeiterinnen und Mitarbeiter der Karg-Stiftung, indem sie mir sowohl den Zugang zu vielen fachlichen Quellen und Veranstaltungen ermöglichten, was die Recherche erheblich erleichterte als auch interessante Anregungen in vielen Gesprächen boten, was mich insgesamt wesentlich kundiger im Thema der Hochbegabung werden ließ.

Zu diesem Buch werden eine Reihe von Materialien und Ergänzungen auf der Homepage zum Buch auf den Seiten des Verlags (www.beltz.de) zur Verfügung gestellt.

Teil 1
Grundlagen

Ideengeschichte

Das Thema, das heute im Wort „Begabung“ anklingt, spielt schon früh in der menschlichen Kultur eine wichtige Rolle, wobei der theoretisch gestützte Begriff der „Begabung“ jüngeren Datums ist, und das Konzept der „Hochbegabung“ erst seit den 1980er Jahren im deutschsprachigen Raum seine Verbreitung fand. In diesem Abschnitt ist zunächst ausschließlich von „Begabung“ die Rede.

Immer wieder kreisen die zumeist nicht trennscharfen Begriffe wie Begabung, Talent und Genie – folgt man ihrer Bedeutungsgeschichte – um mindestens sechs thematische Motive:

1 Begabung als Ausdruck für eine *individuelle herausragende Leistung bzw. Leistungsfähigkeit* im Vergleich zu anderen. Möglicherweise könnte diese herausragende Leistung nicht nur dem Vergleich mit anderen, also der Konkurrenz, entspringen, sondern auch dem eigenen Wunsch entstammen, sich die Welt stimmiger als zuvor zu erklären („Need for Cognition“: Cacioppo & Petty 1982). Beide Impulse begründen dann das *Leistungsmotiv*.

2 Der *begabte Mensch als Ausgewählter*: Begabung wird als Eigenschaft einer Person innerhalb von Auswahlprozessen betrachtet, mit dem Ziel, die Geeignetheit dieses Menschen für mehr oder weniger definierte Ansprüche (oder Verheißungen) festzustellen (Motiv der *Auswahl und der Auserwählung*).

3 Begabung als Geschenk („Gabe“) oder aber als etwas sich in der Interaktion mit der besonderen Umgebung Entfaltendes (*Motiv des Gegebenen vs. Motiv des Potenzials*).

4 Der *ganz normale Begabte*: Der begabte Mensch ist zwar eigenartig (begabt), andererseits aber so normal wie alle anderen Menschen auch („Sind wir nicht alle irgendwie begabt...?“). Die Betonung der Normalität dient der Abwehr z.B. von Unterstellungen, Begabte seien häufig psychisch auffällig. Sie gerät aber auch zur Vorlage für eine personenzentrierte Weltsicht,

nach der jeder Mensch das Recht auf seine Eigenart und folglich auch auf individuelle Förderung und Erziehung besitze, unabhängig von seinen Gaben oder Beeinträchtigungen (*Gleichheitsmotiv*).

5 *Begabung als Sensation*: Bei diesem Motiv dominiert die Faszination, das Staunen. Die Funktion oder gar das Ziel dieses Motivs ist schwierig zu fassen und vor allem nicht immer eindeutig, aber zugleich lässt es sich nicht leugnen, dass Menschen sich immer wieder angezogen fühlen von anderen Menschen mit außergewöhnlichen Fähigkeiten und überdurchschnittlichem Verhalten („Wetten, dass ...?"). Andererseits wird diese Bereitschaft zum Staunen und zum Glauben nicht selten auch von Hochstaplern ausgenutzt (*Bewunderungsmotiv*).

Mit einer kurzen Zeitreise wird angedeutet, wie sich diese fünf Motive in verschiedenen Epochen widerspiegeln, wie sie den Zeitgeist aufnehmen und ihm nicht selten selbst ihre eigene Note verleihen.

Antike

Mit dem Bedürfnis, Dinge zu verstehen und zu erklären, die aufgrund der eigenen Unzulänglichkeit eigentlich nicht zu erklären waren, entstanden Mythen, die auch zur Bildung von Religionen beitrugen. Die Antike kennt zahlreiche Gestalten und Gottheiten, die mit einer besonderen Gabe ausgestattet waren. Vom sagenhaften Gedächtnis des Perserkönigs Cyrus, der alle Namen seiner 3000 Soldaten replizieren konnte oder vom polyglotten Mithridates VI., der nicht weniger als 20 Sprachen, die in seinem Reich gesprochen wurden, beherrschte, berichten Anekdoten und Legenden (vgl. Hoyer, Weigand, Müller-Oppliger 2013, S. 16). Aber auch die jeweils spezifisch oder universell „begabten" Götter und Göttinnen der antiken Mythologie stehen für diesen Aspekt. Ihre menschenähnlichen Charakteristiken verweisen auf den Versuch, sich die Entstehung und die Verfasstheit der Welt einerseits auf menschlich nachvollziehbare Weise erklären zu wollen und andererseits darauf, der zugleich „unfassbaren" Komplexität auch durch die Zuschreibung von „genialischer Qualität" seine Bewunderung zu zollen. Die naturwissenschaftlichen Grundlagen zur Erklärung der Welt waren ja gerade erst gelegt und – wie dies in der Wissenschaft bis heute meistens der Fall zu sein scheint – öffnet die Beantwortung einer Frage die Tür zu vielen neuen Fragestellungen. Der Versuch, die Welt nicht nur zu beschreiben sondern auch zu erklären, wurde ein anerkanntes Motiv, und Wissenschaft etablierte sich zunehmend auch darüber. Dies war jedoch nur möglich, indem auch besonders befähigte Menschen diesen Schritt in das Erkennen der Welt bahnten. Geistesgrößen wie die griechischen Philosophen und Mathematiker wurden bekannt und teilweise auch bewundert. Allerdings hinterfragte man diese Gaben wohl eher nicht, sondern betrachtete diese als „erfreuliche Irrläufer der Natur, oder, bei religiöser Gesinnung, als Geschenke der Götter" (Hoyer et al. 2013, S. 17). Als Erklärung des Phänomens tauchte das Puer-senex-Motiv, die „geistige Frühreife" auf. Dieses Motiv wird in den kommenden Jahrhunderten immer wieder thematisiert und gipfelt in Binets Begriff vom Intelligenzalter: Das kalendarische Alter eines Kindes liegt beim kognitiv begabten Kind deutlich hinter dem Intelligenzalter dieses Kindes zurück.

Die Erklärung der Begabung als „geistige Frühreife", also zugleich erwachsen und kindlich zu sein, fiel offensichtlich leichter, als die Vielfalt des kindlichen Seins – und dies dann noch in seiner Dynamik – zu erkennen. Das entspringt vermutlich dem bis in die Aufklärung reichenden Grundgedanken, demzufolge Kinder eher unfertige Erwachsene denn eigenständige Individuen wären (Ariès 1998). Verstand man – nachdem also schon erkannt war, dass es Menschen mit besonders ausgeprägten Fähigkeiten gab – Begabung als etwas Gegebenes und Fertiges oder als etwas Werdendes und zu Bildendes, als eine Aufgabe? Die Antwort gab einer der bekanntesten Wanderlehrer (Sophisten) – wohl auch, um seine berufliche Existenzberechtigung zu untermauern – nämlich Protagoras (490-411 v.Chr.): „Ausbildung erfordert Begabung und Übung" (Diels und Kranz 1952 in: Hoyer et al. 2013, S. 19). Mit dem Begriff der „Ausbildung" wird zunächst auf die Motive der Leistung und des Potenzials verwiesen. Allerdings scheint sich die

Ausbildung in der griechischen Zeit eher an den finanziellen Hintergründen des Schülers und weniger an dessen Potenzial orientiert zu haben, denn von einem durch Platon und Aristoteles beschriebenen und geforderten, staatlichen Bildungssystem für alle blieb man doch weit entfernt.

Einige Jahrhunderte später in der römischen Zeit tauchte – vermutlich erstmals in der (zumindest geschriebenen) Geschichte – das Auswahlmotiv auf. Mit der Ausdehnung des römischen Reiches und mit dessen zentralistischem Regierungsanspruch wurde es erforderlich, Verwaltung im gesamten Großreich nach einheitlichen Standards zu organisieren. Posten wurden demnach nicht mehr ausschließlich nach dem Günstlings- sondern zunehmend nach dem Fähigkeitsprinzip vergeben. Hierfür installierte man – belegt scheint dies über Verordnungen zu sein – Eignungsprüfungen nicht nur für Verwaltungsbedienstete sondern auch für Lehrpersonen (Marrou 1986). Zudem wurde nicht nur das Überspringen eines Grenzwertes gefordert, sondern auch die Zuweisung der Besten auf die lukrativsten Posten (beispielsweise im Herrschaftsbezirk des Valentian I. (369 n. C.) (ebd.), was darauf hindeutet, dass es auch bereits Rangreihen nach erfolgter Eignungsüberprüfung gegeben haben dürfte.

Mittelalter

Das Fehlen allgemeiner, säkular geprägter Schulbildung versperrte den meisten Menschen den Zugang zu einer über den unmittelbaren Alltag hinaus reichenden Bildung. Somit unterblieb auch systematischer oder gar standardisierter Bildungs- und damit Fähigkeitenvergleich. Das entindividualisierte Weltbild dieser Zeit verhinderte die soziale Anerkennung von besonderen persönlichen Fähigkeiten und Leistungen. Zudem öffnete es einer nicht selten ideologisch-religiös motivierten Willkür beim Umgang mit begabten Menschen Tür und Tor, was die „Fälle“ Giordano Bruno (1548-1600) und Galileo Galilei (1564-1641) selbst noch im Übergang zur Renaissance anschaulich untermauern.

Angeborene, soziale und gesellschaftliche Aspekte wurden also nicht als Hintergründe für das Zustandekommen außergewöhnlicher Leistungen in Betracht gezogen, allein die Zuerkennung der besonderen Gabe als Geschenk Gottes war im christlich geprägten Mittelalter Erklärung genug. So blieb es denn – von einigen Ausnahmen (vgl. Hoyer et al. 2013, S. 24f) abgesehen – bis hinein ins 11. Jahrhundert vorwiegend bei Geschichten über von Gott mit besonderen Begabungen beschenkten Menschen wie beispielsweise auch Siegfried, der Drachentöter aus dem Nibelungenlied. Diese Geschichten wirkten vermutlich selbst wieder zurück in die Glaubens- und Erkenntniswelt des einzelnen. Eine Folge und ein Ausdruck dessen dürfte die glorifizierende Heldenverehrung sein – verbunden mit einer intensiven und unkritischen Gläubigkeit an das Wort von vermeintlich erwählten Personen. Dieses – aus heutiger Perspektive – schwerlich überzeugende Weltbild musste allerdings auch dazu dienen, unliebsame, unangenehme, gefährliche Tatbestände zu „erklären"; was oftmals durch Zuschreibungen negativer „Begabungen" geschah. Sie wurden natürlich nicht als von Gott sondern vom Teufel verliehene Gaben betrachtet. Die auf diese Weise in Gut und Böse gespaltene Weltsicht rechtfertigte dann auch die Vertreibung oder gar Vernichtung von „negativ Begabten" wie z.B. von Heilerinnen durch Hexenverbrennungen. Das „unterkomplexe" Weltbild verhinderte interessanterweise auch die differenzierte Unterscheidung von Begabungen: Rothaarigkeit schien ein hinreichendes Kriterium zur Identifikation von Hexen und wurde damit als Eigenschaft dem Heilerwissen gleichgestellt. Wer also rothaarig war, war „negativ" begabt.

Hinweise auf eine komplexere Betrachtung der Begabung liefert der Begriff des „*Ingeniums*".[2] Augustinus (354-430) verweist auf drei Eigenschaften bzw. Fähigkeiten, nämlich Erinnerungsvermögen, Einsichtsfähigkeit und Willen, die als Einheit die so genannte Substantia des menschlichen Geistes bildeten, „eine Essenz noch ohne konkreten Inhalt. Hier scheint die Vorstellung eines *Potenzials* auf, das sich noch zu bewähren habe …" (Hoyer et al. 2013, S. 24).

---

2 lat.: Gabe, Begabung (stammt von *gignere*: erzeugen, hervorbringen)

Ein weiterer Aspekt sei noch angemerkt. Die meistens auf religiös-moralischen Gründen fußende Arbeitsteilung in verschiedenen sozio-ökonomischen Bereichen konnte dazu führen, dass bestimmte Berufe und damit verbundene Tätigkeitsfelder für verschiedene soziale Gruppen oder Ethnien verboten oder zumindest für unerwünscht erklärt wurden. Beispielsweise war der berufsmäßige Umgang mit Geld in Ländern wie Spanien eher den Juden überlassen, die es aufgrund ihrer weitläufigen Handelsbeziehungen (denen natürlich zahlreiche historisch bedingte soziale Ursachen zugrunde lagen) darin häufig zu großer Meisterschaft gebracht hatten. Dieser kultur-historische Erklärungszugang blieb jedoch den meisten Menschen verschlossen. Auf einem solchen Boden der Unwissenheit wuchsen dann rasch Neid und Missgunst. Eingeforderte und zunächst höchst willkommene Begabungen verkehrten sich nun – insbesondere wenn die innenpolitischen Spannungen wuchsen – nicht selten in ihr Gegenteil und wurden negativ konnotiert. Den extremsten Ausdruck dessen bildete das „Alhambra Edikt“ aus dem Jahr 1492, das die unverzügliche Vertreibung aller Juden aus den Territorien der spanischen Krone anordnete. Ein Exodus in unglaublichen Ausmaßen war die Folge (vgl. z. B. Bossong 2008).

Vor allem durch die Entwicklung von städtischen und Verwaltungsstrukturen initiiert, erhöhte sich im 11. Jahrhundert der Druck, sowohl im ständisch-handwerklichen als auch im Verwaltungsbereich befähigte Personen zu finden und auszubilden. Der gesellschaftliche Bedarf ging – wie in der späten römischen Zeit – der Etablierung des Auswahlmotivs voraus. Wissen und Eignung wurden langsam wichtiger als die soziale Herkunft. Bildung versprach auch unterprivilegierten Menschen den Zugang zu einem besseren Leben. Der Zulauf zu den Ausbildungsstätten wuchs rasant und rasch gab es mehr Bewerber als Stellen. Dies wiederum beförderte die Entwicklung von Eignungs- und Auswahlverfahren (vgl. auch Kintzinger 2007). Selbst Qualitäten, die zur Ausübung höchster Ämter erforderlich schienen, wurden nun diskutiert. Das Spannungsfeld insbesondere zwischen Begabung und Erziehung, aber auch zwischen kognitiven („Geistesschärfe und Urteilskraft“) und nicht-kognitiven Eigenschaften („Fleiß“), geriet wieder ins

Blickfeld, wie es bereits in der Antike durch die Sophisten thematisiert worden war. Die Diskussion der Fragen, was als individuelle Eigenschaft in das Studium mitzubringen sei, was vermittelt und wozu erzogen werden könne, wirkte zurück auf die zunehmende Differenzierung der Berufs- und Studienfelder selbst. Allerdings gestalteten sich die Auswahlprozesse und die Entwicklung von Eignungsprofilen noch sprunghaft und unsystematisch.

Rasch erkannte man, dass der Nachwuchs aus der Oberschicht nicht ausreichte. Um auch Studenten aus besitzärmeren Verhältnissen die Zugänge zu weltlichen, aber auch zu religiösen Bildungsstätten zu ermöglichen, verbreitete sich – zwar nicht systematisch, dafür aber stetig wachsend – das Mäzenatentum, das sich in unterschiedlichen Formen (u.a. Stipendien, unentgeltliche Studienplätze, Spenden, Miterziehung nicht privilegierter fremder Kinder in reicheren Familie) realisierte.

Den Übergang in die postmittelalterliche Epoche ebnete der erstarkende Protestantismus. Das vorprotestantische christliche Weltbild versprach die Gnade erst nach dem Tod. Im Protestantismus „wurde dagegen schon der irdische Erfolg als Ausdruck des Segens Gottes gedeutet. Insbesondere das Konzept des ‚guten Werkes' erfuhr eine ungeheure Ausdehnung: Es bezog sich nicht mehr nur auf moralische Aspekte des Alltagshandelns, sondern vor allem auch auf wirtschaftlichen Erfolg" (Ziegler 2008, S. 10). Mit der „Währung" des wirtschaftlichen Erfolgs zieht damit aber auch zugleich eine neue – weniger subjektive – Bewertungsmöglichkeit von „Fähigkeit" und dieser zugerechneter Leistung (Erfolg) ein. Person, Begabung und Leistung(serfolg) wurden dadurch erstmals miteinander verkoppelt und auf diese Weise auch einer irdischen, d.h. von Menschen realisierten Bewertung zugeführt. Dies gab letztlich auch die „Erlaubnis", andere Urteile als nur die des christlichen Gottes über die Person und deren Befähigung zuzulassen. Dem wirtschaftlichen Druck nach Beurteilung zu Auswahlzwecken folgte praktisch deren weltanschauliche Rahmung.

In der Periode zwischen 1500 und 1800 entfaltete sich das Auswahlmotiv sowohl quantitativ als auch qualitativ. Der Forderung „Schule für alle", die nicht nur die protestantischen Anhänger Martin Luthers sondern auch die Renaissancehumanisten – sicherlich aus sehr unterschiedlichen Gründen, aber dennoch gemeinsam – vertraten, folgte das Nachdenken über die notwendige und mögliche Schulform. Dies wiederum zog logisch die Beschäftigung mit der Geeignetheit der Menschen für die verschiedenen Schulformen (Luther sprach von Deutscher Schule – der „niedere Schultyp" im Gegensatz zu den „hohen Schulen": Lateinschulen, Gymnasien) (vgl. Hoyer et al. 2013, S. 28f) nach sich. Der Abschluss einer höheren Schule sollte als Eintrittsbillet für die Universitäten gelten, welches ausschließlich die nachweislich Tüchtigsten – ungeachtet ihres Standes – einlösen könnten. Dies würde die Stabilität der sozialen Verhältnisse am ehesten garantieren (ebd.). Allerdings brauchte es noch zwei Jahrhunderte, bis sich eine im Ansatz landesweite begabungsgerechtere Bildungslandschaft entwickeln konnte. Nicht nur der Gedanke, durch verbesserte und vergleichbar normierte Bildungsabschlüsse eine universitäre Bildung zu erhalten, durchdrang das gesellschaftliche Bewusstsein. Daneben erkannten auch die sich immer mehr emanzipierenden Stände und Zünfte, dass der Zugang besonders geeigneter Personen zu ihrem Beruf letztlich auch einen ökonomischen Vorteil versprach. Leistungsnachweise wurden immer mehr zur Norm, um einen Beruf zu lernen und auch, um ihn ausüben zu dürfen. Diesem sich selbst vergewissernden Standesrecht entsprach auch das zunehmende Selbstbewusstsein von Handwerkern und Künstlern, der Eigenheit und Besonderheit ihrer Produkte durch Signierung mit ihrem Namen Ausdruck zu verleihen. Damit erhielt das Produkt nicht nur eine Garantie seines Funktionswertes sondern verbesserte durch die Markierung mit dem – auf die eigene Begabung verweisenden – Namen auch seinen Tauschwert. Dies war die Geburtsstunde des Markenzeichens, welches seinerseits auf die Begabung des Markengebers verwies. Begabung erhielt praktisch – als in einem Produkt vergegenständlicht – ihren Platz auf dem „Markt". Auch der Begriff des „geistigen Eigentums" entstand zu dieser Zeit (vgl. Ziegler 2008, S. 11). Dieses ermöglichte wiederum Menschen, die keine reinen Gebrauchsprodukte schufen, sondern Kunst- oder auch wissenschaftliche Werke, diese zu schützen und besser zu vermarkten. Der Marktwert markierte demzufolge nicht nur den Verkaufswert sondern war informell auch Indiz für die dahinter stehende Begabung und die damit verbundenen Sekundärtugenden. Der „Wert" einer Begabung geriet auf diese Weise von einem eher zufälligen, subjektiv behaupteten zu einem am Kaufverhalten – natürlich mit aller Vorsicht zu betrachtenden – messbaren Wert.

Eine dritte Entfaltung erfuhr das Auswahlmotiv durch die sowohl von Calvinisten als auch von Humanisten (sicherlich aus sehr unterschiedlichen Gründen) vertretene Idee, dass die Berufsausübung als *Berufung* zu verstehen sei. Die Calvinisten verbanden mit dem sich Berufen-Fühlen die Verpflichtung zur Leistungsmaximierung, während die Humanisten das persönliche Wohlergehen als Ziel des Berufenen postulierten. Aus welchen Gründen auch immer, diese Ausfaltungen bedeuten auch die Hinwendung zum Thema Begabung. Konsequent wurde die protestantische Wende von der Begabung als göttlichem Geschenk hin zur „individuellen Konstruktion" (Ziegler 2008, S. 11) vervollkommnet. Die nun auch mehr wissenschaftliche Reflexion von Begabung und Fähigkeit eröffnete eine weitere ideengeschichtlich bedeutsame Fragestellung: Was an der Begabung ist Natur und was Umwelt? Diese anhaltende Debatte (vgl. beispielsweise Stern und Neubauer 2013) schärft immer wieder nicht nur unser Verständnis über das Verhältnis von Anlage und Umwelt neu, sondern befruchtet das ethische Thema einer begabungsgerechten Bildung und Erziehung. Der Begabungsbegriff erfuhr dadurch selbst eine Differenzierung, die eben nicht das Erzielen außergewöhnlicher Leistungen umfasste, sondern sich dem Verständnis von Begabung als Potenzial näherte. Etwa wenn Comenius behauptete, dass alle Menschen zur Bildung begabt seien (Hoyer et al. 2013, S. 33). Diese Haltung gipfelte dann in der Auffassung, dass Erziehung allein alles aus einem Menschen, egal wie begabt er auch sei, herausholen könne. Damit erhielt die Erziehungs- und Lehrperson natürlich auch eine ganz eigenständige Verantwortung für die Entfaltung der je individuellen Begabung übereignet, während die Eigen-Verantwortung des Zöglings für seine Selbst-Entwicklung etwas unklar blieb. Im Übrigen scheint Comenius bis dato auch der einzige Pädagoge gewesen zu sein, der die Bildung für „alle" nicht nur auf alle Jungen ohne Ansehen ihrer Herkunft sondern auch auf alle Mädchen bezog.

Das Erstarken der weltlichen Macht brachte die Erkenntnis mit sich, dass allein die Auswahl der Verwaltungsbediensteten nach Rang und Namen für die Verwaltung und Bewirtschaftung nicht ausreiche. Man wollte die Ausbildung offenbar zunehmend nicht nur universitären oder kirchlichen Einrichtungen überlassen. Moritz von Sachsen (1696-1750) ließ in diesem Sinne ab dem Jahr 1543 Fürstenschulen für elf- bis 15-jährige Knaben in Schulpforta, Meißen und Grimma auf dem Gelände säkularisierter Klöster gründen, in denen diese Jungen eine Ausbildung erhielten, die sie – zumindest vom Anspruch her – ohne Ansehen ihres Standes zum Universitätsstudium befähigen sollte. Diesem Vorbild folgten andere Fürsten, beispielsweise in Württemberg.

Die Vorverlagerung der praktischen Begabtenförderung auf ein früheres Kindesalter scheint damit auch ein Indiz für die Erkenntnis über die frühere Bildbarkeit begabter Kinder zu sein. Diese Erkenntnis fußte vermutlich nicht zuletzt auch auf der – am prägnantesten wohl von Rousseau formulierten – Wende im Menschenbild vom Kind als einem eigenen Wesen: Ich „will, daß Kinder Kinder seien, ehe sie erwachsene Menschen werden" (Rousseau 1988, S. 593).

Hoyer et al. (2013, S. 25) verweisen darauf, dass in katholischen Gegenden die höhere Bildung ausschließlich in den Händen der Jesuiten gelegen habe, wonach auch hier die für die Bildung wichtigen Eigenschaften und Fähigkeiten bei der Auswahl die entscheidende Rolle spielten und soziale Herkunft kein Selektionsmerkmal war.

Aller einziehenden Rationalität und Ökonomisierung des Denkens zuwider laufend, gab es auch die Gegenrichtung, die insbesondere durch den „Geniekult der Aufklärung und der Romantik" (Ziegler, 2008, S. 11) gekennzeichnet war. Genies wurden einerseits als fast übermenschliche Wesen betrachtet, deren Entfernung zum profanen Menschen fast ebenso groß sei, wie dessen Abstand zum Affen (ebd.). (Im Übrigen taucht hier auch das Motiv von „Genie und Wahnsinn" auf.) Andererseits aber führte die Beschäftigung mit den Aspekten des Genie-Seins insbesondere in der Kunst und – stark geprägt durch Immanuel Kants Auseinandersetzung mit dem Thema (Kant 1790) – auch zu einem tieferen Verständnis dessen, was Genialität vermeintlich ausmache.[3] Die Differenzierung solcher Begriffe wie Genie, Talent, Kreativität, Originalität und Begabung erfuhr durch diese Debatte einen gewaltigen Schub.

Den Übergang in das Industriezeitalter markiert der bildungsreformatorische Ansatz des amerikanischen Präsidenten Thomas Jefferson (1743-1826), der sich in den *Notes on the State of Virginia* im Jahr 1785 „dafür aussprach, besonders begabte Jungen ärmerer Eltern staatlich fördern zu lassen" (zit. nach: Preckel und Baudson 2013, S. 101). Jefferson greift das Gleichheitsmotiv der Humanisten wieder auf, differenzierte Bildung in den Zusammenhang mit dem Glück des Einzelnen zu bringen: „Der allgemeine Gegenstand dieses Gesetzes ist es, für eine Bildung zu sorgen, die an Alter, Fähigkeit und Umstände eines jeden angepasst ist und die seine Freiheit und sein Glück zum Ziel hat" (zit. und übersetzt von Preckel und Baudson 2013, S. 101).

Moderne und Postmoderne

In der zweiten Hälfte des 19. Jahrhunderts explodierte die naturwissenschaftliche Weltbeschreibung förmlich, wozu auch die bahnbrechenden Forschungen zur Vererbungs- und Abstammungslehre wesentlich beitrugen. Einher damit ging auch die Euphorie, in diesen Theorien die Schlüssel zum Verständnis von Talent und Genie zu finden. Charles Darwin (1809-1882) erklärte im

---

3 Vgl. zusammenfassend: http://www.litde.com/sturm-und-drang-epoche/statt-einer-wirkungsgeschichte/zur-geschichte-des-geniebegriffs.php. Letzter Abruf: 1.7.2014

Jahr 1871, dass die „bewunderungswürdigen Arbeiten“ seines Cousins Francis Galton (1822-1911) keinen Zweifel mehr an der Erkenntnis zuließen, „daß das Genie, welches eine wunderbar komplexe Kombination hoher Fähigkeiten umfaßt, zur Erblichkeit neige“ (zit. nach Hoyer et al. 2013, S. 58). Galton, der sich auch in den Anfängen der Intelligenzmessung Verdienste erworben hatte, begründete die „Eugenics Education Society“ und mit dieser die Eugenik oder „Rassenhygiene“, der er durch seine Forschungen einen wissenschaftlichen Rahmen und Grund zu geben versuchte. Im Jahr 1865 veröffentlichte er den Aufsatz „Hereditary Talent and Character“[4] und vier Jahre später eine Studie namens „Hereditary Genius“[5], in denen er sich bemühte, die Erblichkeit auch intellektueller Fähigkeiten nachzuweisen. Die Genies lägen am oberen Ende der Normalverteilung und seien daher nur quantitativ den weniger kognitiv Begabten überlegen, nicht aber qualitativ. Seine Belege, die übrigens nur aus Untersuchungen an herausragenden Männern und deren Verwandten stammten, unterlagen einem – wie Preckel und Baudson (2013, S. 103) feststellten – Zirkelschluss: „Aus der gezeigten Leistung, die seiner Auswahl zugrunde liegt, schließt er zurück auf eine ererbte Fähigkeit, die wiederum die hohen Leistungen erklärt“ (ebd.). Da nun aber das Genie eine angeborene Tatsache sei, führe der Weg in eine ideale Gesellschaft eher nicht über Erziehung sondern vor allem – und dies sei die logische Schlussfolgerung – über die Zuchtauswahl zur „Rassenveredlung“.

Die Begriffe „Genie“ und „Talent“ wurden in dieser Zeit langsam aus der wissenschaftlichen Literatur zugunsten des Begabungsbegriffs zurückgedrängt, wobei dieser in vielen neuen Facetten zum Ausdruck kam; man sprach von „höher Begabten“ und „hochbegabten Naturen“ (Nietzsche zit. in Hoyer et al. 2013, S. 60), von „Ausnahmebegabung“, „Minderbegabte“ usw. Der Begriff der Hochbegabung war jedoch zu Beginn des 20. Jahrhundert noch nicht an ein spezifisches Theorie- oder Praxiskonzept gebunden.

---

4 Veröffentlicht z. B. als pdf-Dokument unter: galton-1865-hereditary-talent.pdf

5 Veröffentlicht z. B. als pdf-Dokument unter: galton-1869-macmillans-judges.pdf

Die Industrialisierung der Gesellschaft in Europa und Nordamerika und der damit verbundene erheblich gestiegene Bedarf nach mehr oder minder spezialisierten Arbeitskräften, aber auch die massenhafte Rekrutierung von Soldaten und deren Zuweisung zu möglichst passenden Einsatzbedingungen bzw. zu Offizierslaufbahnen spornten die Entwicklung von Eignungsdiagnostik massiv an. Auch in der Schullandschaft gab es einen Paradigmenwechsel, der eine deutlich fairere Schülerauswahl bewirken sollte: Das Leistungsprinzip hielt durchgängig Einzug. Also musste auch dort Leistung möglichst von Personen unabhängig feststellbar werden. Leistungs- speziell Intelligenzdiagnostik in Form möglichst standardisierter Testdiagnostik – entwickelte sich rasant. Alfred Binet (1857-1911) kreierte im Jahr 1905 den ersten Intelligenztest. „In den USA machte der Psychologe L. M. Terman (1877-1956) daraus ein massentaugliches Schnellverfahren, mit dem binnen weniger Jahre hunderte Menschen auf ihre intellektuelle Tauglichkeit untersucht wurden" (Hoyer et al. 2013, S. 63). William Stern (1871-1938) entwickelte die testtheoretischen Grundlagen der Intelligenzmessung weiter (ihm verdanken wir im Übrigen den von ihm selbst nicht besonders gemochten Begriff des „Intelligenzquotienten"). Zudem hat er diverse Eignungstestverfahren entwickelt.

In den Jahren nach dem Zweiten Weltkrieg bildeten sich mehrere Strömungen zur Beschreibung und manchmal auch zur Erklärung von Begabung und – seit den 1980er Jahren auch – Hochbegabung heraus. Sie entstammten den großen psychologischen Diskursen des 20. Jahrhunderts, die immer wieder Menschenbildfragen in den Mittelpunkt rückten. Zugleich forderte das Phänomen der Begabung auch dessen Re-Konstruktion durch die Wissenschaft und gab damit selbst Anschübe, über verschiedene Themen zu forschen. Einige dieser Diskurse:

- Das Verhältnis von Anlage, Person und Umwelt in Bezug auf die „Intelligenz".
- Die Struktur der Intelligenz: Gibt es einen General-Faktor der Intelligenz oder mehrere Intelligenzen und kognitive Faktoren?

- Wie erklärt sich Hoch-Leistung (Expertise) und wie kann diese erzielt werden?

Die zu Beginn dieses Kapitels aufgeführten Motive werden im Folgenden wie Folien auf die gegenwärtige Situation der Begabungs- und Begabtenförderung in der Bundesrepublik Deutschland gelegt.

1 Das Konzept der kognitiven (Hoch)Begabung beschreibt – mit welchem Modell und mit welchem Kriterium auch immer bestimmt – den oder die Hochbegabte/n als einen Menschen, der zu hoher Leistung fähig sein könnte, aber nicht sein muss. Auf kognitive Hochbegabung wird inzwischen aus dem Überschreiten eines in einem gängigen Intelligenztestverfahren gemessenen Wertes geschlossen. Hochbegabung wird als ein Potenzial, als eine Ressource verstanden. Die nicht-kognitiven Ressourcen, die den hochbegabten Menschen befähigen, hohe Leistung tatsächlich zu erbringen, untersucht die Expertiseforschung (Preckel und Vock 2013, S. 14).
Die Entfaltung von Begabung wird meistens „integral-dynamisch" konzipiert (Hoyer, 2012), was auf ein komplexes, wechselwirkendes und prozesshaftes Geschehen verweist, in dem sich Begabung entwickeln kann. Auch wenn darüber relativ große Übereinstimmung zu herrschen scheint, so unterscheiden sich die zugrunde liegenden sozialen Werthaltungen doch erheblich: Während die eine Perspektive die Erzielung von Leistungsexzellenz betont (= Performanz-Perspektive), geht es in der anderen darum, die Persönlichkeitsentfaltung (= Person- bzw. entwicklungsorientierte Perspektive) als zentrales Ziel auch von Begabtenförderung zu betrachten.

2 Das Auswahlmotiv, insbesondere die Suche eines zu einem Anforderungsprofil passenden Menschen, wurde im letzten Jahrhundert – parallel zur immer größeren gesellschaftlichen Arbeitsteilung – zentral. Dies führte auch zu einer immer differenzierteren Beschreibung so genannter Domaines, von Bereichen, in denen bestimmte Fähigkeiten benötigt werden. Per-

sonalauswahl ist für viele Unternehmen zur entscheidenden Größe im globalen Wettbewerb geworden. Spezifisch befähigte Menschen, die zu diesen Anforderungen passen, werden nicht nur immer stärker gesucht, sondern auch frühzeitig daraufhin ausgebildet.

Das Leistungs- und das Auswahlmotiv verschmelzen zunehmend miteinander. Hintergrund bildet die sich unter ökonomischen Zwängen immer mehr durchsetzende Notwendigkeit, den Menschen in kapitalistisch geprägten Gesellschaften umfassend und lebenslang zu „verwerten". Extremer Ausdruck hierfür ist der Begriff des „Humankapitals". Immer dann, wenn dieser oder ähnliche Begriffe benutzt werden, geht es darum, nicht nur die optimale Passung einer Person zur jeweiligen Aufgabe festzustellen sondern auch darum, deren Leistungsfähigkeit zusätzlich zu „optimieren". Nicht zufällig erlebt die bereits erwähnte Expertiseforschung momentan einen starken Auftrieb.

3 Im Wesentlichen unstrittig ist heute die Auffassung von der Begabung als einer angelegten Ressource, deren Entfaltung vieler unterstützender Einflussfaktoren bedarf. Sozial-konstruktivistische Theorieansätze beschreiben die Entfaltung der Begabung als interaktionell befördertes, systemisches Geschehen.

4 Die Entdeckung des auch zum eigenen Wohl und Glück – jenseits seiner tatsächlichen Leistung – „berufenen" und begabten Menschen in der Renaissance und die seither in verschiedenen Epochen erfahrene Ausformung dieses Motivs findet sich auch in der Gegenwart in verschiedenen Diskursen. Aktuell und hier am prononciertesten wird dieses Thema wohl in der Debatte zur „Inklusion" bewegt und ausgeformt. Der begabte Mensch habe – genau wie jeder andere Mensch – das Recht auf inklusive, d.h. begabungsgerechte Förderung und Erziehung.

Das den Menschen auf seine Leistungsfähigkeit reduzierende Menschenbild wird bei diesen Ansätzen überwunden durch den personzentrierten Ansatz, der durch folgende Forderung treffend beschrieben wird: „Nur der Mensch als Person – und zwar ohne Wenn und Aber – und nicht etwa politische Zielvorstellungen, gesellschaftliche Wunschbilder oder individualistisch gefärbte Ideale [kann] Ausgangspunkt und Maßstab der Erziehung und Bildung sein" (Weigand 2004, S. 71, Ahrbeck 2014).

5 Und dennoch: Alle Konzepte und alle rationalen Erklärungen vermögen die Lücke zum vollkommenen Verstehen und Nachvollziehen besonderer und damit herausragender Fähigkeiten nicht zu schließen. Das Staunen und Bewundern – je nach eigener Anmutungsbereitschaft des Betrachters – bleiben Bestandteil des Themas „Hochbegabung" auch in unserer heutigen Zeit. Die Entdeckung des in jedem Menschen innewohnenden Außergewöhnlichen und die anerkennende Wertschätzung für seine je besondere Fähigkeit, Leistung, Handlung oder Phantasie – also seiner Gabe und Begabung – bleiben Aufgabe der spiegelnden Umwelt und befördern damit diesen Menschen, sich selbst als einzigartig und zugleich verbunden mit seiner Welt zu erfahren.

Begriffe

Der Begriff „Begabung" beschreibt zunächst einmal eine Fähigkeit beziehungsweise ein Fähigkeitsniveau und wird demnach als ein Potenzial aufgefasst, das sich in bestimmten Leistungsbereichen und/oder auch in sozialen Handlungsfeldern zeigen kann, sich jedoch auch beim Vorliegen eines hohen Potenzials nicht (immer) zeigen muss. Hochbegabung wird als ein weit über dem Durchschnitt liegendes außergewöhnliches Potenzial aufgefasst. Von dieser Setzung ausgehend, lässt sich unser Verständnis von Begabung als ein *kompetenz*orientierter Ansatz einordnen. Hochbegabte Personen sind also stets dann hochbegabt, „wenn sie ein hohes Entwicklungspotenzial aufweisen" (Preckel und Vock 2013, S. 19).

Begabung und Hochbegabung sind Konstrukt-Begriffe, d. h. sie sind theoretischer, nicht direkt beobachtbarer Natur. Um auf sie zu schließen, bedarf es deren Operationalisierung mit Hilfe von

Indikatoren sowie Begründungen für den (Rück-)Schluss von einem bestimmten Indikator auf das zugrunde liegende Konstrukt. Sternberg (1993), der Laien nach ihren Auffassungen über Hochbegabte befragte, extrahierte aus deren Antworten fünf Kriterien, die erfüllt sein sollten, um von Hochbegabung zu sprechen:

- *Exzellenz*: Eine Person ist anderen Personen in einem Feld oder in mehreren Feldern weit voraus.
- *Seltenheit*: Die hohe Ausprägung einer Eigenschaft weisen andere Personen eher nicht oder nur selten auf.
- *Produktivität*: Die Begabung befähigt die Person zur Herstellung besonderer Produkte oder zu besonderen Handlungen.
- *Beweisbarkeit*: Die Hochbegabung kann für andere bewiesen werden, also ist sie bei kognitiver Begabung auch den Gütekriterien entsprechend messbar.
- *Wertkriterium*: Die Hochbegabung zeigt sich in Bereichen, die von der umgebenden Kultur auch wertgeschätzt werden.

Bezieht man diese Kriterien auf die Definition von Indikatoren für Hochbegabung, so wird rasch klar, dass solche Indikatoren einen definierten kulturabhängigen Definitionsrahmen haben, also nicht ein für alle Mal gültig sind. Dies betrifft sowohl die Bereiche und Inhalte als auch die quantitativen Ausprägungen.

Im vorliegenden Text werden die Begriffe „Begabung" und „Hochbegabung" vorrangig mit Blick auf besondere *intellektuelle* Fähigkeiten verwendet. Das Konstrukt wird dabei hierarchisch aufgefasst. Intellektuelle Begabung ist demnach ein Potenzial, das sich in verschiedenen kognitiven Anforderungsbereichen zeigen kann. In der Differentiellen Psychologie wird Intelligenz häufig operationalisiert über intelligenzdiagnostische Verfahren, auf die später eingegangen wird. *Kognitive Hochbegabung* lässt sich über einen Intelligenzmesswert erschließen, den man üblicherweise als „Intelligenzquotient" (IQ) bezeichnet. Überschreitet dieser IQ einen Wert von 130 IQ-Punkten (was zwei Standardabweichungen in der Normalverteilung entspricht), spricht man von Hochbegabung (vgl. Wittmann 2003, S. 18).

Diese Art der Begriffsbestimmung entspricht im Wesentlichen

einer psychometrischen Definition, also der Feststellung von Hochbegabung über ein psychologisches Testverfahren. Nachdem Hany (1987) über 100 verschiedene Definitionen für Hochbegabung zusammengetragen und damit auf die definitorische Unschärfe des Begriffs der Hochbegabung hingewiesen hatte, systematisierten Feldhusens und Jarwans (1993) die Bedeutungen und Definitionen (neben den psychometrischen Definitionsansätzen) in drei weitere Definitionsgruppen (vgl. auch Ziegler 2008, S. 15):

- Definitionen der *Performanz*: Hochbegabung belege sich in exzellenten Leistungsergebnissen
- Definitionen der *Etikettierung*: „Hochbegabungen sind soziale Zuschreibungen. Die Zuschreibungsmacht muss dabei nicht notwendigerweise bei der Mehrheit liegen. Sie kann beispielsweise auch von Fachexperten oder Kunstkritikern ausgeübt werden" (ebd.).
- Spezifische *Talent*definitionen: In besonderen Gebieten, wie Kunst oder Sport, könne es schon genügen, wenn eine spezifische Fähigkeit besonders ausgeprägt sei.

Die Wahl der Definition kann erhebliche Folgen zeitigen. Beispielsweise zeigen bis zu 50 Prozent der kognitiv hochbegabten Kinder ihre Fähigkeit nicht in Form von höchsten Schulleistungsergebnissen.

Weiter oben habe ich die hier im Weiteren verwendete Definition von Hochbegabung den kompetenzorientierten Ansätzen zugeordnet. Diesen gegenüber stehen – so genannte *performanz*orientierte Definitionen. Ihnen zufolge bestimmt sich Hochbegabung durch die erbrachte Leistung. Den performanzorientierten Ansätze liegen – darauf verweisen Preckel und Vock (2013, S. 20) – im Wesentlichen Hochbegabten-Förderprogrammen für Erwachsene zugrunde (beispielsweise müssen BewerberInnen für das Deutschland-Stipendium bereits exzellente Leistungen nachweisen), während man bei Förderprogrammen in der Kindheit eher kompetenzorientierte Begriffsdefinitionen findet. Dies leitet über zur nächsten definitorischen Klärung, nämlich der Frage, in welchem Verhältnis sich Hochbegabung und *Expertise* zueinander befinden.

Mit dem Begriff „Expertise“ wird eine kontinuierliche herausragende Leistungsfähigkeit in einem bestimmten Bereich (einer „Domäne“) bezeichnet, die sich beispielsweise darin äußert, dass Menschen mit hoher Expertise Fragestellungen, die „ihre“ Domäne betreffen, zumeist sehr effizient, das heißt, mit hoher Erfolgswahrscheinlichkeit, bearbeiten können. Hierzu ist eine jahrelange intensive, professionell angeleitete Übungspraxis erforderlich. Bekannt geworden ist beispielsweise die „10-Jahres-Regel“, die auf Forschungen des amerikanischen Psychologen B. Bloom (1985) zurück geht und besagt, dass die durchschnittliche Übungszeit bis zur Ausprägung hoher Expertise ca. zehn Jahre beträgt, vorausgesetzt man übt ca. zwei bis drei Stunden täglich. Die Ausprägung von Expertise basiert insbesondere auf solchen Fähigkeiten wie Aufgabenbezug, Motivation, Anstrengungsbereitschaft, innere Strukturgebung und Zeitinvestition des zukünftigen Experten sowie auf Unterstützung und guter Instruktionsqualität seitens der fördernden Personen im Umfeld.

Obwohl die Annahme, dass kognitive Hochbegabung und Leistungsentwicklung miteinander korrelieren, von einigen Vertretern der Expertise-Forschung abgelehnt wird, verweisen Preckel und Vock (2013, S. 47) auf Befunde, nach denen der gemessenen Intelligenz der höchste Anteil an aufklärender Varianz zukommt, wenn man alle in Frage kommenden Prädiktoren miteinander vergleicht: „Dies bedeutet, dass Unterschiede in Intelligenzwerten ca. 25 bis 50 Prozent der Unterschiede in Schul-, Ausbildungs- oder Berufsleistungen erklären können. Dieser so genannte gemeinsame Varianzanteil ist damit beträchtlich, doch wird auch deutlich, dass intellektuelle Faktoren nicht allein für die Realisation von Leistung verantwortlich sind“ (ebd.). Hochbegabung stellt damit ein wesentliches Potenzial für den Erwerb von Expertise dar. Diese Aussage wird häufig mit dem „Matthäus-Effekt“ (Merton 1985, S. 147) illustriert: „Denn wer da hat, dem wird gegeben, dass er die Fülle habe; wer aber nicht hat, dem wird auch das genommen, was er hat.“ Allerdings kann Expertise auch aufgebaut werden, wenn andere nicht kognitive Persönlichkeitsfaktoren und Umweltbedingungen günstig zusammenspielen.

Obwohl im Weiteren die Begriffe „Talent“ und „Genie“ aufgrund ihrer einseitigen Bedeutung nicht weiter verwendet werden, seien sie an dieser Stelle zur begrifflichen Abgrenzung kurz definiert:

Talent: Eine Reihe von Autoren definieren „Talent" als die *Möglichkeit* einer Person, überdurchschnittliche Fähigkeiten in Begabungsfeldern wie dem psychomotorischen oder dem künstlerischen Bereich zu erreichen. Wenn man Begabung bzw. Hochbegabung als einen Potenzialbegriff auffasst, wäre Talent demzufolge ein Synonym dafür. Diese Meinung jedoch wird von anderen Forschern nicht geteilt. Stern und Neubauer (2013, S. 48) beispielsweise definieren Talent als realisierte Begabung. Ziegler (2010) schlägt nun vor, das Erreichen von Leistungsexzellenz als Zielpunkt für die Definitionen einer talentierten Person, eines hochbegabten Menschen oder eines Experten zu nehmen und die Wahrscheinlichkeit, dies zu erreichen, als dem zugrunde liegende Dimension zu betrachten. Talentiert sei dann eine Person, wenn sie möglicherweise Leistungsexzellenz erreichen könne. Als hochbegabt könne man sie bezeichnen, wenn sie Leistungsexzellenz mit relativ hoher Wahrscheinlichkeit erziele und ein Experte werde sie dann sein, wenn sie sicher Leistungsexzellenz zeige.

Talent und Hochbegabung drücken also den unterschiedlichen Wahrscheinlichkeitsgrad zur Erreichung von Leistungsexzellenz aus. Sie lassen jedoch noch keinen Rückschluss auf das Zustandekommen der herausragenden Leistung zu. Hierfür werden komplexere Modelle benötigt, auf die weiter unten eingegangen wird.

Diese Annäherung an den Begriff jedoch erlaubt es, das Nichterreichen einer erwarteten Leistung, das so genannte *Underachievement*, zu definieren: „Underachiever sind Talente, deren Leistung aktuell beeinträchtigt ist, wodurch sich bei Nichtintervention ungünstige Prognosen für die Erreichbarkeit von Leistungsexzellenz ergeben" (Ziegler, 2008, S. 18). Auf dieses Thema wird an anderer Stelle noch ausführlicher eingegangen.

Genie: Dieser Begriff wurde der Wissenschaft im 20. Jahrhundert zu unscharf. Er existierte insbesondere als Begriffspartner zum „Talent": Für Hegel (1770-1831) bestand das Gemeinsame zunächst im Potenzial, das sich aber nicht mit Notwendigkeit entfalten müsse, sondern sogar verkümmern könnte. Den Unterschied hingegen machte die Qualität der erbrachten Leistung: Das Talent „bringt nur Besonderes im Neuen hervor, wogegen das Genie eine neue Gattung erschafft" (zit. nach Hoyer et al. 2013, S. 59). Genie weise also ein Mensch mit herausragenden Fähigkeiten in einem Bereich auf, der diese in neuen und einzigartigen Leistungen (auf entsprechend hohem Niveau) umsetzt und dadurch historische Bedeutung erlangt. Konstituierend für die Bezeichnung als Genie ist häufig die Kombination aus herausragendem Leistungsniveau und Neuartigkeit sowie Originalität der entwickelten Ideen oder Ergebnisse, wobei auch dies noch nicht auszureichen scheint: Lange-Eichbaum (1928, 1979) verwies explizit auf das Vorhandensein einer „Verehrergemeinde" sowie auf den nachhaltigen Einfluss des Werkes als weitere konstituierende Merkmale genialen Schaffens. Wird die Leistung des Genies nicht beachtet oder nicht gelobpreist, spricht man auch vom *verkannten* Genie. Worauf dieser Begriff jedoch abzielt ist eine weitere Perspektive in der Diskussion, nämlich die *Rezeption* einer Leistung. Dieser Dimension wird in den gängigen Modellen zu Hochbegabung und Leistung allerdings zu wenig Beachtung geschenkt.

Kreativität ist bis in moderne Ansätze hinein eng mit seiner Wortbedeutung (lat.: *creare* für schaffen) verbunden. Der Schaffensprozess ist in der Regel ein absichtsvoller und führt meistens zu etwas Neuem und – bezogen auf das umgebende Wertesystem – auch zu etwas Wertvollem. Kreativität verweist somit zugleich auf eine Eigenschaft wie auf eine Handlung. Die Frage, ob Kreativität als spezifische Fähigkeit, als Persönlichkeitsdisposition oder gar als Persönlichkeitsstil aufzufassen sei, beantwortet die Wissenschaft nicht eindeutig. Die Beschreibung des Konstruktes ist weicher und vielfältiger als die von Intelligenz. Kreativität kann man aus mindestens drei Perspektiven beleuchten: Person, Produkt und Prozess.

Mit Blick auf die kreative *Person* ist heute relativ unbestritten, dass das „divergente Denken", die Fähigkeit, „*zahlreiche* und *sehr unterschiedliche* Ideen zu generieren" (Preckel und Vock 2013, 37) – zwar nicht mit Kreativität gleichzusetzen sei, jedoch „einen notwendigen Teilaspekt der Kreativität abbildet" (ebd.). Weitere, insbesondere motivationale, Eigenschaften kämen – nach Tardif und Sternberg (1988) – jedoch noch hinzu, nämlich Neugier, Risikobereitschaft, Ambiguitätstoleranz, Hingabe, Durchhaltevermögen und Faszination für eine Aufgabe (nach Preckel und Vock 2013, S. 37). Wenn sich diese beiden Komponenten mit dem „legislativen Denkstil", der gekennzeichnet sei durch die Tendenz, sich relativ autonom zu verhalten, sich eigene Regeln zu geben, nicht vorgegebenen Pfaden zu folgen, verbinden, wären Kreativität und kreatives Handeln recht wahrscheinlich.

Schaut man auf das *Produkt*, so weist dieses – wenn es denn ein kreatives sein soll – nach Guilford (zit. nach Preckel und Vock 2013, S. 38) drei Eigenschaften auf: Erstens soll es *neuartig* sein. Zweitens soll es *absichtsvoll* hergestellt worden sein, d.h. zufällig entstandene Werke würden eher nicht als kreativ gelten. Und schließlich sollte es nützlich sein, wobei Guilford unter Nützlichkeit die Lösung eines Problems versteht. Inwieweit dieser Nützlichkeitsbegriff auch künstlerische Produkte beschreibt, bleibt eine offene Frage, auch wenn Preckel und Vock (ebd.) eine thematische Auseinandersetzung, die „zu einer Problemlösung im weitesten Sinn" führe, darunter fassen.

Der kreative *Prozess* wurde bereits in den 1920er Jahren Gegenstand gestaltpsychologischer Forschung. Die einzelnen Phasen wurden eher metaphorisch „Vorbereitung, Inkubation, Inspiration, Überprüfung und Innovation" (Wallas 1926 zit. nach Preckel und Vock 2013, 39) benannt. Guilford (1950 zit. ebd.) orientierte sich eher am kognitiven Ansatz der Problemlösung und beschrieb vier Phasen des kreativen Prozesses: (1) Problem-Anerkennung und Problemraum-Begrenzung, (2) Ideenproduktion auf der Basis des divergenten Denkens, (3) Auswertung verschiedener Ideen und Hierarchisierung sowie (4) problembezogenes Schlussfolgern (dem eher konvergentes Denken zugrunde liegt). Der Unterschied zwischen einem kreativen und einem konservativem Problemlöseprozess bestünde nach dieser Auffassung dann eher in den Anteilen divergenter gegenüber konvergenter Denkprozesse und wäre somit nicht mehr paradigmatisch anderen Charakters.

Natürlich vollzieht sich kreatives Schaffen nicht unabhängig von der Umgebung des kreativen Menschen. Das sozial-kulturelle Wertesystem definiert relativ klar, was originell und was konservativ ist, aber auch, welche personalen Eigenschaften erwünscht und welche unterwünscht sind.

Die Frage, ob und inwieweit die Konstrukte „Intelligenz“ und „Kreativität“ miteinander verbunden sind, wurde ebenfalls vielschichtig untersucht und bis heute nicht eindeutig beantwortet. Preckel und Vock (2013, S. 44) verweisen auf Überblicksarbeiten, die beide Konstrukte in einem moderaten Zusammenhang sehen (zwischen r = .20 und .40). Dies besagt, dass intelligentere Menschen auch tendenziell kreativer wären und damit auch kognitiv Hochbegabte eher die Tendenz zu kreativer Problemlösung aufweisen als weniger Begabte (vgl. auch Rost 2000, S. 30f).

Die Messung der Kreativität über entsprechende Testverfahren ist nicht ganz unproblematisch. Die erreichten Werte weisen meistens eine relativ geringe Stabilität auf und differenzieren nicht hinreichend zwischen hochbegabten und nicht hochbegabten Kindern (Rohrmann und Rohrmann 2010, S. 36f).

Kognition und Intelligenz

Stern und Neubauer (2013, S. 48) bezeichnen Intelligenz als „Begabung in kognitiven Bereichen, also sprachliche, visuell-räumliche, rechnerische oder mathematische Fähigkeiten, aber auch deren spezielle Faktoren wie Wortflüssigkeit oder verbales Verständnis als Unterfaktoren der Sprachbegabung oder mentale Rotation oder visuelle Strukturierungsfähigkeit als Komponenten der visuell-räumlichen Begabung. Zudem werden in einigen Intelligenzmodellen unabhängig von den großen drei Inhaltsklassen verbal, rechnerisch, räumlich auch noch spezifischere Operationen wie Gedächtnis bzw. Merkfähigkeit, Verarbeitungsgeschwindigkeit, Verarbeitungskapazität und Einfallsreichtum unterschieden“. Verschiedene Modelle bilden – auf der Basis unterschiedlicher Paradigmen – die Struktur und Prozesse intelligenten Denkens ab (im Überblick hierzu beispielsweise: Neubauer und Stern 2007, Preckel und Brüll 2008, Rost 2009). Aus Platzgründen soll hier nur das momentan anerkannteste Modell kurz skizziert werden, welches auch viele Vorgängeransätze integriert und mit gängigen intelligenzdiagnostischen Zugängen meisten gut vereinbar scheint. Der Psychologe *John B. Carroll* (1993) zeigte nach Durchsicht vieler Studien zur Intelligenz, dass sich die meisten Faktorenansätze in ein mehrstufiges hierarchisches Modell integrieren ließen. Es handelt sich um das so genannte CHC-Modell (ausführlich erklärt z. B. bei Mickley und Renner 2010; Baudson 2012), wobei das Akronym CHC für dessen Autoren Cattell-Horn-Carroll steht. Das Modell integriert in hierarchischer Form drei Stufen. Die oberste Stufe (Schicht III) bildet die allgemeine Intelligenz (g). Die darunter liegende Schicht II wird aus inzwischen elf komplexen Intelligenzfaktoren gebildet. Diesen Faktoren liegen dann wiederum in Schicht III jeweils sehr spezifische Faktoren zugrunde (vgl. Abbildung 1). Dieses Modell ist prinzipiell offen. Der Kanon der Faktoren wird weder in Schicht II noch in Schicht III grundsätzlich abgeschlossen. Allerdings ist es rein deskriptiv, hat also kaum erklärende Funktion.

Preckel und Vock (2013, S. 31) verweisen darauf, dass wie bei allen hierarchischen Intelligenztheorien davon auszugehen sei: Je höher eine Schicht, desto unspezifischer entfalten sich die schichttypischen Faktoren. Zugleich aber wirken sie dafür universeller in umso mehr Bereichen. Umgekehrt gilt auch: Je spezifischer ein Faktor, also je niedriger dessen Schichtzugehörigkeit, desto gewichtiger ist sein Anteil an einer bestimmten umgrenzten Denkleistung.

Die differentialpsychologischen Strukturansätze reichen nach Sternberg (1985, 1997) nicht aus, um intelligentes *Handeln* zu erklären. Sternberg (1997), dessen Kriterium „erfolgreiches Handeln“ ist, nennt drei interagierende Aspekte, aus denen sich Intelligenz zusammensetzt: die Informationsverarbeitungsfähigkeiten einer Person, die intelligentem Verhalten zu Grunde liegen (interner Aspekt), das Verhältnis von Intelligenz und Erfahrung (Erfahrungsaspekt) und die praktische Anwendung der Intelligenz in der externen Welt (externer Aspekt). „Erfolgsintelligenz heißt jedoch, zum richtigen Zeitpunkt auf alle drei Formen zurückgreifen zu können – ein Problem zu analysieren, eine kreative Lösung zu ent-

Abbildung 1. Struktur des CHC-Modells
(modifiziert nach Alfonso et al. 2005, zit. aus: Daseking, Petermann und Petermann 2009, S. 18, leicht modifiziert d. d. A.)

Schicht III	Schicht II	Schicht I (Beispiel)
Allgemeine Intelligenz	Fluide Intelligenz	– Induktion – Quantitatives Schlussfolgern – Allgemeines sequentielles Schlussfolgern
	Quantitatives Denken	– Mathematisches Wissen – Rechenleistung
	Kristalline Intelligenz	– Sprachentwicklung – Wortschatz – Grammatik – Fremdsprachen
	Lese- und Schreibfähigkeit	– Buchstabierfähigkeit – Lesefähigkeit – Schreibfähigkeit und -geschwindigkeit
	Kurzzeitgedächtnis	– Merkspanne – Arbeitsgedächtnis – Lernfähigkeit
	visuelle Verarbeitung	– Visualisierung – Visuelles Gedächtnis – Räumliche Beziehungen
	auditive Verarbeitung	– Rhythmus – Musik – Phonologische Bewusstheit – Orten von Geräuschen
	Langzeitspeicher und Abruf aus dem Langzeitgedächtnis	– Freier Abruf – Flüssigkeit von Assoziationen – Wortflüssigkeit – Originalität/Flexibilität
	Verarbeitungsgeschwindigkeit	– Mustererkennung – Bearbeitung einfacher Rechenaufgaben – Wahrnehmungsgeschwindigkeit
	Entscheidungsgeschwindigkeit und Reaktionszeit	– Geschwindigkeit mentaler Vergleiche – Einfache Reaktionsgeschwindigkeit – Wahlreaktion

wickeln und diese schließlich in eine praktikable zu verwandeln" (Sternberg 1998, S. 157). Nach Sternberg seien intelligentere Personen schneller und effizienter bei der Lösung neuartiger Probleme und generieren im Vergleich zu weniger intelligenten Personen dadurch Zeit und Kapazität, um Neues zu erkunden und zu automatisieren. Dies schaffe wiederum Platz für die Verarbeitung weiterer Informationen. „Intelligenz im Sinne Sternbergs, der darunter die Fähigkeit versteht, aus Erfahrungen zu lernen und sich an die Umgebung anzupassen, geht über die akademische Intelligenz, die mit Intelligenztests erfasst wird, hinaus. Ein Test zur Erfassung der in Sternbergs Theorie spezifizierten Aspekte wurde bis heute noch nicht entwickelt. Seine Theorie stellt vielmehr eine Ergänzung zu den Intelligenz(struktur)-Modellen dar, die aus der Differenziellen Psychologie erwachsen" (Kipman, Kohlböck und Weiguny 2012). Preckel, Holling und Vock (2004) beschreiben diesen Ansatz ausführlicher als dies hier möglich ist.

Angemerkt sei schließlich noch, dass der hier verwendete Begriff von Intelligenz andere – nicht-kognitive – Auffassungen von Intelligenz ausschließt. Weit verbreitet sind beispielsweise die Ansätze von Gardner (2002) und Goleman (1995), Soziabilität und Emotionalität ebenfalls unter dem Begriff der „Intelligenz" zu fassen. In der populärwissenschaftlichen Literatur kam es gar zu einem inflationären Gebrauch, etwa wenn von Party-Intelligenz oder sexueller Intelligenz (Conrad und Milburn 2003) die Rede ist. Der pragmatische Nutzen solcher Theorien ist in manchen Fällen sicherlich nicht von der Hand zu weisen und erklärt vermutlich die Beliebtheit, die diese Ideen – insbesondere im pädagogischen Feld und in der Ratgeberliteratur – erzielen konnten. Allerdings ist nicht zu übersehen, dass bei wissenschaftlichen Untersuchungen, wenn sie denn überhaupt stattfanden, die erreichten Werte in den Gütekriterien weit unter denen liegen, die bei Messungen der „kognitiven" Intelligenz erzielt worden sind (Rost 2000, S. 28f). Man sollte daher – wie es Stern und Neubauer (2013, S. 225) mit Blick auf die Emotionalität vorschlagen – beispielsweise eher von emotionaler *Kompetenz* sprechen und den Begriff der Intelligenz reservieren für kognitive Fähigkeiten und Leistungen oder aber die Verwendung dieser „Worthülse" (Rohrmann und Rohrmann 2010, S. 36) gänzlich unterlassen und sich stattdessen auf bereits explizierte theoretisch sehr gut begründete und zum Teil empirisch auch belegte psychologische Theorien und Begriffe beziehen (vgl. prototypisch z.B. Bischof-Köhler 2011). Dies käme auch dem wissenschaftlichen Anspruch nach definitorischer Klarheit entgegen, der begründet wird durch die Forderung nach einer möglichst reliablen und validen Operationalisierung.

Abbildung 2. Nicht-kognitive Fähigkeiten bei verschiedenen Autoren im Vergleich

Gagné (1993) (vgl. auch Preckel/Vock 2013, S. 24)	**Kubinger** (2006)	**Heller u. a.** (1994)	**Renzulli** (2002) In: Müller-Oppliger (2014)
Physisch – Charakteristik – Behinderungen – Gesundheit **Motivation** – Initiative – Interessen – Ausdauer – Bedürfnisse – Werte **Wille** – Willenskraft – Anstrengung – Beharrlichkeit **Selbstregulation** – Konzentration – Arbeitsgewohnheiten – Ablaufplanung **Persönlichkeit** – Temperament – Autonomie – Selbstvertrauen – Selbstwertgefühl	– Interesse/Neugier – Leistungsmotivation – Ausdauer – Frustrationstoleranz – Selbstkonzept der Leistungsfähigkeit: mastery vs. helpless Typ – Arbeitstempo – Genauigkeit/Sorgfalt – Emotionsregulationskompetenz – Selbstständigkeit – emotionale Stabilität – Prüfungsängstlichkeit	– Stressbewältigung – Leistungsmotivation – Arbeits- und Lernstrategien – (Prüfungs-) Angst – Kontrollüberzeugungen	– Optimismus und Leistungsfreude – Mut und Unabhängigkeit – Hingabe an ein Thema resp. eine Zielerreichung – Sensibilität und Empathie – physische und mentale Energie – Zukunftsvorstellungen und das Gefühl, eine Bestimmung zu haben

Intelligenz entfaltet und äußert sich nur im Zusammenspiel mit einigen anderen Faktoren. Eine große Gruppe solcher Faktoren bilden die so genannten *nicht-kognitiven* Fähigkeiten oder Eigenschaften. Diese Merkmale sind jedoch gegenüber der Intelligenz – je nachzugrunde liegendem Persönlichkeitsmodell – erheblich unbestimmter beschrieben und weniger systematisch erkundet (vgl. auch Stern und Neubauer 2013). Die Übersicht (Abb. 2) stellt anhand von vier verschiedenen Autoren deren jeweilige Liste nichtkognitiver Merkmale gegenüber.

Bereits auf den ersten Blick fällt auf, dass die Autoren Fähigkeiten oder Eigenschaften auflisten, die sich teilweise ähneln, die sich aber anderseits – sowohl was die abgedeckten Bereiche als auch deren Spezifik betrifft – erheblich voneinander unterscheiden. Einige davon sind Konstruktbegriffe, d.h. nicht direkt beobachtbare Faktoren. Andere wiederum sind beobachtbar, also Indikatoren.

Lehwald (2009) stellt eine gründliche und wissenschaftlich abgeleitete Auswahl von diagnostischen Verfahren zur Erfassung von Motivation und Motivförderung vor. Diese Arbeit könnte als Muster dafür dienen, zukünftig zu einem wissenschaftlich begründeten und zugleich praktikablen Verfahren zu gelangen, das es ermöglicht, weitere bedeutsame nicht-kognitive Fähigkeiten und Eigenschaften für Diagnose- und Beratungsanliegen in standardisierter Art und Weise zu beschreiben, zu erfassen und zu kommunizieren.

Persönlichkeit, Begabung und Leistung: Modelle

In diesem Kapitel sollen zunächst wegweisende Modelle und Konzepte von Hochbegabung vorgestellt werden, die bis heute Einfluss auf die Erklärung und damit auch auf die Beratung im Feld der Hochbegabung haben. Sodann wird aus der kritischen Reflexion dieser Ansätze ein Entwicklungsmodell der Person skizziert, das den Anspruch erhebt, sowohl die Entwicklung (auch hochbegabter Menschen) zu beschreiben als auch Wege zu einer personorientierten und sich zugleich systemisch und dynamisch verstehenden professionellen Beratung aufzuzeigen.

Preckel und Vock (2013, S. 18f) systematisieren explizite Theorien zu (Hoch)Begabung.

Für *Kompetenzdefinitionen* ist demnach typisch, dass Hochbegabung als ein Potenzial verstanden wird, welches in Wechselwirkung mit anderen Persönlichkeits- und Umweltmerkmalen in eine sichtbare Leistung überführt werden kann.

Performanzdefinitionen dagegen entwickeln Hochbegabung praktisch vom Ende, also von der erbrachten Leistung, her. Menschen mit großem Potenzial werden dieser Definition zufolge erst dann als hochbegabt betrachtet, wenn sie auch die entsprechende Leistung erbracht haben.

Einen Übergang in Form des so genannten Aktiotop-Modells entwickelte der bereits erwähnte Ziegler (2005, 2008).

Eindimensionale Modelle standen am Beginn der modernen Erforschung des Themas. Sie definieren Hochbegabung über ein einziges Konstrukt oder über einen Bereich. Dies tat z.B. Galton, der hohe Begabung mit hoher Intelligenz gleich setzte.

Mehrdimensionale Modelle hielten mit Beginn der 70er Jahre Eingang in die Forschung und Praxis. Sie entsprachen wesentlich besser einer sich zunehmend systemisch und dynamisch definierenden Entwicklungspsychologie als die eindimensionalen Ansätze. Den Durchbruch schuf Ende der 1970er Jahre der inzwischen emeritierte amerikanische Erziehungswissenschaftler und Psychologe Joseph S. Renzulli (1978). Begabung wurde von ihm dynamisch konzipiert, und „nicht allein in der Person angelegt ..., sondern je nach sozialer Umwelt und Bildung entwickelt" (Hoyer u.a. 2013, S. 94). Bekannt und bis heute häufig zitiert wird es als das „Drei-Ringe-Modell der Begabung".

Abbildung 3. Drei-Ringe Modell von Renzulli (zit. aus: Holling und Kanning 1999, S. 9)

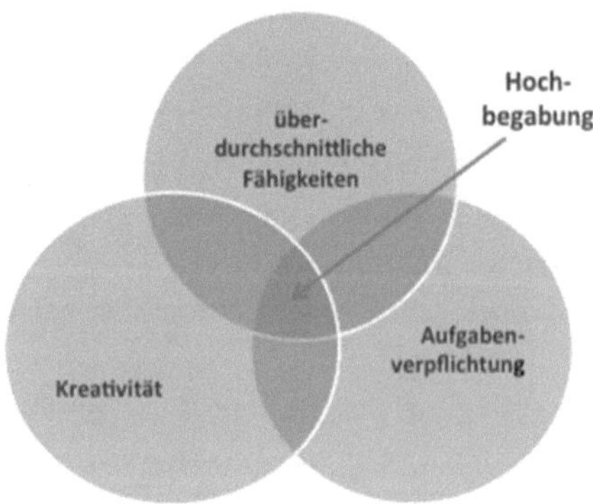

Nach Renzulli entwickele ein Mensch „hochbegabtes Verhalten, wenn er überdurchschnittliche intellektuelle Fähigkeiten, Aufgabenverpflichtung (im Sinne von Leistungsmotivation, Ausdauer, selbstregulativen Fähigkeiten) und Kreativität (im Sinne eines originellen, produktiven, flexiblen und individuell-selbstständigen Vorgehens)" (Preckel und Vock 2013, S. 21) gemeinsam entfalte. Die wesentliche Leistung Renzullis bestand also darin, eine Sichtweise weg von einem „genuin begabten" (Hoyer et al. 2013, S. 95) Kind hin zur „Herausforderung, eine begabungsfördernde Erziehung, Schule und Ausbildung zu schaffen“ (ebd.). Bis zum heutigen Tag entwickelt und lehrt er gemeinsam mit Sally Reis sein „Schoolwide Enrichment Model“ (Renzulli & Reis 1985), welches eine Vielzahl von personalen und systemischen Bedingungen miteinander in Beziehung setzt und es erlaubt, ein begabungsfreundliches Lehr- und Lernfeld für jedes Kind zu kreieren.

Mönks (1990) erweiterte das „Drei-Ringe-Modell“, indem er es konsequenter und dezidierter als Renzulli um die Umweltfaktoren Familie, Schule, Freunde ergänzte. Er bezeichnete seinen Ansatz als „Triadisches Interdependenzmodell der Hochbegabung“ (Abb. 4). Wesentliches Verdienst ist also der Versuch, die soziale Umwelt „als Nährboden für die Entwicklung einer Anlage“ (Mönks 1992, S. 19) zu konzipieren.

Abbildung 4. Triadisches Interdependenzmodell der Hochbegabung (nach Mönks und Ypenburg 2012, S. 29)

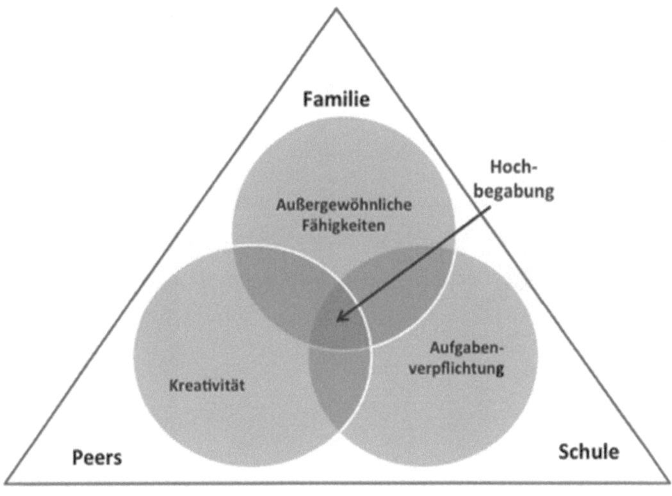

Gagné (1993) kritisierte an beiden Modellen, dass nicht zwischen Performanz (abbildbarer Leistung) und Potenzial unterschieden werde. Er führt daher den Begriff des „Talents“ ein, das er als systematisch entwickelte Fähigkeit oder Fertigkeit, die eine Person zum Experten werden lassen, der „Begabung“ als weitgehend *an-*

geborene Fähigkeit gegenüberstellt und zu dessen Ausprägung intrapersonale und Umweltkatalysatoren erforderlich seien.

Ein diesem Ansatz im Grunde verwandtes Modell ist das häufig zitierte Münchner Hochbegabungsmodell von Heller u.a. (1994), das den von Gagné eingeführten Begriff „Talent" ersetzt durch „Leistung" (Abb. 5). Trotz scheinbarer Gleichgewichtigkeit der drei Faktoren komme der intellektuellen Hochbegabung doch eine besondere Bedeutung unter den anderen Begabungsfaktoren zu. Hochbegabung wird – dem Potenzialverständnis folgend – von diesen Autoren als Möglichkeit zur Erbringung von Höchstleistungen definiert.

Abbildung 5. Münchner (Hoch)Begabungsmodell nach Heller, Perleth und Hany (1994, S.19)

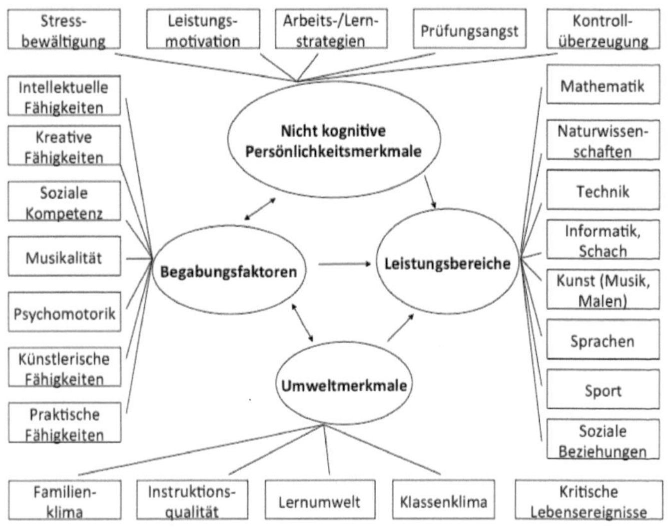

Neben der nicht immer ausreichenden empirischen Überprüfbarkeit steht im Mittelpunkt der Kritik beider Modelle, dass die interpersonale Wechselwirkung zu grob und zu unspezifisch beschrieben werde und somit keinen tatsächlichen modellvertiefenden Einfluss entfalte (vgl. auch Preckel und Vock 2013, S. 26).

Die explizite Einführung der systemischen Ebene und der Versuch, handlungstheoretische Ansätze damit zu verbinden, schufen eine neue Qualität in der Modellbildung. Dafür steht paradigmatisch das so genannte Aktiotop-Modell von Ziegler (2005), welches Grassinger (2009) für Beratungsfragen spezifizierte. Ziegler greift dabei zurück auf den von ihm postulierten und weiter oben bereits dargestellten Zusammenhang zwischen der Wahrscheinlichkeit des Erreichens einer Leistung (Leistungsexzellenz) und der Begabung oder des Talents einer Person. Die Person baut Expertise in einem Stufenmodell auf: Ein neuer Lernschritt könne nur vollzogen werden, wenn die vorausgegangene Lernstufe durchschritten wurde. Je höher die erreichte Lernstufe, desto wahrscheinlicher werde die Erzielung von Expertise. Ist das Erreichen von Exzellenz wahrscheinlich, wird die Person als hochbegabt bezeichnet. Ziegler kombiniert vier Aspekte, die am Zustandekommen einer Leistung beteiligt sein müssen: das *Handlungsrepertoire*, als die Gesamtheit der der Person zur Verfügung stehenden Handlungen, *Lernziele*, die meistens vom Erreichen der Expertise her definiert werden, die *Umwelt*, die bedeutsam für die Gestaltung der individuellen Lernprozesse ist (Lernmöglichkeiten, Material, Mentorinnen) und schließlich der *subjektive Handlungsraum* (also die von der Person antizipierten Handlungsmöglichkeiten in der je spezifischen Umwelt).

Preckel und Vock (2013, S. 27) sehen jedoch auch bei diesem Modell den Mangel an empirischer Überprüfbarkeit. Dennoch bilden handlungsorientierte Modelle die psychologische Wirklichkeit nicht nur adäquater ab, sondern ermöglichen auch, personenbezogene Schlussfolgerungen beispielsweise für Beratungs- und Fördermöglichkeiten zu ziehen.

Alle Versuche, Hochbegabung in ein Modell zu fassen, erweisen sich bei näherer Betrachtung – mit Ausnahme des Beratungsansatzes von Silverman (1986) – letzten Endes bisher doch immer wieder als Ansätze, die erklären sollen, wie es zu exzellenter Leistungserbringung kommt. Implizit sind es mehr oder weniger Performanz- oder Kompetenzmodelle und in ihrem Wesen durch die gesellschaftliche Erwartung bestimmt, sozial akzeptierte Leistung als Ausdruck von Selbstverwirklichung zu verstehen. Darauf verweist auch Csikszentmihalyi (1988), wenn er die kulturellen epochetypischen Erwartungen betont, welche determinieren, was als Hochbegabung und damit als Hochleistung zu verstehen sei. Eine Kultur, die aus religiösen Gründen beispielsweise eine Form bildender Kunst verbietet, wird die Entfaltung eines entsprechenden Talents nicht nur nicht fördern, sondern sogar unterdrücken. Dies ließe sich noch eindrucksvoller an geschlechtstypischen kulturellen Erwartungshaltungen demonstrieren.

Will man aber die Entwicklung der Person als Ganzes in den Blick nehmen, erweist sich ein auf Leistungserbringung zielendes Modell grundsätzlich als zu eng, auch wenn man es um Umweltfaktoren, Dynamik und Interaktion erweitert. Darauf verweist bereits Müller-Oppliger (2011) und skizziert ein „dialektisches Begabungsmodell" mit drei grundlegenden Dimensionen der Hochleistung, auch wenn er den letzten Schritt – nämlich den zur ganzheitlich-personalen Betrachtung – selbst noch nicht vollzieht, sondern wiederum das Entwicklungsziel des erfolgreichen hochbegabten Menschen auf dessen Hochleistung reduziert.

Ein Paradigmenwechsel zu einem nicht reduktionistischen Menschenbild funktioniert nur, wenn *erstens* der Faktor „Begabung" als *Moderatorvariable* verstanden wird und so nicht mehr im Zentrum der Persönlichkeit, um den alles kreist, verortet ist. Damit – und das ist der Preis dieser paradigmatischen Veränderung – lässt sich aber auch nicht mehr von einem Hochbegabungsmodell sprechen. Es wird stattdessen zu einem *Entwicklungsmodell der Person* erweitert, das auch beschreiben (oder besser noch: erklären) sollte, wie sich die Entwicklung eines (auch hochbegabten) Menschen vollzieht.

Zweitens verlangt ein an der humanistischen Psychologie orientiertes personzentriertes Verständnis vom Menschen (z.B. Rogers 2008, Weigand 2004, 2014), dass persönliche Entwicklung auf mehr als nur die Erbringung einer erfolgreichen Leistung zielt. Darauf wiesen schon die Renaissance-Humanisten und später dann ausdrücklich der bereits zitierte Thomas Jefferson hin, wenn er „Freiheit und Glück" als des Menschen Ziel postulierte (zit. nach: Preckel und Baudson 2013, S. 101).

Drittens muss ein solches Modell auch die Bezüge des Kindes zu seinen kulturspezifischen Herausforderungen abbilden.

Viertens sollte es darstellen, wie die Vermittlung kultureller Erwartungen in den verschiedenen Bezugsrahmen organisiert wird.

Und schließlich *fünftens* ist ein solches Modell auf „Handlungsfähigkeit" zu beziehen, da die Antizipation konkreter Handlung ermöglichender oder behindernder Bedingungen sehr wesentlich die Handlung selbst sowie die Bildung von Handlungsmustern und Erwartungen beeinflusst (vgl. auch in der Auseinandersetzung mit dem Begriff der „Kompetenz" hierzu Markard 2013; Ziegler 2005, Vorwerg 1990).

Erst wenn wir im Besitz eines solchen Modells sind, lässt sich auch ein die ganzheitliche Entwicklung des Kindes in all seinen Bezügen umfassendes Beratungs- und Unterstützungsmodell ableiten. Ohne diese Aspekte würde der Beratungsansatz zu einer früher oder später auf Leistungserbringung zielende Förderberatung reduziert und damit weltanschaulich einem anderen als dem humanistischen Menschenbild folgen.

Grundzüge eines solchen Ansatzes sind beispielsweise bei Jacob 2015 ausführlich dargestellt.

Personale Entwicklung wird diesem Ansatz zufolge verstanden als in einem zeitlich definierten Rahmen gerichtete Veränderung hinsichtlich individuellem Wohlergehen, Handlungsfähigkeit, Liebes- und Beziehungsfähigkeit sowie Mitgestaltung, welche durch wissens- und erfahrungsbasiertes Lernen in einem Zusammenspiel von verschiedenen sich differenzierenden und integrierenden psychischen Teilsystemen und in Wechselwirkung mit den sozialökologisch bestimmten Kontexten realisiert wird.

Mit Hilfe eines personalen Entwicklungsmodells lassen sich für die Beraterin wichtige Faktoren, Bedingungen, Systeme, Beziehungen und Anforderungen zu einem bestimmten Entwicklungszeitpunkt identifizieren, die sowohl für die Definition des Beratungsziels (ausgehend von den individuellen und familiären Entwicklungszielen) als auch für die Ableitung von unterstützenden Interventionen erforderlich sind. Zugleich ermöglicht dieser Ansatz zu fragen, was möglicherweise gerade nicht berücksichtigt wurde, bzw.

berücksichtigt werden sollte. Beispielsweise ließe sich in Beratungsprozessen, die stark auf den Förderaspekt orientiert scheinen (wie dies häufig bei Themen zur Akzeleration der Fall ist), gezielt nach zu wenig beachteten Aspekten des Wohlbefindens und der sozialen Teilhabe fragen.

Mit Hilfe eines komplexen und zugleich dynamisch-interaktionistischen und zielorientierten Modells lassen sich zentrale Ideen von vorangegangenen Modellen der Hochbegabung und Expertise so integrieren, dass sowohl die Beschreibung von Entwicklung als eines offenen und zugleich normativen und richtungsbezogenen Systems (vgl. Kreppner 1989, Schmidt 1970) als auch die Eingliederung von Kernelementen gängiger mehrdimensionaler (kompetenz- und performanzorientierte) Modelle möglich ist.[6] Dieser grundlegende Rahmen-Ansatz kann dann fragestellungsbezogen weiter spezifiziert, ausgebaut und empirisch erkundet werden, damit er nicht nur als eine weitere – eher beliebige und Komplexität unzulässig vereinfachende – Sammlung von Ausrufezeichen, Sternen, Kreisen und Flächen (sinngemäß nach Hany und Nickel 1992, S. 4) bereits bestehenden persönlichkeitstheoretischen Ansätzen hinzugefügt wird.

Die Terman-Studie

Kognitiv hochbegabte Kinder und Jugendliche bilden seit ungefähr 100 Jahren einen bei Forschern beliebten Untersuchungs„gegenstand". Dieser dreht sich häufig darum, vermutete Besonderheiten in der Person, bei der Erbringung von Leistung oder bei der Bewältigung verschiedener Lebenswege zu erkunden. Doch auch das entgegengesetzte Motiv kann Ausganspunkt bei der Anlage einer Untersuchung sein, wie dies die Begründung zur Terman-Studie, der ersten großen längsschnittlich angelegten Untersuchung, zeigt.

6 Jacob (2015) veröffentlichte ein solches personales Entwicklungsmodell.

Der amerikanische Psychologe und Intelligenzforscher Lewis M. Terman (1877-1956) und seine Forschungsgruppe legten Anfang der 1920er Jahre ihre auf die Untersuchung der gesamten Lebensspanne konzipierte Längsschnitt-Studie auf. Terman und Mitarbeiter „wollten nachweisen, dass intellektuell hochbegabte Kinder gerade *nicht* schwächer und anfälliger sind als andere Kinder, sondern diesen nicht nur intellektuell, sondern auch in körperlicher, sozialer, emotionaler und moralischer Hinsicht deutlich überlegen sind" (Preckel und Vock 2013, S. 51). Damit folgte er dem Ansatz der erwähnten Eugeniker, die eine genetisch determinierte Überlegenheit Hochbegabter gegenüber weniger Begabten postulierten. Dieser Ansatz bildete den Ausganspunkt für eine der größten und konsequentesten Längsschnittstudien im Feld der Hochbegabung, die viele Erkenntnisse über Eigenschaften und das Leben von hochbegabten Menschen erbrachte.

Aus insgesamt ca. 6.000 von ihren Lehrern vorgeschlagenen kalifornischen Kindern und deren Geschwistern, wovon übrigens zahlreiche Kinder auch hochbegabt waren, wurden insgesamt 1.528 Kinder[7] mit dem von Terman selbst weiterentwickelten, standardisierten und bis heute in den USA gebräuchlichen Stanford-Binet-Test untersucht und in die Stichprobe aufgenommen, wenn ihr IQ mindestens 140 Punkte[8] erreichte. Des Weiteren gab es Kontrollgruppen von normal begabten Kindern. Neben der Testintelligenz erfasste man auch weitere Merkmale wie z. B. Geschlecht, körperliche Entwicklung, Gesundheit, Schulkarriere, spezielle Fähigkeiten, Interessen, Persönlichkeits- und Charaktereigenschaften. Die Untersuchungen erfolgten in 12-jährigen Intervallen. Zwischendurch fanden auch weniger aufwändige Befragungen auf dem Postweg statt. Die Entwicklung dieser Kinder wurde bis ins hohe Lebensalter verfolgt: so gibt es trotz eines offiziellen Abschlusses nach 35 Jahren[9] Untersuchungsergebnisse aus den 1970er Jahren über dann inzwischen 62-jährige Studienteilnehmer (Sears 1977 sowie Holahan & Sears 1995), die übrigens

7 672 Mädchen und 856 Jungen

8 Hoyer et al. (2013) sprechen von 130-140 IQ-Punkten.

9 Der entsprechende Forschungsbericht: "The gifted group at midlife" (1959) erschien erst nach dem Tode Termans.

zum größtenteils recht stolz auf ihre Teilnahme an der Studie und sehr einverstanden mit dem durchaus herzlich gemeinten Spitznamen „Termiten“ waren. 95 bis 98 Prozent der anfänglich in die Stichprobe aufgenommenen Probanden standen auch im höheren Erwachsenenalter für die Untersuchungen zur Verfügung.

Auch wenn die Studienergebnisse – und dies ist der Preis von sehr langdauernden Längsschnittstudien – den ursprünglichen Zeitgeist widerspiegeln, so zeichnet sich als wichtigstes Ergebnis eine Bestätigung der Terman'schen Ausgangshypothese ab: Die kognitiv hochbegabten an der Studie Teilnehmenden waren im Jugendlichenalter und jungen Erwachsenenalter emotional stabil, vielseitig interessiert, psychisch und physisch gesund, sozial integriert und hatten eine hohe Schulbildung. Im späteren Erwachsenenalter übten sie zum überwiegenden Teil erfolgreich akademische Berufe aus. Allerdings wird auch die zu dieser Zeit gängige geschlechtstypische Sozialisation deutlich erkennbar, denn ungefähr die Hälfte der weiblichen Studienteilnehmer war – trotz akademischer Ausbildung – im mittleren Alter „Hausfrau“ und ca. 30 Prozent übten eine Tätigkeit als Sekretärin oder eine vergleichbare Bürotätigkeit aus (Preckel und Vock 2013, S. 52).

Nicht übersehen werden darf die sozioökonomische Imbalance in der Studie. Die meisten Studienteilnehmer entstammten Familien der gehobenen Mittelschicht und erzielten annähernd die gleichen beruflichen Erfolge wie eine Kontrollgruppe nicht hochbegabter Kinder aus der gleichen Schicht (Ceci 1990). Man untersuchte Studienteilnehmer zum Ende ihres beruflichen Weges hinsichtlich Faktoren, die zum beruflichen Erfolg und zur Zufriedenheit mit dem Leben beitrugen. Terman selbst stellte zusammenfassend fest, „dass hohe Intelligenz nur im Zusammenspiel mit Durchsetzungsvermögen, Selbstvertrauen und einer positiv eingestellten sozialen Umgebung zu Leistungen auf hohem oder sehr hohem Niveau führen kann“ (Mönks und Knoers 1996, S. 173). „Als gute Prädiktoren für eine hohe Zufriedenheit erwiesen sich Merkmale wie Ehrgeiz, Freude an der Arbeit, das Gefühl, das eigene Potenzial verwirklicht zu haben sowie das Gefühl, einen Beruf gewählt zu haben und nicht ‚irgendwie hineingeraten‘ zu sein“ (Preckel und Vock 2013, S. 53). Insofern scheint die Annahme, dass hohe kognitive Begabung positiv mit Mängeln in psychischen und physischen Merkmalen korreliert sei, widerlegt. Jedoch kann die entgegengesetzte Hypothese Termans ebenso nicht vollständig bestätigt werden, erweist sich doch kognitive Hochbegabung erstens nur im Zusammenspiel mit den bereits genannten personalen und Umweltfaktoren als wichtige Erfolgsressource und zweitens erreichen auch weniger Begabte gleiche oder sogar bessere Leistungsexzellenz als Hochbegabte, wenn die entsprechenden Bedingungen vorhanden sind. So wurden beispielsweise zwei spätere Nobelpreisträger, nämlich William B. Schockley (1910-1989) und Luis Alvarez (1911-1988) aus der Studie aufgrund eines zu geringen Intelligenzwertes ausgeschlossen, während sich in der gesamten Gruppe der „Termiten" kein einziger Nobelpreisträger befand.

Trotz einiger methodischer Mängel wird mit Hilfe der Terman-Studienergebnisse ersichtlich, dass hohe Intelligenz schulischen und beruflichen Erfolg, Lebenszufriedenheit und Gesundheit bis ins Alter recht gut vorher zu sagen vermag, Leistungsexexzellenz jedoch eher nicht.

Die Marburger Längsschnittstudie

> „Hochbegabte Grundschüler sind zuerst einmal und vor allem Kinder wie alle anderen Kinder auch, mit ähnlichen Vorlieben, mit ähnlichen Abneigungen, mit ähnlichen Schwierigkeiten, mit ähnlichen Vorzügen" (Rost 2009).

Dieses Resümee zieht der wissenschaftliche Leiter der Marburger Längsschnittstudie Detlef Rost 22 Jahre nach deren Beginn in den Jahren 1987/1988. Untersucht wurden auf methodisch ausgefeilte und hervorragend parallelisierte Weise zunächst knapp 300 Kindern (151 hochbegabte und 136 durchschnittlich begabte Kinder) der dritten Schuljahrgangsstufe, die aus einem Pool von mehr als 7.000 Kindern ausgewählt wurden. Eine weitere Vergleichsgruppe kam im Jahr 1994 mit 118 Jugendlichen aus den neuen Bundesländern hinzu, denen eine Vergleichsgruppe von 112 Jugendlichen zugeordnet wurde und die anhand der Leistungsbeurteilungen ihrer Lehrer als Hochleistergruppe fungierte. Damit gelang ein Gruppenvergleich zwischen Hochbegabten und Hochleistern. Mit einer umfangreichen Batterie aus Intelligenztests und psychosozialen diagnostischen Verfahren sollten „die Lebensumwelten hochbegabter und durchschnittlich begabter Kinder und Jugendlicher, hemmende und förderliche Entwicklungsbedingungen sowie die Frage der Stabilität von Hochbegabung" (Preckel und Vock 2013, S. 56) untersucht werden. Hinzu kam die Beforschung der Persönlichkeit hochbegabter Kinder, ihres Selbstkonzeptes, ihrer Interessen, Emotionen und Motive (Rost 2009). Es wurde insgesamt nicht nur die Entwicklung der hochbegabten Kinder und Jugendlichen sondern auch die der durchschnittlich begabten Kinder bis ins Jugendalter weiter verfolgt. Einen für die Beratung von Familien besonders interessanten Teil der Studie bildete die Untersuchung von *Familien* hochbegabter Kinder durch Anette Tettenborn (1996), auf die weiter unten noch separat eingegangen wird. Preckel und Vock (2013, S. 58f) fassen die Ergebnisse der Marburger Studie – und damit die oben zitierte Zusammenfassung Rosts konkretisierend – wie folgt zusammen (vgl. auch Brand, 2001):

- Hochbegabte zeigen in der Regel hervorragende schulische Leistungen.
- Ihre psychische und soziale Entwicklung verläuft sowohl im Grundschulalter als auch in der Jugendzeit nicht negativer als die von durchschnittlich Begabten (vgl. auch Alvarez 2007).
- Belege für eine wie auch immer verstandene Andersartigkeit hochbegabter Kinder und Jugendlicher waren nicht zu erbringen.
- Allerdings weist eine kleine Gruppe von hochbegabten Kindern, deren Schulleistungen hinter dem Potenzial zurückblieben (so genannte „Underachiever") häufig „ein Bündel ungünstiger Merkmale auf und leidet nicht selten unter ihrer Situation" (ebd.).
- Hochbegabung (definiert nach einem Intelligenzkriterium) scheint nach dem dritten Schuljahr weitgehend stabil zu sein, denn nur ca. 15 Prozent der in der Ausgangsstichprobe als

hochbegabt identifizierten Kinder wurden 5 Jahre später nicht mehr als hochbegabt diagnostiziert.

- Auf ein weiteres wichtiges Ergebnis verweist Steinheider (2014, S. 26): Hochbegabte Schüler erreichen mehrheitlich keine Spitzenwerte im Leistungsbereich, während hochleistende Schüler im Durchschnitt auch keine Spitzen-Intelligenz aufweisen. Die Schnittmenge zwischen Hochbegabten und Hochleistern betrug in der Rost-Studie lediglich 12 Prozent!

Die Münchner Hochbegabungsstudie (Heller 2001)

Die Münchner Forschungsgruppe unter der Leitung von Kurt Heller bezog aus 6 Altersgruppen Schüler zwischen 6 und 18 Jahren aus 3 Bundesländern in die Untersuchung zu drei Messzeitpunkten in den Jahren 1986 bis 1988 in einem längs-querschnittlichem Design ein. In den Jahren 1994 und 1997 folgten Follow-up-Untersuchungen. Aus einer Grundgesamtheit von ca. 26.000 Kindern wurden durch angeleitete Lehrerbeurteilungen ca. 8.000 Kinder und Jugendliche „gefiltert" und mit Leistungstests und Fragebögen untersucht, um in jedem Begabungsbereich (die Untersuchung erstreckte sich – dem Münchner Modell gemäß – nicht ausschließlich auf kognitiv Hochbegabte) die besten zwei bis fünf Prozent der Schüler zu identifizieren. Die Zielstellungen dieser Studie bestanden

- „in der Entwicklung und Erprobung eines differentiellen Diagnoseinstrumentariums zur Identifizierung hochbegabter Kinder und Jugendlicher unter Berücksichtigung verschiedener Begabungsformen" (ebd. S. 28)
- in der „Beobachtung, Beschreibung und Analyse des Entwicklungsverlaufs hochbegabter Kinder und Jugendlicher im Zeitkontinuum" (ebd.)
- in der Analyse von Bedingungen „über den Zusammenhang von Begabungspotenzial und Leistungsprodukt, wobei neben kognitiven und nichtkognitiven Persönlichkeitsvoraussetzun-

gen auch situationale bzw. Kontextbedingungen in die Untersuchung eingehen sollten“ (ebd.)

- und bei Berücksichtigung der Follow-up-Studie in der Entdeckung von Prädiktoren sowohl für den schulischen als auch für den akademischen Erfolg.

Zu den wichtigsten Ergebnissen der Studie zählen die Ausweisung testdiagnostisch geeigneter und weniger geeigneter Verfahren und Datenquellen sowie deren Bewertung in Zusammenhang mit schulischen Leistungen. Differenzierte Ergebnisse zur Kreativitäts- und Intelligenzentwicklung, zur Interessensentwicklung, zum Einfluss nicht kognitiver Persönlichkeitsmerkmale und von Einflüssen der Umwelt, etwa der von kritischen Lebensereignissen sowie des Unterrichts- und des Familienklimas werden in den folgenden Abschnitten berichtet.

Ein Befund aus der Follow-up-Studie sei jedoch noch besonders hervorgehoben: Die Maße für intellektuelle Begabung wie auch einzelnen Indikatoren für Kreativität weisen eine mittlere positive Korrelation mit der sechs bis acht Jahre späteren Abiturdurchschnittsnote auf, haben also gegenüber anderen nur recht schwach korrelierenden nicht kognitiven Indikatoren eine recht gute prognostische Bedeutung. Allerdings lässt sich dieser Zusammenhang nicht übertragen auf die Vorhersagbarkeit von akademischem Leistungserfolg (Perleth 2001, S. 399).

Die Britische Forschungsstudie von J. Freeman (2001, 2010)

Eine eher qualitativ angelegte biografische Studie an einer dafür beeindruckend großen Zahl von 210 hochbegabten Kindern legte die britische Begabungsforscherin Joan Freeman vor, die – gemeinsam mit ihrem Team – diese Kinder über einen Zeitraum von 35 Jahren regelmäßig interviewt hat. Sie wollte tieferen Motiven und Bedingungen auf den Grund gehen und begegnete ihren Probanden mit einer sehr persönlichen und nahen forschenden Haltung. Freeman trieb die Frage um, welche Faktoren, Bedingungen,

Ereignisse hochbegabte Menschen in deren Leben beeinflussen und wie es zu den nachschulischen teilweise weit auseinander driftenden Lebensläufen kommt.

Freeman selbst bringt die Antwort auf den Punkt, wenn sie schreibt, „wieder und wieder konnte ich sehen, dass die *Persönlichkeit* die Hauptrolle spielt, wenn Hochbegabte entscheiden, was sie mit ihrem Leben tun (oder nicht tun)wollen“ (zit. nach Steinheider 2014, S. 34).

Nach Freeman sei der Anteil an kognitiver Förderung am späteren Lebenserfolg viel weniger entscheidend als ihm immer wieder zugewiesen wird. Stattdessen komme der Entwicklung und Entfaltung eines positiven Selbstbildes ein wesentlich höherer Beitrag zu.

Ein wichtiges Studienergebnis bildet die Herausarbeitung von vernetzten tieferen psychologischen Bedingungen und Wirkungen, als dies sonst mit klassischem Diagnostikinventar erfasst werden kann. So verweist Freeman am Beispiel des offensichtlich häufig erlebten *Labeling* auf zum Teil gravierende Folgen für das Kind, wenn dieses von den Eltern, Lehrern und anderen verkündete Erwartungen nicht erfüllt und dann einen tiefen seelischen Absturz erleiden kann: „Meine Eltern waren am Boden zerstört. Ich fühlte mich schrecklich schuldig und zermarterte mich darin, wie wohl alte Schulfreunde reagieren würden. Jeder, den ich kannte, hatte große Dinge von mir erwartet und ich hatte sie alle enttäuscht“ berichtet beispielsweise Jocelyn (Steinheider 2014, S. 36).

Auch die Qualität der Förderung wird anhand unterschiedlicher Fallschicksale untersucht. So zeigt Freeman beispielsweise, dass viele hochbegabte Kinder und Jugendliche nicht selten zum Ruhme der Eltern und der Schule mit Wissen regelrecht „zugestopft“ werden, anstatt sie in ihrem Tempo und in ihrer Art der Exploration anzuregen und zu begleiten.

Intelligenz, Leistung und leistungsbeeinflussende Faktoren

Im folgenden Kapitel werden ausgewählte Ergebnisse aus Studien vorgestellt, die sich mit dem Zusammenhang von einzelnen Merkmalen, Eigenschaften oder Fähigkeiten mit einer hohen Intelligenz beschäftigen.

In einer der größten Studien, die sich dem Zusammenhang von Schulleistung und Intelligenz widmete (Deary et al. 2007), bestätigte sich der bereits mehrfach untersuchte und behauptete mittlere positive Zusammenhang von r = .50 zwischen Intelligenz und Schulleistung. Je intelligenter also ein Kind ist, desto wahrscheinlicher wird auch dessen Schulerfolg eintreten. Wesentlich bessere Korrelationen sind in der Psychologie übrigens eher selten zu finden. Insofern überrascht es nicht, dass die Wahrscheinlichkeit für ein hochbegabtes Kind gute bis sehr gute Schulleistungen zu erzielen höher ist als für ein gleichaltriges durchschnittlich begabtes Kind. Allerdings sind hervorragende Schulleistungen bei kognitiv hochbegabten Kindern keinesfalls programmiert, denn die weiteren beteiligten Faktoren weisen einen teilweise erheblichen Einfluss aus, wie bereits die Marburger und Münchner Hochbegabtenstudien belegten. Motivation des Kindes, Unterrichtsgestaltung und soziale Einbindung des Kindes beispielsweise bilden nicht unwichtige weitere Einflussfaktoren. Auch Geschlechtsunterschiede spielten in den vergangenen Jahrzehnten eine erhebliche Rolle. In einer Studie von Lubinski & Humphreys (1990) hatten 8 Prozent der hochbegabten Männer und 19 Prozent der Frauen keinen formalen Schulabschluss.

Neben dem Schulerfolg wurde auch die akademische Entwicklung Hochbegabter untersucht. Knapp 40 Prozent der in einer großen längsschnittlich angelegten Studie (Study of Mathematically Precocious Youth: SMPY, vgl. ausführlich dazu Preckel und Vock 2013, S. 54f) untersuchten Teilnehmerinnen und Teilnehmer erreichten einen Mastergrad gegenüber 7 Prozent in der Gesamtbevölkerung, knapp 30 Prozent einen Doktorgrad gegenüber 1 Prozent der Gesamtbevölkerung.

Insgesamt bestätigt sich der Befund, dass die Wahrscheinlichkeit, einen höheren Berufsabschluss zu erreichen, gut korreliert mit dem Intelligenzniveau. Insofern ist eine hohe kognitive Begabung eine sehr wichtige Ressource zur Erzielung sowohl guter schulischer Leistungen als auch für späteren beruflichen Erfolg.

Allerdings beschäftigt sich sowohl die Forschung als auch die Pädagogik immer wieder mit dem Phänomen der erwartungswidrigen Minderleistung („Underachievement"). Die Häufigkeit von Underachievern in der Population der hochbegabten Kinder und Jugendlichen schätzen Hanses und Rost (1998) auf 11 Prozent, andere Autoren vermuten einen höheren Anteil.

Im Rahmen der Expertiseforschung sowie aus der Lernpsychologie liegen ebenfalls Untersuchungsbefunde zu Faktoren vor, die das Verhältnis von Leistung und Hochbegabung erhellen.

Zum Thema, welche *Lernstrategien* hoch- und durchschnittlich begabte Schüler bevorzugen, veröffentlichten Stoeger & Sontag (2012) einen Studien-Überblick. Insgesamt lassen sich keine systematischen Unterschiede eruieren, allerdings zeigte sich in ihren eigenen Untersuchungen, dass im Grundschulalter hochbegabte und hochleistende Schüler eher keine Lernstrategien anwenden, sondern extern gesteuertes oder impulsives Lernen zeigten. Als leicht positiven Effekt berichten die Autorinnen, dass die Strategienutzung im Übergang zur Sekundarschule zunehme. Dabei überwiegt die Nutzung so genannter Elaborationsstrategien gegenüber der Anwendung von Wiederholungs- oder Organisationsstrategien. (Elaborationsstrategien sind Lernstrategien, die tief in die Wissensstrukturen reichen und die Reflexion über den Wissenserwerb selbst beinhalten; beispielsweise indem diese Kinder angeregt werden, den betreffenden Stoff anderen Mitschülern beizubringen.)

Allerdings habe das Lernsetting (Schultyp, Konzept u. ä.) einen vermutlich größeren Einfluss als Intelligenzunterschiede, wenn diese nicht zu groß seien. Mit Blick auf das oftmals mit dem Übergang von der Grund- in die Sekundarschule auftauchende Phänomen des Underachievement kommt Stöger zu dem Schluss, dass insbesondere Elaborationsstrategien bei hochbegabten Kindern bereits in der Grundschule trainiert werden sollten, auch oder gerade wenn sie diese dann eigentlich noch nicht benötigen, um gezielt schulischem Leistungsversagen vorzubeugen. Aus neurowissenschaftlicher und sonderpädagogischer Perspektive unterstützt Gyseler (2014, Hoyningen-Süess und Gyseler 2005) diese Empfehlung verbunden mit einer Konkretisierung, z.B. Attributionstrainings gezielt im Grundschulalter bei hochbegabten Kindern einzusetzen.

Aspekte der *Einstellung zur Schule* von hoch- und durchschnittlich begabten Kindern untersuchte Gauck (2007) im Rahmen ihrer Studie zu verhaltensauffälligen hochbegabten Kindern und Jugendlichen. Sie konnte eine insgesamt negativere Schuleinstellung hochbegabter Kinder feststellen im Vergleich zu durchschnittlich begabten Kindern. Als Gründe vermutet sie eine unzureichende fachliche Förderung, eine schlechter erlebte soziale Integration und eine möglicherweise ablehnende Haltung der Lehrkräfte (ebd., S. 121).

Neubauer und Stern (2007, S. 261f) weisen nach, dass für die Erzielung hoher Leistungen das bereichsspezifische *Vorwissen* von größerer Bedeutung sei als das reine kognitive Potenzial. Diese Wissensbasis erreiche man jedoch im Wesentlichen nur durch systematisches und meistens langwieriges Lernen und Trainieren. Eine dann auf diese Weise aufgebaute erfahrungsbasierte Wissensstruktur wirke wiederum anregend zurück auf die Gestaltung des persönlichen Lernumfeldes. Diese komplexe und dynamische positive Wechselwirkung zwischen Intelligenz, Erfahrung, Wissensaufbau und Lernumfeld sei notwendig, um aus dem kognitiven Potenzial tatsächlich auch leistungsexzellentes Handeln zu generieren (Rohrmann und Rohrmann 2010, S. 40f).

Exekutive Funktionen

„Exekutive Funktionen (EF) sind Kontrollprozesse, die es einem Individuum erlauben, sein Verhalten situationsgerecht zu optimieren, indem die grundlegenden psychischen Funktionen (insbesondere Aufmerksamkeit, Gedächtnis, Motorik) zielführend eingesetzt werden“ (Jänecke 2013, S. 388). Zu den Exekutiven Funktionen zählen diesem Autor zufolge insbesondere das Setzen von Zielen, Planen und Entscheiden, Priorisieren, Starten und Sequenzieren von Handlungen, Kontrolle von Handlungsergebnissen, Korrektur eigener Handlungen, Fehlererkennung, Umgang mit neuen Informationen, Regellernen und Selbstkontrolle.

Eine Differenzierung in die Bereiche „hot" und „cool" „executive Functions" (EF) nimmt Röthlisberger (2010) in Anlehnung an Kerr & Zelazo (2004) vor, und versteht unter den *hot EF* die reflexive Emotionsregulation. Als *cool EF* definiert die Autorin die volitiven/motivationalen Aspekte der Handlungsregulation, also Bewusstheit über die Funktionsweise von Handlungen und Routinen und deren Beeinflussbarkeit. Sie postuliert einen positiven Zusammenhang zwischen der Intelligenzentwicklung und insbesondere den cool EF, so dass möglicherweise bei hochbegabten Kindern eine schnellere und qualitativ differenziertere Entwicklung der cool EF zu erwarten wäre.

Einige Autoren postulieren eine weitgehende inhaltliche Übereinstimmung zwischen dem Konzept des „Arbeitsgedächtnisses" und dem der exekutiven Funktionen (vgl. Jänecke 2013, S. 391). Dass ein hervorragend organisiertes Arbeitsgedächtnis zweifelsohne wesentlich am Zustandekommen von Hochleistung beteiligt ist, wurde bereits ausführlich untersucht und bestätigt (vgl. zusammenfassend Vock und Hasselhorn 2010) und fand Eingang in zahlreiche Intelligenzdiagnostica (wie z.B. in die WISC IV: Wechsler 2011). Die Leistungsfähigkeit des Arbeitsgedächtnisses und höhere kognitive Leistungen kovariieren nicht nur, sondern bedingen einander offensichtlich. Manche Autoren sprechen gar von einer Art „Flaschenhals"-Funktion des Arbeitsgedächtnisses. Demzufolge könnten „höhere kognitive Leistungen (insbesondere bei der Lösung von Aufgaben zur fluiden Intelligenz – A. J.) stets nur so gut ausgeprägt sein, wie es die Arbeitsgedächtniskapazität zulasse" (Vock und Hasselhorn 2010, S. 120). Interessant allerdings sind widersprüchliche Befunde dazu, ob das Arbeitsgedächtnis eine ebensolche Bedeutung in Bezug auf die kognitive Hochbegabung hat wie für die Intelligenz allgemein. Einerseits behaupten einige Autoren, „dass sich zwar niedrige und durchschnittliche Intelligenz, nicht aber hohe Intelligenz auf besonders gut ausgeprägte basale Informationsverarbeitungsprozesse oder eine große Arbeitsgedächtniskapazität zurückführen" lasse (Vock und Hasselhorn 2010, S. 127). Dies wird auch

„Schwellenhypothese" genannt. Andere Autoren jedoch „liefern Belege dafür, dass basale kognitive Prozesse durchaus auch hohe intellektuelle Fähigkeiten vorhersagen können" (ebd.). Vock und Hasselhorn (2010) schließen sich mit Bezug auf eigene Untersuchungen und nach Auswertung vieler anderer Untersuchungen der zweiten Meinung an und schlussfolgern, dass sich spezifische Arbeitsgedächtnisaufgaben, die zentral-exekutive Prozesse erfordern, „prinzipiell für die Hochbegabungsdiagnostik eignen und klassische Intelligenzdiagnostik sinnvoll ergänzen können" (ebd. S. 129).

Jänecke (2014 S. 123f) fasst mit Blick auf die neurobiologische Determinierung von (nicht nur kognitiver) Begabung und weiterer Faktoren zusammen: Es zeichne sich ein Bild, „bei dem Begabte über ein besonders effizient funktionierendes kortikales und subkortikales Netzwerk verfügen. Insofern handelt es sich nicht alleine um eine fokale anatomische Besonderheit, sondern um eine Besonderheit des Gesamtsystems Gehirn" (ebd.), die sich insbesondere aus der hoch effizienten und sehr komplexen, dynamischen funktionalen Interaktion vieler beteiligter Hirnareale ergäbe.

Im Zusammenhang mit einem für positive Anreize bei Entwicklungsfortschritt besonders sensiblen Verstärkungssystem, entwickelten Begabte offensichtlich eine hohe Motivation, weitere Verstärkungen zu erzielen (ebd.). Dieser Aspekt leitet über zu den Fragen der Motivation bei Hochbegabten.

Motivation

Hochbegabte beschreiben sich intrinsisch stärker motiviert als durchschnittlich Begabte (vgl. zusammenfassend Preckel und Baudson 2013, S. 66f). Sie bevorzugen beispielsweise herausfordernde, neue und schwierige Aufgaben. Dabei scheint die Erfüllung insbesondere des Wunsches, etwas leisten und der Wunsch, mit anderen verbunden sein zu wollen (Affilationsmotiv), zu dominieren. Allerdings bleibt oder verstärkt sich hohe Motivation nur dann, wenn Erfolg möglich scheint und wenn dieser sowie die Anstrengung selbst wertgeschätzt werden. Diese Aussage trifft vermutlich nicht nur für Hochbegabte zu. Hinsichtlich der *Motivstruktur* lassen sich verschiedene Aspekte der Motivation beschreiben und diagnostizieren. Lehwald (2009) trägt in diesem Zusammenhang drei motivational bedeutsame Faktoren zusammen:

(1) *Erkenntnisstreben*, welches durch das „umfassende, tiefgründige Verlangen nach Wissenserwerb, verbunden mit hoher affektiver emotionaler Beteiligung" (ebd., S. 11) gekennzeichnet sei. Facetten des Erkenntnisstrebens sind insbesondere die Bevorzugung selbstständiger geistiger Arbeit, das Streben nach Selbstvervollkommnung , die affektiv emotionale Zuwendung zu Problemen, die Neigung, nicht aufzugeben und Schwierigkeiten zu meistern, beständiges Interesse an zusätzlichen Informationen und der Wunsch, moralische Standards bei der Erkenntnisgewinnung anzuwenden.

(2) *Anstrengungsbereitschaft*: Lehwald (ebd., S. 20) betont, dass es für besonders begabte Kinder und Jugendliche typisch sei, nicht ausschließlich zweckrational zu handeln, um damit irgendwelche außerhalb der Handlung liegende Ziele (wie z.B. gute Noten oder Anerkennung) zu befriedigen. Das eigentliche Lernziel bestünde für sie häufig darin, den Gegenstand näher zu erkunden und „Funktionslust" am eigenen Leibe zu erfahren. Diese tätigkeitsorientierten Motive fänden sich also verstärkt bei Hochbegabten. Die Verschränkung mit Zweckmotiven (wie z.B. für den „eleganten Lösungsweg durch die Lehrperson gelobt zu werden") sei natürlich ebenfalls zu beobachten, zumal Hochbegabte ja oftmals soziale Interaktion und auch die in diesen verborgenen Belohnungssysteme relativ leicht identifizierten (Kloimbeck 2005 und Schneider 2005 zit. in Lehwald 2009, S. 20).

(3) *Lernbezogene Angst*: Begabte Kinder identifizieren sich beim Aufgabenlösen intensiv mit der Problemstellung und stünden daher oftmals in „enger Kommunikation mit der gesetzten Anforderung" (Lehwald 2009, S. 20, ders. 2006). Hochängstliche blockieren stark ihren eigenen Zugriff auf das Gedächtnis und

zeigen demzufolge eine geringere Verfügbarkeit von Kenntnissen. Sie hätten demzufolge eingeschränkte Interessen und seien weniger erkenntnisstrebig. Ihre aufgabenbezogene Anstrengungsbereitschaft sei deutlich vermindert und die Leistungszuversicht erheblich reduziert. Unter Zeitdruck arbeiten ängstliche Schüler/innen schlecht und sind dabei vegetativ labil. Besonders deutlich wird dieses Verhalten beim Problemlösen im Unterricht (Lehwald 1985):

- „Es werden weniger Fragen gestellt.
- Unterrichtsinformationen werden ungenügend ausgenutzt.
- Es wird eine rasche, überhastete Problemlösung angestrebt" (Lehwald 2009, S. 20).

Ein damit verwandtes Konstrukt ist das im Jahr 1982 von Cacioppo & Petty (1982) eingeführte so genannte *„Kognitionsbedürfnis"* (Need For Cognition - NFC). Es beschreibt das Ausmaß, in dem Menschen anstrengende *kognitive* Tätigkeiten betreiben und sich derer erfreuen. Menschen mit einem hohen Kognitionsbedürfnis bilden sich eigene Meinungen durch Abwägen von Argumenten und eher weniger anhand externer Kriterien wie z.B. dem Ruf oder der Attraktivität des Gegenübers. Sie widmen sich intrinsisch motiviert ihren kognitiven Ressourcen zu und nähern sich eigenaktiv kognitiv herausfordernden Situationen an (nach Meier, Vogl & Preckel 2014, S. 39 – übersetzt A. J.). Die Autorinnen kündigen die deutschsprachige Version eines Selbstbeurteilungsinstruments zur Erfassung des NFC in der kommenden Zeit an.

Schließlich wurde auch untersucht, inwieweit *Kontrollüberzeugungen* und *Attribuierung* für Hochbegabte eine typische Ausprägung erreichen. Preckel und Vock (2013, S. 68) verweisen darauf, dass erfolgreiche Hochbegabte tatsächlich über eine stärkere internale Kontrollüberzeugung verfügen, sich selbst also signifikant stärker als durchschnittlich Begabte als Verursacher ihres Handeln betrachten. Wenn man untersucht, welche Faktoren Hochbegabte als an ihrem Erfolg beteiligt sehen, dann führen Hochbegabte diesen eher auf ihre eigene Fähigkeit, Misserfolg hingegen eher auf „veränderliche Faktoren, insbesondere zu wenig gelernt zu haben" (ebd.) zurück. Weitere Untersuchungen verweisen auch darauf, dass erfolgreich leistende Hochbegabte durch eine stärkere *Lernziel*orientierung, also dem Antrieb etwas dazu zu lernen (im Gegensatz zur Leistungsorientierung) sowie eine positive Vergleichsorientierung (*Annäherungs*orientierung: man will besser sein als andere: im Gegensatz zur Vermeidungsorientierung, also nicht schlechter als andere sein zu wollen). Die Motive der Lernziel- und der Annäherungsorientierung scheinen psychisch die gesünderen und Grundlage für den Erwerb hoher Expertise zu sein.

Persönlichkeitsmerkmale

Leider scheint es kaum Untersuchungen zu geben, die sich direkt der Untersuchung von Zusammenhängen der kognitiven Hochbegabung mit den so genannten Big Five, also den fünf großen faktoranalytisch ermittelten Dimensionen, die Persönlichkeitsunterschiede begründen (vgl. hierzu Asendorpf 2005, S. 147f), widmen. Wohl aber liegen einige Befunde aus Studien vor, die den Zusammenhang zwischen den Big Five und der Intelligenz untersuchten, die hier im Wesentlic hen nach Preckel und Baudson (2013) zitiert werden.

Der Faktor „*emotionale Instabilität*" (Neurotizismus), zu dessen untergeordneten Eigenschaften Nervosität, Ängstlichkeit, Erregbarkeit zählen, weist keinen direkten Zusammenhang mit Intelligenz auf. Kognitiv hochbegabte Kinder scheinen allerdings emotional eher stabiler zu sein als durchschnittlich begabte, also weniger zu psychischen Störungen zu neigen. Dies widerlegt die immer wieder auftauchende gegenteilige Behauptung. Auch hinsichtlich der Ausbildung von Prüfungsangst und von Stresserleben weisen hochbegabte Kinder wohl eher eine geringere Anfälligkeit auf als durchschnittlich begabte Alterskameraden. Intelligenz wird daher eher als protektiver Faktor verstanden denn als Entwicklungsrisiko (Zeidner & Shani-Zinovich 2011, Leikas et al. 2009).

Der zweite Faktor „*Extraversion*" umfasst solche Eigenschaften wie Geselligkeit, Nicht-Schüchternheit und Aktivität. Er sei – nach Preckel und Baudson (2013, S. 62) – nur schwach mit Intelligenz korreliert. Ein Ergebnis der Marburger Studie verweist darauf, dass sich durchschnittlich Begabte zwar als am wenigstens schüchtern beschrieben, dass leicht höhere Schüchternheit aber auch für hoch Leistende und durchschnittlich Leistende gelte. Insgesamt könne dieser Befund aber keinen Beweis für die These erbringen, hochbegabte seien eher intro- und durchschnittlich Begabte eher extrovertiert.

Der dritte Faktor „*Verträglichkeit, Liebenswürdigkeit*" setzt sich insbesondere zusammen aus den Eigenschaften Wärme, Hilfsbereitschaft und Toleranz. Versteht man diesen Faktor als bipolare Dimension deren anderes Ende „Aggressivität" bildet, so lässt sich nach DeYoung (2011) feststellen, dass Intelligenz nicht korreliert ist mit Verträglichkeit, wohl aber negativ mit Aggression. Dies mag darin seine Ursache haben, dass begabte Menschen „möglicherweise schlichtweg mehr Möglichkeiten haben, Konflikte (insbesondere verbal) durch gewaltfreie Kommunikation zu lösen" (Preckel und Baudson 2013, S. 61).

Den vierten Faktor „*Gewissenhaftigkeit*" bilden die Subfaktoren Ordentlichkeit, Beharrlichkeit und Zuverlässigkeit. Schütz (2009) verweist darauf, dass hochbegabte Menschen es bis zu einem gewissen Grad nicht nötig hätten, gewissenhaft zu arbeiten, da sie bis zu einem bestimmten Anspruchsniveau die Aufgaben lösen, während weniger Begabte, bereits bei einem geringeren Anspruchsniveau, Fleiß, Ausdauer und Ordentlichkeit aktivieren müssten, um ein höheres Leistungsergebnis zu erzielen. Eine Folge könne dann sein, dass einige Hochbegabte das methodisch gründliche Lernen nicht lernen und im Fall des Erreichens eines Schwierigkeitsgrades (für dessen Bewältigung das hohe kognitive Niveau nicht mehr ausreiche) die wesentlich auf das Üben zurückgehende Eigenschaft der Gewissenhaftigkeit nicht hinlänglich ausgebildet haben. Andererseits scheint ein Befund darauf hinzudeuten, dass es Hochbegabten leichter gelingt, Belohnungsaufschub zu realisieren, sodass sie auch ein längeres Durchhaltevermögen bei entsprechenden Aufgaben entwickeln können (DeYoung 2011). Insgesamt aber kommen Preckel und Baudson (2013, S. 62) zu dem Schluss, dass sich Hochbegabte von durchschnittlich Begabten in diesem Faktor nicht signifikant unterscheiden.

Den fünften Faktor schließlich bildet „*Kultur, Offenheit für Er-*

fahrung", der gespeist wird durch die Eigenschaften Gebildetheit, Kreativität und Gefühl für Kunst. Dieser Faktor steht insgesamt in einem mittleren positiven Zusammenhang mit kognitiver Hochbegabung (DeYoung 2011). Offenheit für neue Ideen hängt stark mit der Freude am Denken und dem Bedürfnis nach kognitiver Herausforderung zusammen (Preckel und Baudson 2013, S. 60). Deshalb kann man wohl bei Hochbegabten vermutlich eine größere Offenheit für soziale und kulturelle Erfahrungen vermuten als bei normal Begabten.

Selbstkonzept

Der Begriff des Selbstkonzeptes versammelt alle Vorstellungen des Menschen von sich selbst. Als wichtige Elemente des Selbstkonzepts werden insbesondere die Selbsteinschätzung, das Körperkonzept, das Fähigkeitskonzept, die Selbstbewertung und das Selbstbild angesehen (vgl. z.B. Eggert u.a. 2003). Die Marburger Längsschnittstudie untersuchte sehr umfassend die Selbstkonzeptfacetten von Hochbegabten, Hochleistenden und durchschnittlich Begabten (Rost 2009).

In der Forschung zur kognitiven Hochbegabung stand häufig das so genannte „*akademische Selbstkonzept*" im Zentrum, worunter der Teil des *Fähigkeitenkonzeptes* einer Person verstanden wird, der sich im Zusammenhang mit *schulischen (akademischen)* Bereichen entwickelt. Er umfasst alle personbezogenen Informationen, wie zum Beispiel das Wissen über die eigenen Fähigkeiten, Bevorzugungen, Meinungen und Motive in schulischen und akademischen Belangen. Auch die eigenen Fähigkeiten, Meinungen und Absichten – als eine *emotionale* Komponente – sind dabei subsummiert und können als Selbstwert zusammengefasst werden. Hochbegabte scheinen tendenziell ein besseres akademisches Selbstkonzept zu entwickeln als durchschnittlich Begabte, was – wie Rost (2000, S. 263) schreibt – „nicht verwundert, da Begabung und Leistung bekanntlich deutlich positiv korrelieren".

Im *körperlichen* Selbstkonzept gab es in den Studien Hinweise darauf, dass Hochbegabte sich manchmal eher negativer beschreiben und erleben als durchschnittlich Begabte, jedoch zeigen diese Ergebnisse keine starke statistische Signifikanz (Preckel und Baudson, 2013, S. 65).

„Im *sozialen* Selbstkonzept ... unterscheiden sich Hochbegabte nicht von durchschnittlich Begabten“ (ebd.), was als weiterer Beleg gegen die Divergenzhypothese gelten könne.

Mit Blick auf die Selbstbewertung kommen Preckel und Baudson (2013) zusammenfassend zum Schluss, dass sich zwischen Hoch- und durchschnittlich Begabten keine systematischen Unterschiede beschreiben lassen. Eine Ausnahme bilden die Underachiever, die tendenziell einen geringeren Selbstwert aufweisen als durchschnittlich und hoch Begabte. Hochbegabte „trügen ihre Nase also weder höher noch tiefer“ als ihre gleichaltrigen weniger begabten Mitschüler, wären sich zwar ihrer besseren Leistungsfähigkeit im schulischen und akademischen Kontext durchaus bewusst, ohne damit jedoch zu prahlen.

Bisher wurde in der Regel das Selbstkonzept frühestens im Grundschulalter untersucht, denn es finden sich nur wenige Studien zum Selbstkonzept im Vorschulalter. Dies mag daran liegen, dass die Erfassung der Selbsteinschätzung in diesem Alter schwierig und kaum valide möglich scheint. Denn bis zum Vorschulalter überwiegen in Selbsteinschätzungen Beschreibungen, die sich auf Äußerlichkeiten wie Besitz und Aussehen oder auf Aktivitäten beziehen; es sind oft aufeinander nicht bezogene Einzelangaben (vgl. Bischof-Köhler 2011). Ab dem vierten Lebensjahr ist das episodische und autobiografische Gedächtnis verfügbar, das Selbstkonzept wird nun zum permanenten oder auch autobiografischen Selbst. Das Selbstkonzept junger Kinder ist typischerweise leicht überhöht (positive illusory). Im Grundschulalter beginnen Vergleiche mit anderen, es folgen erste psychologische Charakterisierungen sowie die Integration von negativen und positiven Selbstbeschreibungen. Die Kinder beginnen sich als eine Person zu sehen und zu bewerten. Verschiedene Facetten wie Leistung, Kompetenz und Beliebtheit werden differenziert, selbstreflexive Perspektivübernahmen möglich: Die Kinder stellen sich vor, was andere über sie denken. Es wäre daher wünschenswert, über die in diesem frühen Altersbereich erfolgende Entwicklung der Selbstkonzept-Facetten, der emotionalen Regulationsfähigkeit, der Fähigkeit zur Perspektivenübernahme und der Selbstreflexion in Bezug zur kognitiven Entwicklung mehr zu erfahren.

Diese Erwartung berührt auch den Aspekt der *metakognitiven Fähigkeiten* (Flavell 1979), einer Facette der reflexiven Kompetenz. Unter Metakognition versteht man das Denken über das eigene Denken. In Anlehnung an die unterschiedlichen Gedächtnisfunktionen wird häufig zwischen deklarativem, also dem faktisch verfügbaren Wissen und prozeduralem metakognitiven Wissen, also der Fähigkeit „zur Überwachung und Kontrolle gedächtnisbezogener Aktivitäten" (Löffler und Schneider 2014, S. 386) unterschieden. Löffler und Schneider (2014) gehen zusammenfassend davon aus, dass Hochbegabte bereits im Vorschulalter in der Regel über besseres metakognitives Wissen (v.a. hinsichtlich der deklarativen Aspekte) verfügen als normal begabte Personen und dass durchschnittlich begabte Schüler Entwicklungsvorsprünge, die hochbegabte Schüler in den meisten Metagedächtnisfunktionen aufweisen, „nur bedingt aufholen" (ebd.). Die Unterschiede seien jedoch eher quantitativer als qualitativer Natur. Auch wenn einige Forscher feststellen, dass Hochbegabte prinzipiell nicht anders lernen als durchschnittlich Begabte (z.B. Hasselhorn und Gold 2006), so führe nach Löffler und Schneider (2014) die große – und durch hohe kognitive Intelligenz und hervorragend ausgebildete metakognitive Fähigkeiten begründete – Effizienz des Lernens dazu, dass Hochbegabte ihr akademische Selbstkonzept und die eigene Selbstwirksamkeit positiv entfalten (vgl. auch Baumann, Gebker und Kuhl 2010). Weiterhin scheinen – neben der kognitiven Fähigkeit – metakognitive Leistungen die Vorhersagequalität in Bezug auf den Leistungserfolg zu verbessern.

Sozial- und Bewältigungsverhalten hochbegabter Kinder

Zu den Bewältigungsstrategien (Coping) hochbegabter Jugendlicher und Erwachsener gibt es zahlreiche Studien. In einer Zusammenschau von Artikeln zum Thema Coping und Hochbegabung kommen Kitano & Lewis (2005) zu dem Schluss, dass eine hohe kognitive Kapazität günstigere Copingstrategien bedingt, allerdings besteht kein direkter Zusammenhang zwischen Hochbegabung und Coping; vielmehr sei eine durchschnittliche Intelligenz ausreichend. Nach Gross (1993) entspricht die sozioemotionale Reife dem kognitiven Alter der hochbegabten Kinder, ihnen werden bessere Copingstrategien und Problemlösestrategien zugesprochen. Auch Stapf (2010) geht von einer höheren sozialen Reife aus, so seien hochbegabte Kinder in Bezug auf soziale Kognitionen, das Lösen sozialer Probleme, die soziale Perspektivübernahme und im Wissen um soziale Situationen besser. Während Lehrer und Erzieher hochbegabte Kinder eher sozial kompetenter einschätzten, fanden sich in den Einschätzungen der Eltern keine Unterschiede zu Gleichaltrigen. In einer Studie von Stapf und Lang (2002) berichteten Erzieherinnen, dass hochbegabte Vorschulkinder Konflikte häufiger verbal lösten.

In der Marburger Studie wurden auch die Peerbeziehungen von Hochbegabten untersucht (Schilling 2000). In ihren Selbstauskünften beschrieben sich die hochbegabten 14- bis 17-Jährigen zwar etwas weniger kontaktfreudig, was jedoch auch als etwas wählerischer interpretiert werden könnte. In Bezug auf Einfühlungsvermögen und auf die Häufigkeitsangaben von Freunden unterschieden sich die in der Marburger Studie untersuchten hochbegabten Jugendlichen nicht signifikant von durchschnittlich Begabten. Ein gleiches Ergebnis erbrachte die Befragung der Eltern, während die Lehrer von hochbegabten Jugendlichen die soziale Integration hochbegabter Schüler tendenziell besser beurteilten gegenüber durchschnittlich begabten Mitschülern. Dies entspricht auch weitgehend den Befunden der Terman-Studie und wird durch eine Untersuchung, die Preuss & Dubov (2004) an Fünft- und Sechstklässlern durchführten, bestätigt (vgl. auch Stapf 2010).

Gerade bei Schülerinnen und Schülern der 8. und 9. Klasse ist es nicht selten Usus, gut und hochleistende Mitschülerinnen und Mitschüler als Streber zu titulieren. Manchmal geraten diese Kinder in einen Bedrohungsdruck bis hin zum Mobbing. Jost (2001, S. 85) vertritt die Ansicht, dass gerade hochbegabte Kinder wegen ihrer Andersartigkeit bevorzugte Mobbing-Opfer werden könnten. Olweus (1995 zit. bei Steinheider 2014, S. 204) dagegen betont, dass eine hohe Begabung nicht ausreicht, um in einer Schulklasse ins Abseits zu geraten. „Nur in Kombination mit weiteren Persönlichkeitsdispositionen nimmt das Risiko für begabte Schülerinnen und Schüler tatsächlich zu, von Mitschülern schikaniert zu werden. Sie haben ansonsten mit dem eher harmloseren Strebervorwurf zu kämpfen. … Hochbegabte Kinder sind nur dann stärker von Mobbing bedroht, wenn sie noch dazu unsicher, ängstlich und ohne Freunde sind“ (ebd.), was jedoch Merkmale sind, die nicht allein auf hochbegabte Kinder zutreffen.

Interessen von Hochbegabten

Die Studienlage zeigt hinsichtlich der Frage, ob Hochbegabte besondere Interessen oder auch eine größere Vielfalt an verschiedenen Interessen aufweisen eher nur leicht tendenzielle und kaum starke Unterschiede. Ergebnisse der Marburger Studie (Hoberg und Rost 2009) legen nahe, dass sich Hochbegabte tendenziell etwas weniger für Freizeitthemen wie z.B. den Austausch über Sport und Fernsehsendungen interessieren. Mehrfach wurde berichtet, dass sich hochbegabte Grundschulkinder bereits in sehr frühem Alter deutlich mehr für das Lesen interessieren als weniger begabte Gleichaltrige. Jedoch ist dieser Befund eher trivial, da das Lesen natürlich als Quelle zur Befriedigung der Neugier hoch attraktiv ist. Das immer mal wieder behauptete frühe Spezialistentum hochbegabter Kinder konnte bisher statistisch nicht unterlegt werden.

Mit Blick auf *berufliche* Interessen, nach denen in der Marburger Studie ebenfalls gefragt wurde, zeigte sich ein stärkeres auf Forschung orientiertes Interesse bei Hochbegabten als an sozialen Tätigkeiten. Interessenprofile bei hochbegabten Jugendlichen bilden sich – der Study of Mathematically Preciocious Youth (SMPY: vgl. Lubinski, Benbow & Ryan zit. nach Preckel und Baudson 2013, S. 71f) zufolge bereits im Alter von 13 Jahren heraus und bleiben auch über eine Spanne von 15 Jahren relativ stabil, wobei sich Mädchen und Jungen deutlich unterscheiden.

Geschlechtsunterschiede

In der allgemeinen Intelligenz sind zwischen Jungen und Mädchen keine bedeutsamen Differenzen nachzuweisen. Diese Aussage ist allerdings nicht bei den extremen Ausprägungen sowohl hinsichtlich der so genannten Höchstbegabung als auch im Bereich der kognitiven Minderbegabung zutreffend. Hier scheint es jeweils einen Überschuss an Jungen zu geben (vgl. auch Holling und Kanning 1999, S. 57f). Darauf verweisen auch Ergebnisse der PISA-Studie, insbesondere hinsichtlich der Entfaltung von Kreativität. In 44 Ländern gab es bei alltagsnahen Kreativitätstests in der Spitzengruppe signifikant mehr Jungen als Mädchen. Unter den leistungsstärksten 15-jährigen Deutschen sind deutlich mehr Jungen (60 Prozent) als Mädchen (40 Prozent). Unter den schwächsten Schülern verteilen sich Jungen und Mädchen hingegen gleichermaßen, was dem obigen Befund zur Häufigkeit von Jungen bei den Minderbegabten zu widersprechen scheint.

Verlässt man die Ebene der allgemeinen Intelligenz und schaut sich spezifische kognitive Fähigkeiten an, so werden einige geschlechtstypische Unterschiede doch erkennbar (vgl. zusammenfassend: Rohrmann und Rohrmann 2010, S. 28 f): Mädchen und Frauen zeigen sich bei verbalen Fähigkeiten überlegen, Jungen und Männer hingegen bei Fähigkeiten zum räumlichen Erfassen und Handeln. Auch in Bezug auf die mathematischen Fähigkeiten sind bei älteren Jugendlichen und Männern Leistungsvorteile gegenüber den Frauen erkennbar.

Auch hinsichtlich ihres mathematischen Selbstkonzeptes bilden sich Jungen eine höhere Meinung von sich selbst als Mädchen (vgl. Preckel und Baudson 2013, S. 65). Diese auch bei durchschnittlich Begabten zu beobachtende Tendenz scheint bei Hochbegabten noch einmal größer zu sein als bei durchschnittlich Begabten und sei bereits in der ersten Grundschulklasse zu beobachten. Insofern verwundert es auch kaum, dass sich hochbegabte junge Männer eher von gleichaltrigen jungen Frauen hinsichtlich eines „klarer konturierten Profils (ausgeprägt hohe Werte im intellektuellen und realistischen, dagegen niedrige im sozialen Interessensbereich)“ (Vock et al. 2012 zit. in: Baudson und Preckel 2013, S. 72) unterschieden. Frauen wiesen eher ausgewogene Interessensprofile aus.

In der Marburger Hochbegabtenstudie fanden sich – bezogen auf die Selbsteinschätzung – eher nur geringe Unterschiede zwischen hochbegabten Jungen und Mädchen. Mädchen allerdings beschrieben sich etwas anstrengungsbereiter, attribuierten ihren Leistungserfolg aber auch etwas häufiger als Jungen external, d.h. sie nahmen an, dass ihnen das Glück etwas häufiger zur Seite stand als den Jungen. Schließlich zeigten Mädchen eine geringere mathematikbezogene Selbstwirksamkeitserwartung (Schütz 2009).

Weitere Befunde zeigen, dass hochbegabte Jungen zwei- bis dreimal so häufig in spezialisierten Beratungsstellen angemeldet werden (Elbing und Heller 1996, Perleth und Sierwald 2001), was etwas oberhalb der Anmeldungsrate von Jungen in Erziehungsberatungsstellen liegt. Daraus eine stärkere psychopathologische Belastung der hochbegabten Jungen zu folgern, wäre nicht ratsam, weil Geschlechtsunterschiede bei der Entwicklung psychischer Störungen keineswegs mit der kognitiven Begabung kovariieren, sondern mit anderen Faktoren erklärt werden müssen (vgl. hierzu Ihle et al. 2007). Entsprechend ist auch der Befund zu bewerten, dass hochbegabte Jungen in Förderprogrammen bislang häufiger als Mädchen vertreten waren. Dieser Trend verändert sich jedoch deutlich, werden doch zunehmend Förderprogramme in den naturwissenschaftlichen Fächern (auch MINT-Bereiche genannt) mit speziellem Fokus zur Förderung der Mädchen und Frauen initiiert (vgl. im Überblick Stöger, Ziegler und Heilemann 2012).

Erklärungsversuche zu den insgesamt doch eher geringen Geschlechtsunterschieden zwischen Hochbegabten scheinen nur dann fruchtbar, wenn sie sowohl anlage- als auch sozialisationsgebundene Faktoren aufklären und in ihrem Wechselspiel beschreiben, denn

Untersuchungen, die jeweils nur einen Aspekt berücksichtigten, tragen offensichtlich nicht ausreichend zur Erklärung der ohnehin recht schwach ausgeprägten Phänomene bei. So verweisen Rohrmann und Rohrmann (2005, S. 59) beispielsweise auf das Zusammenspiel von Erwartungen und Identifikation von Hochbegabung hin: „Mädchen werden seltener für begabt gehalten, was dazu führen kann, dass sie ihre besonderen Potenziale nicht entfalten. Jungen werden dagegen eher für hochbegabt gehalten, selbst wenn sie es nicht sind" (ebd.). Der Psychodiagnostik kommt demzufolge eine besondere Rolle zu, um diese Zuschreibungen, die ihrerseits ja selbstreferentiell genau die Resultate erwartungskonform reproduzieren, zu überwinden und somit auch zu einer größeren Chancengleichheit im Bildungs- und Erziehungssystem beizutragen.

Hochbegabte Kinder: Keine typischen Merkmale – keine typischen Störungen

Zusammenfassend lässt sich feststellen, dass es für hochbegabte Kinder außer ihrer kognitiven Begabung weder typische Merkmale noch eine typische Entwicklung von Störungen oder Beeinträchtigungen gibt. Stattdessen müssen die individuellen Aspekte der Selbststeuerung und der Selbstkonzeptualisierung entdeckt und deren Bedeutung für die kindliche Entwicklung verstanden werden. Dazu gehört auch, die jeweils besondere Bedeutung der Hochbegabung in diesem Prozess zu beachten. Allerdings hat sie keine exklusiv erklärende Funktion.

Ich möchte am Beispiel des 7-jährigen Philip zeigen, wie sich Angst- und Angstabwehr als Teile des Selbstkonzeptes im Zusammenspiel mit Hochbegabung verhalten können. Philip wurde durch seinen Vater auf Bitten der Schule in der Erziehungsberatungsstelle vorgestellt, weil er auf dem Schulhof regelmäßig von älteren Jungen bedrängt und bestohlen wurde. Philip lebte allein mit seinem Vater sehr zurückgezogen, der Vater litt unter vielen Ängsten, die thailändische Mutter hatte die Familie zwei Jahre zuvor verlassen. Philip war bereits in anderem Zusammenhang als hochbegabt getestet worden. In unserem ersten Kontakt begrüßte er mich knapp und drängte dann ganz eifrig und aufgeregt an den Tisch. „Weißt du, was ich heute Morgen beobachtet habe“, fragte er mich. Nein, ich wusste es nicht: Na die partielle Sonnenfinsternis, natürlich. Er erzählte dann ganz engagiert und ausführlich davon und zeichnete die Umstände dieses Phänomens. Erst nach 30 Minuten kam ich dazu, ihn vorsichtig zu fragen, weshalb er glaube, dass er mich besuchen komme. Er antwortete ganz knapp: „Na wegen der blöden Jungs in der Schule.“ Und wollte dann weiter über die Sterne, den Mond und die Sonne erzählen. Als Berater wurde mir deutlich, dass Philip einerseits tatsächlich ganz vertieft und neugierig seine Themen untersucht; dass er aber andererseits auch mit Hilfe seines Interesses die reale Bedrohung und die damit verbundene Angst mehr oder weniger gut abwehrt. Für den Berater ist nun wichtig, gemeinsam mit Philip zu verstehen und auch wertzuschätzen, dass er auf seine Weise die Angst versucht zu bewältigen. Andererseits geht es dann aber auch darum, herauszuarbeiten, dass diese Verdrängung nur eine von mehreren Möglichkeiten der Angstabwehr ist und nicht immer das probate Mittel bildet. Ganz problematisch könne es hingegen werden, wenn sich aus dieser Möglichkeit ein Abwehr*muster* formen würde. Denn ein solches rigides Muster verhindert, dass Philip es lernt, reale Bedrohungen als solche zu verstehen und diesen auch variabel, beispielsweise durch das Einwerben von Unterstützern, begegnen kann. Mit diesem Beispiel wird nachvollziehbar, dass ein Thema, welches sicherlich viele Kinder belastet, durch die Hochbegabung wohl in einer spezifischen Weise eingefärbt werden kann, ohne dass diese hierfür aber eine ursächliche Bedeutung aufweist.

Soziodemografische Merkmale von Familien mit hochbegabten Kindern

Im Vergleich zu Eltern durchschnittlich begabter Kinder weisen Eltern hochbegabter Kinder

- einen *höheren elterlichen Bildungsgrad* (z. B. Benbow & Stanley 1980, Groth 1975, Tassel-Baska 1983)

- eine *stärke Leistungsorientierung* (Stapf 2003)
- ein im Durchschnitt etwas *höheres Alter* zur Geburt des ersten Kindes (z.B. Gross 1993, Albert 1980)
- ein *höheres finanzielles Einkommen* (z.B. Benbow & Stanley 1980) und
- einen insgesamt etwas *höheren sozioökonomischen Status* (z.B. Barbe 1956, Gottfried et al. 1994, Wittmann 2003) auf.

Familien mit *Migrationshintergrund* und/oder aus *bildungsfernen* Milieus sind dagegen in Begabtenförderprogrammen unterrepräsentiert (u.a. Neber & Heller 2002) und suchen seltener Beratungsstellen für Hochbegabte auf (Stapf 2010). Rost und Albrecht (1985) kommen insgesamt zu dem Ergebnis, dass es für Kinder aus höheren sozialen Schichten wahrscheinlicher sei, als hochbegabtes Kind erkannt zu werden als für hochbegabte Kinder aus niedrigeren sozialen Milieus bzw. aus Milieus mit nicht deutschem Hintergrund.

Erziehung(shaltung) und Entwicklungserwartungen der Eltern

Schaut man sich Untersuchungen an, die die Erziehung hochbegabter Kinder mit der von durchschnittlich begabten Kindern vergleichen, so ergeben sich folgende Befunde:

- Hochbegabte Kinder fordern früher und mehr Förderung von ihren Eltern ein (Gottfried u.a. zit. nach Stapf 2010, 167f).
- Hochbegabte Kinder erhalten auch eine bessere Förderung durch ihre Eltern (Rost und Albrecht 1985).
- Mütter hochbegabter Kinder kommunizieren mit ihrem Kind mehr und intensiver als Mütter von normal begabten Kindern (Loeb & Jay 1987).
- Mütter hochbegabter Kinder schätzen gegenüber Müttern von normal begabten Kindern den Wert von Autonomie höher ein als den von Gehorsam (Loeb & Jay 1987).

- Eltern bremsten eher den Wissensdrang ihrer hochbegabten Kinder aus Angst vor späterer Langeweile in der Schule (Gottfried u.a. zit. nach Stapf 2010, 167 f).
- Eltern hochbegabter Kinder beschrieben mehrheitlich (80 Prozent) ihren Erziehungsstil als kindorientiert, flexibel, anregend, konsistent und demokratisch, was dem autoritativen Erziehungsstil entspräche (Benbow 1990, Dwairy 2004).
- Andererseits wird häufig darüber berichtet, dass sich Eltern hochbegabter Kinder verunsichert, überfordert und belastet in ihrer Elternrolle beschreiben (im Überblick: Gauck 2007, S. 19f). Aus Studien zur Nachfrage von Beratung durch Eltern hochbegabter Kinder wird Unsicherheit bei der Erziehung als ein zentraler Faktor genannt – verbunden mit der Klage über starke Belastung (Wieczerkowski und Prado 1996, Wittmann 2003), insbesondere dann, wenn sich Eltern als kognitiv unterlegen gegenüber ihren Kindern erleben.
- Familiärer Zusammenhalt, liebevolle elterliche Zuwendung und intellektuelle Stimulation sind aussagekräftige Vorhersagemerkmale für gute intellektuelle Leistungen der Kinder (Tomlinson-Keasy und Little 1990 zit. nach Reichle 2004).
- Eltern hochbegabter Kinder erwarten häufiger einen hohen Bildungsabschluss von ihren Kindern als Eltern von durchschnittlich begabten Kindern (Tettenborn 1996).

Man kann also insbesondere an den zuletzt genannten Ergebnissen sehen, dass sich hohe Leistung(serwartung) und liebevolle Zuwendung gegenseitig nicht ausschließen müssen (Loeb & Jay 1987, Tettenborn 1996). Im Übrigen scheinen Väter das Begabungsniveau ihrer Kinder skeptischer als Mütter einzuschätzen (Keirouz 1990).

Familiengröße und Einfluss der Geschwisterposition

Weitere Untersuchungen widmeten sich der Familiengröße. Die Angaben hierzu schwanken. Häufig wird eine Tendenz zu einer im Verhältnis zur Durchschnittsfamilie eher etwas kleineren Familiengröße berichtet, was jedoch vermutlich „mit dem besseren soziökonomischen Status der Familien und mit dem höheren Alter der Eltern bei der Geburt der Kinder auch zu erwarten wäre" (Tettenborn 1996, S. 74).

Fragt man nach hervorgehobenen Geschwisterpositionen, so lässt sich einerseits feststellen, dass diese keinen verallgemeinerbaren Einfluss auf die Entwicklung des hochbegabten Kindes hat (Schlichting 1968). Dem steht allerdings Cornells Befund (1984) entgegen, nach dem Erstgeborene und zum Teil auch Einzelkinder, eine größere Chance besitzen, als hochbegabt identifiziert zu werden als später geborene Kinder (Cornell 1984).

Das Geschwisterverhältnis scheint immer verschiedene Phasen zu durchlaufen (Papastefanou 2002), weshalb eine für alle Zeit gültige Beziehungsaussage nicht existiert. Problematisch wird es, wenn Eltern Fähigkeitsunterschiede stark und dauerhaft betonen. Dann nämlich erlebten sich nicht hochbegabte Geschwister gegenüber ihren hochbegabten Geschwistern eher als zurückgesetzt (Silverman 1993). In diesem Fall weisen sie häufiger ein niedriges Selbstkonzept auf und zeigen größere Ängstlichkeit als Geschwister in Familien ohne hochbegabte Kinder (Keirouz 1990). Dem widerspricht allerdings ein Befund, demzufolge hochbegabte Erwachsene berichteten, dass sie als Kinder das Gegenteil, nämlich die Bevorzugung ihrer nicht hochbegabten Geschwister, erlebt hätten (Yewchuk und Schlosser 1996).

Familiendynamik und -klima

Eine ganze Reihe von Untersuchungen beschäftigte sich mit der Frage, inwieweit sich die Familienstruktur und auch das familiäre Klima zwischen Familien mit und ohne hochbegabten Kindern unterscheiden. Auch hier werden die wichtigsten Befunde wieder gegliedert vorgestellt.

- Ein Familienklima, das von Zusammenhalt, Offenheit und mittlerer Konfliktneigung geprägt ist, steht in einem positiven Zusammenhang mit positiven Selbststeuerungskompetenzen (insbesondere Selbstkontrolle, Selbstwertgefühl und Angsterleben) eines hochbegabten Kindes befanden Cornell und Grossberg (1987). Kritisch allerdings muss vermerkt werden, dass die Messung nur zu einem Zeitpunkt erfolgte, weshalb nicht zu klären ist, was Ursache, was Wirkung und was Wechselwirkung bei diesem Befund ist.

- Eltern hochbegabter Kinder lassen sich häufiger scheiden (vgl. die Studie von Tettenborn 1996, die hier aber auch eine Korrelation zum höheren Alter der Eltern vermutet).
- Müttern und Vätern von hochbegabten Kindern im Grundschulalter fiel es schwer, zwischen der Kind- und Elternrolle zu unterscheiden (Hackney 1981). Allerdings fehlt in dieser Studie der Vergleich zu einer Kontrollgruppe.
- Hochbegabte Kinder nehmen lediglich dann eine besonders bevorzugte Stellung innerhalb einer Familie mit mehreren Kindern ein, wenn nur eines der Kinder und kein weiteres Kind hochbegabt ist (Cornell 1983).
- Typische Familienstrukturen oder bestimmte Allianzen zwischen Familienmitgliedern ließen sich nicht nachweisen.

Gibt es generelle Unterschiede zwischen Familien mit hochbegabten Kindern und solchen ohne?

Eine Vielzahl an Einwänden methodischer Art veranlasste Anette Tettenborn, im Rahmen der Marburger Längsschnittstudie eine separate Untersuchung von Familien mit und ohne hochbegabte Kinder auf methodisch sehr sauberer Basis durchzuführen. Sie untersuchte mit einer aufwendigen Methodik insgesamt 151 hochbegabte Kinder und 136 Vergleichskinder, die – gemäß dem Marburger methodischen Ansatz – zu den Zielkindern bis auf den Begabungsfaktor weitgehend ähnlich sein sollten. Sie stellte fest:

(1) Es lässt sich keine höhere Problembelastung in und von Familien mit hochbegabten Kindern nachweisen.
(2) Unterschiede hinsichtlich familiärer Strukturvariablen (mit Ausnahme der Scheidungsrate und dem Alter der Eltern), hin-

sichtlich besonderer Gefühle, Einstellungen und Motivationen von hochbegabten Kindern gegenüber ihren anderen Familienmitgliedern sowie hinsichtlich des gesamten Familiensystems waren nicht zu belegen.

Ein Zitat von Tettenborn (1996, S. 99) fasst die Ergebnisse der Forschungen zu Familien mit hochbegabten Kindern treffend zusammen:

> „Insgesamt lässt sich mit aller Vorsicht sagen, dass die bisher vorliegenden empirischen Arbeiten die Alltagsmythen über *die* „Hochbegabtenfamilie“ nicht bestätigt haben.
> Weder leiden Hochbegabte unter einer „Potenz zum Unglücklichsein“ ... noch lässt sich pauschal von der Hochbegabtenfamilie als einer „Idealfamilie“ (oder eben „Problemfamilie“ – hinzugefügt durch den Autor) sprechen“.

Mit welchen Anliegen wenden sich Familien mit (vermutlich) hochbegabten Kindern und J ugendlichen an Beratungsstellen?

Gastbeitrag von Christine Koop

In den vergangenen 20 Jahren haben verschiedene Studien eruiert, mit welchen Anliegen sich Familien (vermutlich) hochbegabter Kinder an Beratungsstellen wenden. In den meisten Fällen beziehen sich die Daten auf Beratungen in einzelnen spezialisierten universitären Institutionen (Elbing und Heller 1996; Pruisken und Fridrici 2005; Preckel und Eckelmann 2008). Wittmann (2003) hat – zumeist ehrenamtlich tätige – Beraterinnen und Berater aus unterschiedlichen Regionalverbänden der Deutschen Gesellschaft für das hochbegabte Kind (DGhK) befragt und diese Daten auch zu Aussagen von Schulpsychologinnen und Schulpsychologen aus Nordrhein-Westfalen, Niedersachsen, Bayern und Hessen in Bezug gesetzt. Preckel (2014) erhob nun im Auftrag der Karg-Stiftung Anlässe und Themen in der Hochbegabtenberatung und griff dabei erstmalig auf die Daten relativ vieler Beratungsstellen (n = 16) aus dem gesamten Bundesgebiet und in unterschiedlicher Trägerschaft zurück. Bislang fehlen Studien, die der Frage nachgehen, mit welchen Anliegen sich Ratsuchende im Feld Hochbegabung speziell an Erziehungsberatungsstellen wenden. Eine erste Orientierung hierzu können Daten liefern, die im Rahmen eines Modellprojektes der Karg-Stiftung von Jacob (2010) erhoben wurden.

Die Stichprobengrößen der vorliegenden Erhebungen variieren von knapp 200 (Preckel 2014; Elbing und Heller 1996) bis über 800 (Pruisken und Fridrici 2005) einbezogene Beratungsfälle. Die Studien liefern wertvolle Einblicke in die zentralen Bedürfnisse und Anliegen von Familien (vermutlich) hochbegabter Kinder und Jugendlicher, die sich Rat suchend an Beratungsstellen wenden. Wie sich zeigen wird, tun sie dies ungeachtet des jeweiligen Schwerpunktes der einzelnen Beratungsstelle mit einer Vielzahl von Fragestellungen und Problemlagen.

Bei der Interpretation der Daten muss beachtet werden, dass es sich bei allen Studien um Untersuchungen von Inanspruchnahme-Populationen handelt. Generalisierte Rückschlüsse auf die Menge und die Art möglicher Problemlagen hochbegabter Kinder und Jugendlicher und deren Familien sind daher nicht möglich, sondern lediglich über die Familien mit (vermutlich) hochbegabten Kindern, die tatsächlich um Hilfe ersucht haben.

Die häufigsten Beratungsanliegen der Ratsuchenden lassen sich den vier umfassenden Kategorien Hochbegabungsdiagnostik, Beratung zu Fördermöglichkeiten, (schulische) Leistungs- und/oder Motivationsprobleme sowie Probleme im Sozialverhalten bzw. soziale Probleme zuordnen. In der Regel gibt es für die Rat suchenden Familien mehrere Gründe, die sie zum Aufsuchen einer Beratungsstelle motivieren. So fand Preckel (2014) beispielsweise, dass ein großer Teil der Familien nicht weniger als fünf bis neun Gründe angab. Das bloße Interesse an einer testdiagnostischen Untersuchung der intellektuellen Potenziale ihres Kindes veranlasst offensichtlich die wenigsten Eltern, eine Beratungsstelle aufzusuchen. Dass sich die meisten angegebenen Beratungsanliegen den genannten vier Kategorien zuordnen lassen, darf nicht darüber hinwegtäuschen, dass „Beraterinnen bzw. Berater in der begabungspsychologischen Beratung auf vielfältige Beratungsthemen in sehr unterschiedlicher Kombination treffen“ (Preckel 2014, S. 28). So verbirgt sich beispielsweise hinter der Kategorie (schulische) Leistungs- und Motivationsprobleme eine enorme Bandbreite an Fragen der schulischen Über- oder Unterforderung (Underachievement), Langeweile, Konzentrationsschwierigkeiten, notwendigen Anpassungen der Schullaufbahn in Form von vorzeitiger Einschulung, Überspringen oder Schulwechseln. Die Kategorie „Probleme im Sozialverhalten“ umfasst sowohl Schwierigkeiten und Konflikte in den Kontexten Familie, Gleichaltrige, Schule/Kita als auch externalisierendes wie internalisierendes „Problemverhalten“.

Erziehungsschwierigkeiten werden in den Studien nur sehr selten als eines der vordringlichen Anliegen genannt werden. Es gibt jedoch verschiedene Hinweise darauf, dass die Schlussfolgerung, dass Fragen der Erziehung nur eine untergeordnete Rolle in der Hochbegabtenberatung spielen, voreilig sein könnte. So konnte Jacob (2010) in seiner Pilotstudie zeigen, dass 40 Prozent der Familien, die in Erziehungsberatungsstellen zu Aspekten der Hochbegabung um Hilfe baten, Konflikte zwischen Eltern und Kind als wichtigstes Beratungsanliegen nannten.

Auch bei Preckel (2014) stellten laut Einschätzung der Beraterinnen und Berater Beratungswünsche zu Fragen der elterlichen Erziehung nach der Hochbegabungsdiagnostik das zweitwichtigste Anliegen dar. Dies bestätigte sich in der Untersuchung von Preckel auch in den während der Beratung tatsächlich behandelten Themen: Beim überwiegenden Teil der Familien gaben die Beraterinnen und Berater Hilfestellung zu Fragen im familiären Bereich (75%) bzw. zum Familienalltag (86%) an. In 16 Prozent der Fälle waren Konflikte zwischen Eltern und Kind Beratungsgegenstand und in immerhin 46,5 Prozent der Fälle auch eine aktuell empfundene Überforderung mit dem eigenen Kind. Ähnlich lagen die Angaben für den Schul- bzw. Kita-Kontext: Bei 27 Prozent der Familien waren Konflikte zwischen Lehrkraft bzw. Erzieher/in und Kind Thema in der Beratung sowie in knapp 39 Prozent der Fälle auch eine Überforderung der Lehrkraft bzw. Erzieher/in mit dem Kind.

Jacob (2010) bat zusätzlich die an seiner Erhebung teilnehmenden Beraterinnen und Berater um eine Einschätzung der familiären Belastung zum Zeitpunkt des ersten Beratungskontaktes. Dabei zeigte sich, dass die Familien, die als Beratungsanlass Konflikte zwischen Eltern und Kind oder zwischen Kind und Lehrkraft bzw. Erzieher/in angaben, am stärksten belastet waren.

Diese Ergebnisse machen nicht nur den relativ hohen Anteil erzieherischer Fragestellungen in der Hochbegabtenberatung deutlich, sondern zeigen vielmehr auch, welchen Effekt allein die symptomorientierte vs. systemische Perspektive der Beratenden auf die Darstellung der Anliegen der Ratsuchenden hat.

Die gegenwärtige Studienlage gibt keine Hinweise darauf, dass bestimmte Kombinationen von Beratungsanliegen besonders häufig auftreten.

Welchen Einfluss haben Geschlecht und Alter des Kindes auf die Beratungsanliegen?

Gastbeitrag von Christine Koop

Beratung im Feld Hochbegabung wird häufiger für Jungen in Anspruch genommen als für Mädchen. Die meisten Studien berichten ein Verhältnis von 2:1 bis 3:1. Während Preckel (2014) keine bedeutsamen Zusammenhänge zwischen Geschlecht und Beratungsthemen fand, erhielten andere Studien Hinweise darauf, dass bei Jungen häufiger als bei Mädchen Probleme mit dem Sozialverhalten als Beratungsanlass formuliert werden (Preckel und Eckelmann 2005; Elbing und Heller 1996). Pruisken und Fridrici (2005) fanden bei Jungen häufiger Konzentrationsprobleme und externalisierende Auffälligkeiten als Beratungsanlass. Mädchen wurden in ihrer Studie dagegen eher bei konkreten schulischen Entscheidungssituationen vorgestellt.

Unabhängig vom Geschlecht sind ca. 30 bis 50 Prozent der vorgestellten Kinder und Jugendlichen nach erfolgter testpsychologischer Untersuchung tatsächlich hochbegabt, legt man einen IQ größer 130 IQ-Punkten zugrunde.

Das Alter der Kinder und Jugendlichen, für die um Beratung ersucht wird, umfasst eine breite Spanne vom Kindergarten- bis ins Jugendalter, zum Teil auch noch im jungen Erwachsenenalter. Die meisten Beratungsstellen berichten davon, dass Grundschüler den überwiegenden Anteil der angemeldeten Kinder bildeten.

Recht übereinstimmend konnten die Studien zeigen, dass mit dem Alter der Kinder die Schwere der berichteten Anliegen zunimmt. Während bei Kindern im Vor- und Grundschulalter die Suche nach und Beratung zu Fördermöglichkeiten sowie Unterforderung und Motivationsprobleme am häufigsten als Beratungsanliegen genannt werden, finden sich bei Schülerinnen und Schülern in der Sekundarstufe vermehrt schulische Leistungsprobleme.

Wittmann (2003) erhielt in ihrer Erhebung deutliche Hinweise darauf, dass die Probleme mit zunehmendem Alter der Kinder und Jugendlichen kumulieren. Während in der Vorschule die mittlere Problemzahl bei 5.3 (SD = 4.1) lag, gaben Rat suchende Schülerinnen und Schüler der Grundschule im Schnitt bereits 7.2 (SD = 5.4) und der weiterführenden Schulen 7.5 (SD = 5.5) Probleme an. Auch Jacob (2010) interpretiert seine vorliegenden Daten dahingehend, dass es im biografischen Verlauf der Kinder unterschiedliche typische Beratungsanliegen und beraterische Zugangsthemen im Feld der Hochbegabung gibt. In Abhängigkeit vom Alter des Kindes sowie vom Umstand, wie der Familie die Bewältigung früherer Schwierigkeiten gelungen sei, erbäten die Ratsuchenden in unterschiedlichen Eskalationsstufen beraterische Hilfe. Das Wissen um diesen Umstand kann für Berater und Beraterinnen wertvolle Hinweise für die Anamnese-Erhebung sowie die notwendigen Interventionen liefern.

Was wissen wir über die Rat suchenden Familien?

Gastbeitrag von Christine Koop

Alle bisherigen Studien berichten einheitlich von einer deutlichen Überrepräsentation von Eltern mit akademischer Ausbildung. Elbing und Heller (1996) fanden zudem Hinweise darauf, dass ein abnehmender beruflicher Status der Rat suchenden Eltern mit einem Anstieg von erzieherischen Beratungsanlässen einherging. Preckel (2014) erfasste neben dem Ausbildungsstatus der Eltern auf einer sechsstufigen Skala auch das Bildungsengagement der Eltern, eingeschätzt von den Beratenden. Dabei zeigte sich, dass die Rat suchenden Eltern über ein sehr hohes Maß an Bildungsengagement verfügten (Skala von 0 bis 5, M = 4.35, SD .76).

Ebenfalls übereinstimmend wurde die materielle Situation der Rat suchenden Familien in den Studien von Jacob (2010) und Preckel (2014) von den Beratenden als stabil bis ausreichend eingeschätzt (80% bzw. 64%, wobei bei Preckel für 26% der Familien die materielle Situation als unbekannt eingestuft wurde). Jacob erfasste zudem den Familienstatus der Rat suchenden Eltern und fand eine tendenzielle Überrepräsentation von alleinerziehenden Elternteilen (27% vs. 19% in der Grundgesamtheit (Statistisches Bundesamt 2010)) gegenüber Familien mit zusammenlebenden Elternteilen (65% vs. 72%). Die von Preckel und Eckelmann (2008) und Elbing und Heller (1996) erhobenen Daten bestätigen diese Ergebnisse.

Einen Migrationshintergrund hatten in beiden Studien 23 Prozent der Familien. Dies entspricht in etwa dem Anteil in der Gesamtbevölkerung (20,5% lt. Mikrozensus 2013 des Statistischen Bundesamtes (2014)). Die anderen Studien haben die Frage der Inanspruchnahme von begabungspsychologischen Beratungsangeboten durch Familien mit Migrationshintergrund nicht erhoben. Die vorliegenden Daten von Jacob und Preckel legen den Schluss nahe, dass als bildungsengagiert eingeschätzte Familien mit Migrationshintergrund in gleichem Maße wie die deutschen bildungsengagierten Familien den Weg in die Beratungsstellen finden. Bedeutsam erscheint aber, nicht zuletzt aufgrund der Ergebnisse aus einschlägigen Studien der empirischen Bildungsforschung, eine Auseinandersetzung mit der Frage, wie (potenziell) hochbegabte Kinder aus Familien mit geringem Bildungsengagement und/oder in wirtschaftlich labilen Lebenslagen – unabhängig vom kulturellen Hintergrund – stärker von den vorhandenen Beratungsangeboten profitieren können. Erste Ergebnisse von Schmitt (2014) aus einem Modell-Projekt der Goethe-Universität Frankfurt und der

Karg-Stiftung sowie von Wolf und Kolleginnen (2014) weisen darauf hin, dass Formen der zugehenden Beratung in dieser Hinsicht erfolgversprechend sein können.

Dass es sich bei den Beratungsanliegen von Familien mit (vermutlich) hochbegabten Kindern und Jugendlichen nicht um „Luxusprobleme“ – wie häufig unterstellt – handelt, unterstreicht die in der Studie von Preckel (2014) durch die Beratenden eingeschätzte Dringlichkeit des Beratungsbedarfs zu Beginn der Beratung: Bei 46,5 % der Familien schätzten die Beraterinnen und Berater die Dringlichkeit als hoch ein, bei weiteren 41,4 % als mittel. Auch bei Jacob (2010) beurteilten die Beratenden das Belastungserleben der Familien zu Beginn der Beratung bei 47 Prozent der Familien als hoch, bei weiteren 21 Prozent als mittelgradig ausgeprägt. Jacob konnte zudem aus seinem Projekt mit Berliner Erziehungsberatungsstellen berichten, dass das Belastungserleben der Familien durch die in Anspruch genommene Beratung deutlich gesenkt werden konnte.

Befunde zur Förderung Hochbegabter

Die Zusammenstellung der wichtigsten Befunde insbesondere zur schulischen Förderung orientiert sich an drei Publikationen: Arnold und Preckel (2011), Vock, Preckel und Holling et al. (2007) sowie Steinheider (2014). In der nebenstehenden Tabelle (Abb. 6) werden die wichtigsten Kategorien von Förderung vorgestellt.

Wie kann man nun Förderung messen? Indikatoren zur Evaluation von fördernden Methoden lassen sich in drei Gruppen unterscheiden:

- Leistungsindikatoren wie die erzielte Schulleistung und das Erreichen von „Expertise“ (herausragende Leistung in einem Bereich)
- Selbstkonzept-Indikatoren insbesondere das (akademisches) Selbstkonzept (neben dem sozialen, emotionalen und körperlichen Selbstkonzept)

- Soziale Indikatoren wie „Reifegrad des Kindes" (eingeschätzt durch die Lehrerin), „Akzeptanzerleben des Kindes".

Abbildung 6. Methodische Klassen von Förderung

Akzeleration (beschleunigtes Lernen)	Enrichment (vertieftes Lernen)	Kombination von Akzeleration und Enrichment (spezielle Klassen und Schulen)
– vorzeitige Einschulung – altersgemischte Klassen – flexible Eingangsstufe – Überspringen von Klassen – Teilunterricht in höheren Klassen	– Individualisierung – Arbeitsgemeinschaften – Wahl zusätzlicher (Leistungs-)Kurse und Pullout-Programme[10] – Schülerwettbewerbe – Kooperation mit Universitäten – Kooperation mit Wirtschaftsunternehmen – Schüleraustauschprogramme	– Intensivkurse – Akzelerierte Klassen („Schnelläufer") – Schulen mit zweisprachigen Zügen – Spezialschulen – Schulen mit Hochbegabten-Klassen – Frühstudium

Die Studienlage lässt die Heraushebung besonderer Fördermaßnahmen nicht zu. Daher sind generelle Empfehlungen auch nicht abzuleiten. Die einzige allgemein zutreffende Aussage zielt darauf ab, dass Förderung auch für hochbegabte Kinder wichtig ist, wenn sie denn auf die Entfaltung der gesamten Persönlichkeit und nicht nur auf die Entwicklung von Leistungsexzellenz orientiert. Das Ausbleiben von Förderung kann dysfunktionale Entwicklungsprozesse nach sich ziehen. Welche der Fördermethoden jedoch bei welchem Kind in Frage kommt, sollte sehr individuell und stets unter Einbezug des Kindes selbst geklärt, erprobt, realisiert und evaluiert werden.

10 Es handelt sich dabei um die Möglichkeit, den Kindern das Lernen anhand eines selbst gewählten Themas zu ermöglichen (Lernen nach Interessen und Fähigkeiten). Kinder in dieser Gruppe bearbeiten die von ihnen ausgesuchten Themen. Sie planen ihre Projekte und führen diese in Eigenverantwortung durch.

Akzelerierende Maßnahmen

Zwei große Metaanalysen (2010 zit. in Arnold und Preckel 2011, S. 175f sowie Kulik (2004 in: Vock et al. 2007, S. 54) und eine Längsschnittstudie von Lubinski et al. 2001 (zit. in Vock 2007, S. 56) kommen zu durchweg positiven Beurteilungen akzelerierender Maßnahmen. Bei der Untersuchung von einzelnen Variablen akzelerierender Maßnahmen ergibt sich folgendes Bild:

Überspringen von Klassen

Auch wenn sich die Angaben zwischen Studie und Schultyp vielfach unterscheiden, so beträgt die Häufigkeit von Überspringern in keiner wesentlichen Untersuchung mehr als ein Prozent, sondern liegt deutlich darunter (Steinheider 2014, S. 111). Heinbokel (2009) beobachtet in Niedersachsen einen leichten Trend zum Anstieg. Allerdings bleibt noch unklar, ob sich diese Feststellung generalisieren lässt.

„Die Mehrzahl der empirischen Arbeiten deutet darauf hin, dass Akzeleration eine geeignete Methode ist, besonders begabte Schülerinnen und Schüler intellektuell zu fördern. Zumindest konnten bei ausreichend befähigten Schülerinnen und Schülern keine negativen Effekte nachgewiesen werden. Gleichzeitig implizieren die Ergebnisse, wie wichtig eine sorgfältige Auswahl der Kandidatinnen und Kandidaten für eine Akzelerationsmaßnahme ist, da sich eine intellektuelle Überforderung negativ auf die motivationale und emotionale Ebene auswirken kann" (Vock et al. 2007, 58) (vgl. auch Heinbokel 2001 und Steinheider 2014, S. 110f).

Vorzeitige Einschulung (nach Vock 2007, 62)

Wissenschaftliche Belege für einen Zusammenhang zwischen früher Einschulung und daraus folgenden emotionalen, sozialen oder Leistungsproblemen existieren bisher nicht. Dagegen könne eine Orientierung ausschließlich am chronologischen Alter auch schädliche Folgen haben. „So zeigen besonders Begabte, die erst zum regulären Zeitpunkt eingeschult werden, mehr Verhaltensprobleme, fühlen sich in der Schule weniger wohl und weisen eine negativere Einstellung zur Schule auf als gleich befähigte, aber vorzeitig eingeschulte Kinder. Insgesamt scheint die vorzeitige Einschulung mehr positive als negative Konsequenzen nach sich zu ziehen." (ebd.)

Maßnahmen des Enrichments

Die Teilnahme an Enrichment-Programmen zu vertiefendem Lernen ist sozial-emotional unproblematisch, häufig sogar positiv, führt nicht zu Isolationserfahrungen, wenn innerhalb der Programme auch soziale Kompetenzen vermittelt werden (Vock et al. 2007, S. 96-98). Allerdings befürworten Kinder, Eltern und Lehrer eher binnendifferenzierende als separierende Maßnahmen, wenn sie gut konzipiert und stabil umgesetzt werden (Vock et al. 2007, S. 50).

Pull-out-Programme, also Förderangebote in spezifischen temporären Gruppen als Teil von Enrichment zeigen bei Metanalysen (Vaughn et al. 1991 und Rogers 1991 zit. bei Arnold & Preckel 2011, S. 184) keine verschlechterten sozialen Beziehungen innerhalb der Klasse. Preckel und Arnold (ebd.) fassen weiterhin zusammen, dass nur ein kleiner Teil der Teilnehmer Sorgen äußert, in der Herkunftsklasse wichtige Ereignisse zu verpassen und damit in die Außenseiterrolle zu gelangen. Auch Eltern äußerten sich diesen Autoren zufolge überwiegend positiv zum Pull-out. Wichtig sei, dass die Lehrer ihrerseits die soziale Situation thematisieren. Ein besonders bedeutsamer Effekt bestünde beim Pull-out darin, dass die Kinder untereinander Bekanntschaften schließen und damit eher sozial und emotional als in der Leistung zu profitieren scheinen.

Verbesserte Leistungen und eine größere Kreativität scheinen (nach Vock et al. 2007) bei Pullout-Programmen v.a. dann erzielt zu werden, wenn es einen Bezug zu den regulären Unterrichtsinhalten gibt und wenn der Stoff anspruchsvoll vermittelt wird. Auch wird über die Verbesserung von Lerntechniken, Interesse und Motivation beispielsweise nach dem Besuch der Deutschen Schülerakademie berichtet.

Spezialklassen

Zwei Effekte werden im Zusammenhang mit dem Wechsel eines Schülers in eine Spezialklasse berichtet:

- Der *Big-Fish-Little-Pond* (BFLP)-Effekt (Abwertungserleben) beschreibt das Phänomen, dass sich leistungsstärkere Schüler, wenn sie in eine Gruppe mit leistungsschwächeren Mitschüler kommen, lernmotivierter verhalten, weil ihre Leistungen dort häufiger positiv auffallen und besonders honoriert werden. Dadurch sind sie motiviert, ihren Vorsprung zu halten.
- Der *Basking-In-Reflected-Glory* (BIRG)-Effect (Aufwertungserleben) („sich im Ruhm sonnen"; Cialdini 1976) „ist ein Effekt sozialer Vergleichsprozesse, der in die entgegen gesetzte Richtung wie der ‚Big-fish-little-pond-Effekt' wirkt. Ist eine Schülerin/ein Schüler Teil einer leistungsstarken Klasse oder einer Klasse mit hohem Prestige (z.B. in einer Eliteschule), so führt nach dem ‚Basking-in-reflected-glory-Effekt' die Identifikation mit und die Zugehörigkeit zu dieser leistungsstarken bzw. ‚prestigeträchtigen' Gruppe zur Aufwertung der eigenen Fähigkeit und damit zu einem höheren akademischen Selbstkonzept (‚Wenn ich für diese Klasse ausgewählt worden bin, dann muss ich ein guter Schüler sein.')"

Nach dem Wechsel eines Schülers in eine Spezialklasse sinke zwar „langfristig das Fähigkeitsselbstkonzept der Begabten, denn sie verlieren den Vorteil des „Big-fish-little-pond-Effekts". „Gleichzeitig berichten die Schüler aber von weniger Langeweile, höherem schulischen Interesse und einer verbesserten Einstellung zur Schule" (Arnold & Preckel 2011, S. 186).

Im Leistungsbereich zeigte sich in vielen Studien ein deutlich höheres Leistungsniveau sowie eine positivere Leistungsentwicklung in Spezialklassen als in regulären Klassen (Arnold und

Preckel 2011, S. 186; Vock et al. 2007, Schneider, Preckel und Stumpf 2014). Allerdings bedeutet dies nicht, dass der Notendurchschnitt deutlich besser ausfällt, weil Lehrer sich eher am Referenzrahmen der jeweiligen Klasse zu orientieren scheinen und nicht an absoluten Richtwerten. Deshalb auch wechseln nicht selten hochbegabte Kinder vor dem Abitur wieder zurück in Regelklassen, denn dann – so hoffen sie – erhalten sie für die gleichen Leistungen vermutlich bessere Noten.

Exkurs: Unterstützt Hochbegabtenförderung die Bildung von Eliten?

Die Antwort auf diese Frage zu geben, fällt nicht ganz leicht. Die Begriffe der Hochbegabung, der Hochbegabtenförderung und schließlich auch zum Verständnis dessen, was Elite bedeutet, sind vielschichtig und nicht voraussetzungslos zu bestimmen.

Ohne auf den historischen und aktuellen Diskurs zum Verständnis von Begabung eingehen zu können (in der Übersicht: Weigand 2011), muss man sich zur Beantwortung der hier gestellten Frage auf einen von mehreren zur Verfügung stehenden Begabungsbegriffe einlassen, um von diesem ausgehend zu argumentieren.

Unter Begabung sei hier ein mehr oder weniger thematisch bestimmbares Potenzial einer Person verstanden. Dieses Potenzial kann sich im Laufe des Lebens realisieren und könnte somit als Entwicklungsaufgabe konzipiert werden; eine Entwicklung, die sich in der Beziehung zwischen der mehr oder weniger begabten Person und ihrem Umfeld entfaltet. Vorausgesetzt ist, dass diese Austauschprozesse bezogen auf das persönliche Potenzial lernfördernd sind, und – wenn sie gelingen – nicht nur die Förderung der begabten Person und damit deren Entwicklung bewirken. Sie führen nämlich auch dazu, dass sich die an diesem Prozess Beteiligten über die Begabung hinaus miteinander verständigen. Ein Ergebnis dessen können Vergleiche mit anderen Personen und mit deren Begabung, Entwicklungsaufgabe usw. usf. sein. Schnell wird dabei allen Beteiligten klar, dass es unterschiedlich begabte Menschen gibt, die auch quantitativ und qualitativ unterschiedliche Förderung erhalten.

Das eröffnet die Frage, ob jede Person tatsächlich die seiner Begabung gemäße Förderung erhält. Ist dies der Fall, spricht man von Bildungsgerechtigkeit. Bildungsgerechtigkeit bedeutet damit, jedem zu Bildenden die ihm – seinen Begabungen gemäße – maximal mögliche Bildung anzubieten und ihn dabei zu unterstützen, diese auch annehmen zu können.

Was hat dies nun mit der eingangs gestellten Frage zu tun? Die Antwort liegt auf der Hand: Die Förderung Hochbegabter ist – so lange Nicht-Hochbegabte die gleiche personorientierte Förderung erhalten – eine bildungsgerechte Angelegenheit. Oder umgekehrt: Bildungsgerechte Förderung darf Hochbegabtenförderung nicht ausschließen.

Wendet man nun den Blick auf das Thema „Elitenbildung durch Hochbegabtenförderung", dann verlässt dies den im Vergleich dazu engeren Aspekt der Bildungsgerechtigkeit. Der Fokus richtet sich auf den gesellschaftlich erweiterten Aspekt, inwiefern Eliten formell oder informell gewünscht, geduldet oder vermieden werden. Soziologisch wird hinterfragt, nach welchen Maßstäben und Kriterien sich Eliten in der Gesellschaft bilden. Wenn die Schichtung in Eliten erstens aus einem einseitigen Bildungsprivileg erwächst und zweitens sich selbstreferentiell gegenüber anderen abschottet (was stillschweigend häufig mit dem Begriff der „Elite" konnotiert wird), dann folgte dies einem „elitären" gesellschaftspolitischem Rahmen, der vermutlich auch einige Methoden der Hochbegabtenförderung (z.B. die Auslese) disqualifizierte. Allerdings – und dies wurde bereits betont – verweist das Thema der „Elite" zunächst auf gesellschaftliche Normen, soziale Strukturen und Prozesse, also auf den gesellschaftlichen Rahmen. Es ist eine gesellschaftspolitische Entscheidung, auf welchem Weg sich Eliten etablieren. Und auf der politischen Ebene sollte auch die Kritik gegenüber „elitären" Förderperspektiven ansetzen und nicht zuerst die Methodik der Hochbegabtenförderung schelten. Denn wie wir gesehen haben, kann genau dieses Mittel auch zu bildungsgerechteren Identifikations- und Förderstrukturen führen. Voraussetzung jedoch wird sein, ob es gelingt, erstens Hochbegabtenförderung chancengerecht, also auch für bisher nicht identifizierte Hochbegabte zu organisieren und zweitens Bildung personorientiert für jedes Kind wirksam anzubieten und durchzusetzen.

Einige Betrachtungen zur Untersuchungsmethodik

Die meisten dieser Ergebnisse wurden erzielt mit zum Teil methodisch und theoretisch recht angreifbaren Untersuchungen (vgl. zusammenfassend auch Tettenborn 1996, Arnold und Preckel 2011, Preckel und Vock 2013). Kritisch sind vor allem zu nennen:

- unterschiedliche und häufig unscharfe Begriffsdefinition von „Hochbegabung"
- häufig fehlende Vergleichsgruppen
- oftmals kleine Stichprobengrößen, sodass differenzierte Subgruppenanalysen nur selten waren
- vorausgewählte Stichproben (z. B. das Klientel einer Beratungsstelle oder Teilnehmerinnen eines Förderprogramms)
- fehlende Kontrolle des Vorwissens über Hochbegabung in den Familien
- heterogene Alters- und Geschlechtsgruppen in den Stichproben
- unidirektionale Untersuchung ausgewählter Merkmale anstelle von dynamisch-interaktionellen Prozessen.

Die große Herausforderung bei der Untersuchung von seltenen Phänomenen wie es ja die Hochbegabung nun einmal ist, besteht darin, geeignet große und repräsentative Stichproben auszuwählen. Preckel und Vock (2013, S. 63f) weisen auf einen methodischen Weg hin, dieses Problem zu überwinden: Man könne „die Datensätze, die im Rahmen von großen Schulleistungsstudien erhoben werden, für die Erforschung von Hochbegabung nutzen". Die Vorteile liegen auf der Hand: große Stichproben, Identifikation erfolgt standardisiert, Etikettierungseffekte werden praktisch unterdrückt sowie keine „Konfundierung mit systematischer Hochbegabtenförderung" (ebd.). Als Nachteil lässt sich allerdings feststellen, dass der hier zu beleuchtende Aspekt der familiären Einbettung mit diesem methodischen Herangehen auch weiterhin kaum zu untersuchen sein dürfte.

Besonderheiten der sozioemotionalen Entwicklung: Asynchronizität[11]?

Gegenwärtig werden verschiedene Thesen zum Zusammenhang zwischen kognitiver Hochbegabung und sozialemotionaler Entwicklung diskutiert. Am ehesten lässt sich der aktuelle Forschungsstand mit der „*bedingten Normalitätsthese*“ (Reinders 2014) in Einklang bringen, die besagt, dass die sozioemotionale Entwicklung Hochbegabter der von Gleichaltrigen entspricht. Jedoch gibt es bestimmte Risikofaktoren, die spezifisch bei Hochbegabten zu psychosozialen Anpassungsproblemen führen.

Diese werden klassifiziert in endogene und exogene Risikofaktoren. Eine erhöhte Sensibilität und ein intensiveres emotionales Erleben bilden im Wesentlichen die endogenen Faktoren. „Overexcitability“ als dritter endogener Faktor konnte bisher jedoch nicht nachgewiesen werden. Zu den exogenen Faktoren zählen insbesondere Erwartungen anderer, spezifische Familiendynamiken, Stereotypisierung und Labeling. Freeman (1997) fand in ihrer Längsschnittstudie vermehrt emotionale Probleme bei hochbegabten Jugendlichen. Diese ließen sich jedoch unabhängig von der Begabung auf belastende häusliche Bedingungen zurückführen. Darüber hinaus zeigte sich, dass Eltern und Lehrer die Probleme als typisch für Hochbegabte deklarierten. Baudson und Preckel (2013) konnten implizite Annahmen von Lehrern nachweisen, denen Fallvignetten von Schülern mit und ohne Hochbegabung vorgelegt wurden. Die Lehrer beurteilten hochbegabte Schüler als weniger extrovertiert, weniger emotional stabil, weniger umgänglich und weniger offen. Die Lehrer schienen in ihrer Meinung geprägt von Stereotypen aus den Medien, eine empirische Evidenz für die impliziten Annahmen gibt es nicht. Problematisch sind – Preckel (2013) zufolge – die Auswirkungen auf die hochbegabten Kinder, da sie Furcht vor Vorurteilen und Stigmatisierung entwickeln. Außerdem können die impliziten Annahmen im Sinne einer selbsterfüllenden Prophezeiung zu Problemen in der psychosozialen Anpassung führen.

---

11 Ich bedanke mich bei Anne Reißmann für die Mitarbeit an diesem Abschnitt.

Reinders (2014) diskutiert vier Aspekte sozioemotionaler Entwicklung Hochbegabter: asynchrone Entwicklungsverläufe, das Ausmaß der Begabung, Perfektionismus und die Person-Umwelt-Passung.

1 Es werden zwei Arten asynchroner Entwicklungsverläufe angenommen. Die internale Asynchronie bezieht sich auf die im Vergleich zur sozialen schnellere kognitive Entwicklung, während die soziale Asynchronie auf den Unterschied in der Entwicklung im Vergleich zu Gleichaltrigen Bezug nimmt. Diese unterschiedlichen Entwicklungsgeschwindigkeiten führen der „Divergenzhypothese" zufolge zu sozioemotionalen Belastungen. Diese Hypothese gilt jedoch als widerlegt.
2 Dass sich vermehrt soziale Anpassungsprobleme bei Höchstbegabten fänden, wurde von Hollingworth (1926, 1942 zit. bei Reinders 2014) postuliert, es gebe ein Optimum der Intelligenz (IQ 125–155), in dem kaum soziale Auffälligkeiten zu erwarten seien. Hingegen fand Norman (1999) in den Selbsteinschätzungen von Hoch- und Höchstbegabten bezüglich der psychosozialen Anpassung keine Unterschiede.
3 Bezüglich der Komponente „Perfektionismus" ist nicht nachgewiesen, dass Hochbegabte per se perfektionistischer sind.
4 Die Forschung zur Person-Umwelt-Passung bezieht sich insbesondere auf die schulische Situation Hochbegabter. So scheint ein spezifisches schulisches Angebot (z.B. Spezialklassen) dann förderlich, wenn sich hochbegabte Kinder in der Schule nicht wohl fühlen oder Underachiever sind (nach Reinders 2014).

Neben der bedingten Normalitätshypothese und der bereits erwähnten „Divergenzhypothese" wird die „Konvergenzhypothese" oder auch „Harmoniehypothese" diskutiert. Dieser zufolge gehe intellektuelle Hochbegabung mit seelischer Gesundheit einher, Hochbegabung sei eine Ressource oder ein protektiver Faktor. Es finden sich einige Studienergebnisse, die diese Hypothese untermauern:

- Richards et al. (2003) berichten, dass jugendliche Hochbegabte in der Selbsteinschätzung geringere Depressionswerte und in der Elterneinschätzung eine bessere psychische Anpassung sowie geringere Angstwerte aufwiesen.
- Stapf (2010) geht von einer höheren sozialen Reife bei hochbegabten Kindern aus. So zeigten hochbegabte Kinder in Bezug auf soziale Kognitionen, das Lösen sozialer Probleme, die soziale Perspektivübernahme und im Wissen um soziale Situationen gegenüber gleichaltrigen durchschnittlich Begabten bessere Ergebnisse in den entsprechenden diagnostischen Verfahren.
- Rost (1993) berichtet aus dem Marburger Hochbegabtenprojekt, dass die untersuchten Kinder über ein positiveres Selbstwertgefühl verfügten, sie schätzten sich bezüglich des leistungsabhängigen Selbstkonzeptes besser ein als ihre durchschnittlich begabten Alterskameraden. Jedoch fanden sich keine Unterschiede im generellen, physischen und sozialen Selbstkonzept.
- Gross (1993) zufolge entspricht die sozioemotionale Reife insgesamt dem kognitiven Alter der hochbegabten Kinder, was sich auch in ihren Problemlösefertigkeiten widerspiegelt. Daher würden sie vermutlich vermehrt adaptive und weniger maladaptive Coping- und Problemlösestrategien zur Verfügung haben und anwenden. Adaptive Strategien zeichnen sich durch eine Zielannäherung/-erreichung aus, sie dienen der Motivbefriedigung und sind selbstwertstabilisierend. In einer Zusammenschau von Artikeln zum Thema Coping und Hochbegabung kommen Kitano & Lewis (2005) allerdings zu dem Schluss, dass eine hohe kognitive Kapazität adaptive Copingstrategien bedinge, allerdings bestehe kein direkter Zusammenhang zwischen Hochbegabung und Coping; vielmehr sei eine durchschnittliche Intelligenz ausreichend.

Hochbegabte scheinen, mit Ausnahme der Underachiever, nach derzeitiger Studienlage insgesamt eine vergleichbare bis tendenziell bessere sozioemotionale Anpassung zu haben (Preckel und Vock 2013).

Underachievement

Nicht selten beklagen sich Eltern darüber, dass ihr Kind seine Potenziale nicht ausschöpft oder aber dass es dies früher wesentlich besser getan hätte und nunmehr ein Leistungsknick zu beobachten sei. Auch Lehrkräfte kommen häufig zu dieser Einschätzung in Bezug auf einige ihrer Schülerinnen und Schüler. Eltern und Lehrpersonen bilden demzufolge eine Erwartung über das Leistungsvermögen des Kindes heraus.

Intelligenz und Leistung korrelieren zwar relativ hoch (r = 0,5) miteinander, dieser Zusammenhang ist jedoch kein vollkommener. So zeigen Hochbegabte manchmal weniger herausragende Schulleistungen und durchschnittlich Begabte erbringen nicht selten Hochleistung.

Underachievement („erwartungswidrige Minderleistung“) wird nun definiert als „längerfristig andauernde negative Diskrepanz zwischen der intellektuellen Begabung (Potenzial) und den gezeigten Leistungen. Underachievement kann auf allen Fähigkeitsniveaus vorkommen“ (Preckel und Vock 2013, S. 82). Dem steht das so genannte „*Overachievement*“ gegenüber, das von denselben Autorinnen definiert wird als eine gegenüber dem Potenzial zu erwartende deutlich bessere Schulleistung (ebd.). Preckel und Baudson (2013) konkretisieren das Kriterium der „Langfristigkeit“ auf mindestens ein halbes Jahr. Allerdings herrscht große Uneinigkeit darüber, wie stark die gezeigte Diskrepanz sein sollte. Daher sind die vorliegenden Forschungsbefunde auch nicht immer leicht miteinander zu vergleichen. Dass man nur dann von Under- oder Overachievement sprechen kann, wenn die zugrunde gelegte Definition von Hochbegabung sich am Potenzial-Verständnis ausrichtet, ist evident. Denn die Gleichsetzung von Hochbegabung und Performanz verhindert das Phänomen des Under- oder Overachievements. Zu beachten ist ferner, dass man Under- oder Overachievement nicht nur in Bezug auf eine allgemeine Intelligenz und einen allgemeinen Notendurchschnitt sondern fächer- und domänenspezifisch bestimmen sollte.

Bezogen auf die Häufigkeit hochbegabter aber minderleistender Kinder und Jugendlicher sprechen Steinheider (2014, S. 229) und Sparfeldt, Buch und Rost (2014, S. 367ff) nach Auswertung entsprechender Befunde von maximal 12 Prozent betroffener hochbegabter Kinder, wonach demzufolge ein Kind auf ca. 800 Kinder käme und insgesamt in Deutschland ca. 30.000 Schüler zu erwarten wären, je nachdem wo man den IQ-Wert ansetzt und welches Leistungskriterium eingeführt wird. Jungen werden eher als Mädchen als minderleistend im Sinne der obigen Definition identifiziert. Ob dies aber auch tatsächlich Realität ist, kann statistisch bisher nicht belegt werden.

Das Erbringen erwartungswidriger Minderleistung wäre statistisch eigentlich zu erwarten, da doch Leistung und Intelligenz zwar miteinander korreliert sind, jedoch eben nicht in perfekter Übereinstimmung stehen. Einige Autoren bezweifeln daher generell, „ob dieses Phänomen überhaupt beachtet werden sollte, handele es sich doch „auf Grund der relativ geringen Varianzüberlappung (durchschnittlich 20 – 25%) um keine Ausnahmeerscheinung mit Symptomwert, sondern um eine schlichte Selbstverständlichkeit“ (Steinheider 2014, S. 227). Widmet man sich jedoch der Beratung in diesem Feld, so sind statistisch herbeigeführte Begründungen nicht hilfreich, beschreiben sich im Einzelfall doch mit Sicherheit eine Reihe von Familien mit minderleistenden Kindern als stark belastet oder gar leidend und bedürfen somit auch der professionellen Beratungsunterstützung – egal wie häufig dies in der Gesamtpopulation vorkommen mag. Für diesen Zweck ist es hilfreich, sich mit den Befunden zu Ursachen, Bedingungen und Wirkungen zu beschäftigen. Andererseits wird jedoch auch klar, dass das Erbringen von erwartungswidrigen Leistungen an sich weder im Hochleistungs- noch im Minderleistungsbereich zunächst eine Störung „an sich“ ist. Daher sollte man sich auch nicht Autoren anschließen, die von einem „Underachievementsyndrom“ (vgl. auch Sparfeldt, Buch und Rost 2014, S. 368) sprechen und damit praktisch eine Pathologie postulieren, die quasi zwangsläufig mit einer erwartungswidrigen Minderleistung verbunden sein muss. Die Bewertung ist stattdessen abhängig vom zugrunde liegenden Wertesystem und von den – meistens damit im Zusammenhang stehenden – Erfahrungen und Bewertungen aller Beteiligten. Erwartet beispielsweise eine Familie ein ständig hohes Notenniveau ihres Kindes, kann es zu herben Enttäuschungen bei den Eltern und damit auch beim Kind kommen, wenn dieses über längere Zeit mittlere oder gar schlechte Noten nach Hause bringt. Einer Familie, in der eine andere Bewertung von Leistung dominiert, also beispielsweise großer Wert auf Freiheit, Spaß und Lusterleben gelegt wird, bewertet solch einen Leistungsknick vermutlich deutlich anders. Somit gilt es, den Einzelfall und die je beteiligten Bedingungen und deren Zusammenwirken zu verstehen, sowie im Falle von dysfunktionalen Bewertungen person- und systemzentriert entsprechende Entwicklungsziele und diesen gemäße Interventionen abzuleiten und auf den Weg zu bringen.

Bedingungsfaktoren

Ausgehend vom Modell personaler Entwicklung (nach Jacob 2015) lassen sich einige Gruppen von Bedingungen identifizieren, die sowohl am Zustandekommen als auch an der Aufrechterhaltung von Underachievement beteiligt sind.

Personale Faktoren. Merkmale von Underachievern mit Hochbegabungspotenzial wurden in der Fachliteratur schon häufig beschrieben. Sie beziehen sich im Wesentlichen auf:

1 Defizite im Lern- und Arbeitsverhalten, insbesondere
  - nicht effiziente Lernstrategien (Stoeger & Sontag 2012)
  - schlechte Handlungsplanung
  - ungünstige Attribution bei Erfolg und Misserfolg
  - negative Einstellung zu Schule und Leistung
  - dysfunktionale exekutive Funktionen in Bezug auf : Handlungsplanung, Impulskontrolle, Bedürfnisaufschub, Konzentration und Aufmerksamkeit, Anstrengungsbereitschaft, Ausführungsevaluation

2 Defizite im emotionalen Bereich, insbesondere
  - seelische Instabilität
  - eingeschränkte emotionale Regulation in Bezug auf Intensität, Dauer und Reflexion der Gefühle (auch aggressive Impulsivität)

- erhöhte Ängstlichkeit
- wenig Erleben von Glück und Zufriedenheit

3 Defizite im sozialen Umgang, insbesondere
   - Scheu vor Sozialkontakten
   - geringe soziale Anerkennung und wenig Freundschaften
   - Missachtung sozialer Regeln

4 Defizite in der Selbstkonzeptualisierung, insbesondere
   - Unterlegenheitserleben
   - geringe Selbstwert- und Selbstwirksamkeitsüberzeugung
   - geringer Selbstwert in Bezug auf das eigene schulische Selbstkonzept

(nach Steinheider 2014, S. 232 – leicht überarbeitet und ergänzt durch den Autor).

Natürlich zeigen auch nicht hochbegabte Underachiever solche oder ähnliche Symptome und Merkmale. Allerdings – so belegten es bereits Hanses und Rost (1998, S. 61) – „erzielen hochbegabte Underachiever in allen Facetten des Selbstkonzeptes die ungünstigsten Werte“. Steinheider (2014, S. 232) fasst zusammen, dass eine kleine Gruppe unter Hochbegabten existiere, „auf die die Beschreibung des schwierigen und problembeladenen Außenseiters gut passe“. Allerdings – und dies kann optimistisch stimmen – scheint sich diese Problematik im höheren Schulalter eher zu verringern (Sparfeldt, Buch und Rost 2006, S. 221).

Als *familiäre Faktoren* werden häufig genannt:

- chronische und heftige familiäre Konflikte (auch zwischen Geschwistern),
- akute Krisen und Transitions„zwänge“ z.B. Trennung der Eltern, Verlust wichtiger Bezugspersonen aber auch Wohnortwechsel mit erheblichen Unterschieden (z.B. migrationsbedingt)
- ein Klima von ständigem Leistungsdruck und Nicht-Akzeptanz auch „kleinerer“ Erfolge

- Mangel an fähigkeitsorientierter Ermutigung und Dominanz von ergebnisorientiertem Loben
- starke elterliche Differenzen im Erziehungsverhalten
- Mangel an Struktur und Orientierung
- dysfunktionale Bindungsbeziehungen.

Preckel und Vock (2013, S. 85) verweisen darauf, dass *schulische Faktoren* in älteren Erklärungsansätzen zu wenig Beachtung fanden. Steinheider (2014, S. 239f) stimmt dem zu und betont, dass eine ganze Reihe schulischer Bedingungen sehr wohl am Zustandekommen von erwartungswidriger Minderleistung beteiligt sein dürfte. Insbesondere zählt sie auf:

- rigide Unterrichtscurricula und -methoden, die eine Individualisierung in Tempo und Inhalt an die kindlichen Potenziale verhindern
- chronische Unterforderung, die zu Langeweile, Frustration und negativer Lernmotivation führt
- das Fehlen von – wenigstens sporadisch – möglichen Herausforderungen für das Kind
- ungünstige soziale Verhältnisse in der Klasse, die zu Blamage oder gar Mobbing führen können.

Schließlich können auch Probleme oder auch andere Erfahrungen mit den Peers zu dauerhafter Leistungsminderung führen. Ausgeschlossen sein aus einer Gruppe oder aber – im Gegenteil deren Führerschaft zu beanspruchen und auch zu behaupten – kann gerade im Jugendlichenalter so viel Energie beanspruchen, dass wenig Kraft und Motivation zum anstrengenden Lernen übrig bleibt. Ferner gibt es nicht selten einen Druck innerhalb von Gleichaltrigengruppen in Bezug auf Leistungsverweigerung (Vermeidung, ein „Streber" zu sein). Schließlich sei noch auf ein bisher wenig beachtetes Motiv verwiesen: In der Pubertät erleben viele Jugendliche erstmals die Freude des Verliebtseins. Sie sind dann nicht selten so „besetzt", dass alles andere um sie herum unwichtig oder gar lästig wird. Dass dies dann auch die Motivation und die Energie einschränkt, weiterhin beste Leistungen im schulischen Feld zu zeigen, ist vermutlich leicht nachvollziehbar.

Letztlich verkoppeln sich diese Faktoren miteinander und drohen, ein sich selbst negativ verstärkendes System zu bilden, denn fehlende Übung befördert mangelhaft ausgeprägte Fähigkeiten, was das Kind entsprechenden Leistungsanforderungen ausweichen lässt. Dies schließlich mündet wieder in fehlende Übung (vgl. auch Rohrmann und Rohrmann 2010, S. 114).

Besonderheiten von Familien mit Underachievern

Zu fragen wäre natürlich, ob sich Familien mit Underachievern von solchen ohne erwartungswidrige Minderleister unterscheiden. „Eltern von Underachievern zeigen ein weniger enges und weniger emotional bestimmtes Verhältnis zu ihren Kindern. Sie verbringen auch nicht so viel Zeit mit ihnen und sind entweder nicht besonders an der Erziehung ihrer Kinder interessiert oder aber fordern restriktiv höhere Schulleistungen, ohne jedoch über geeignete Verhaltensweisen zu verfügen, um ihre Kinder entsprechend zu motivieren" fasst Anette Tettenborn (1996, S. 93) die Ergebnisse aus mindestens fünf Studien zusammen. Unklar ist allerdings, ob diese Merkmale Ursache oder Wirkung des Underachievements sind. Ferner wurden überwiegend Jungen untersucht, sodass diese Ergebnisse doch nur eine sehr spezifische Validität aufweisen. Wird Leistungsverweigerung bei Mädchen eher toleriert? Kritisch muss ferner das in den Studien sehr unterschiedliche Vorwissen der Eltern über die Hochbegabung betrachtet werden. Denn es ergibt auch einen großen Unterschied im Verhalten gegenüber den Kindern, ob und inwiefern die Eltern bereits vor der eintretenden Minderleistung wussten, dass ihr Kind kognitiv hochbegabt ist oder ob sie dies erst durch die Untersuchung ex post factum erfuhren. Und wenn sie es vorher wussten, ist zu unterscheiden, ob sie dies praktisch aus dessen bisherigen guten Leistungen in der Schule erschlossen haben (und damit eher performanzorientiert sind) oder aber ob sie das kindliche kognitive Potenzial unabhängig von dessen Leistungen bereits kannten. All dies spricht dafür, die oben geschilderten Eigenschaften der Familien mit Underachievern nicht als Folie für Beratungsprozesse zu verwenden, sondern sie bestenfalls höchst vorsichtig mit einzukalkulieren.

Interventionsmöglichkeiten

Nimmt man wiederum das Modell personaler Entwicklung als Grundlage, so ergibt sich – will man Interventionen herleiten – im Feld des Underachievements immer ein multifokaler Ansatz:

1. Es sollte auf die Gestaltung eines *personorientierten Unterrichts* Wert gelegt werden. Dessen Konzipierung sollte den das Kind begleitenden Lehrpersonen überlassen bleiben, jedoch mindestens die folgenden Aspekte umfassen:
   - Nacharbeit des defizitären Stoffs
   - Training kognitiver und metakognitiver Lernstrategien
   - Durchbrechung der Misserfolgserwartung durch ermutigende und kleinschrittige Anleitung.
2. Bei deutlich dysfunktionalen *exekutiven* Funktionen sollten lerntherapeutische Angebote unterbreitet werden.
3. Erhebliche und chronifizierte Einschränkungen in der *Selbstkonzeptualisierung* bedürfen in der Regel psychotherapeutischer Hilfe.
4. Schließlich sollten *Eltern* darin unterstützt werden, ihrem Kind durch Strukturgebung, Ermutigung und Anleitung Unterstützung beim Wiedererlangen seines Selbstvertrauens und bei der Einübung hilfreicher Lernstrategien zu vermitteln. Möglicherweise ist es aber auch erforderlich, das familiäre Klima in Bezug auf dessen Entwicklungszielorientierung einschließlich der Leistungshaltung zu reflektieren und ggf. bei dessen Restrukturierung Hilfe durch professionelle Erziehungsberatung anzubieten.

Dauerhafte Unterforderung/Langeweile

> „Mir war richtig langweilig in der Schule und zwar immer. Und dann hab ich halt auch irgendwie schlechte Laune gehabt und immer nie Lust gehabt, eben in die Schule zu gehen", berichtet Paulina in einem Interview (Hoyer 2014, S. 135).

Langeweile war bisher – entgegengesetzt zu ihrer Bedeutung im Schulunterricht – offensichtlich ein wenig untersuchter Gegenstand. Die Beforschung der Unterrichtsgüte scheint in dieser Beziehung diesem Thema einen Auftrieb zu geben. Mit wachsender Langeweile ermatten Vigilanz und Aufmerksamkeit. Die Umgebung wird reiz- und bedeutungslos, letztlich „macht Langeweile stumpf, teilnahmslos, gleichgültig und dumm, nicht eben das, was in der Schule passieren sollte" (Hoyer 2014, S. 135).

Allerdings ist Langeweile nicht nur ein zutiefst persönliches Erleben des Kindes sondern auch ein Indikator (neben vielen anderen) für die Qualität des Unterrichts. Lohrmann (2008) und Sparfeldt et al. (2009) studierten dieses Phänomen an Grundschülern. Diese Untersuchungen zeigten, dass Grundschüler sehr wohl Langeweile in ihren verschiedenen emotionalen Aspekten verstehen und beschreiben können (vgl. auch Steinheider 2014, S. 137). Lohrmann fand – nicht nur bezogen auf kognitiv hochbegabte Schüler –, dass diese bereits im frühen Schulalter zum größten Teil verinnerlichen, dass Langeweile Teil des Unterrichts sein müsse und dass man sich damit zu arrangieren habe. Möglichkeiten zur Bewältigung dieses offensichtlich aus Schülersicht unvermeidlichen Phänomens bestehen bspw. darin, Aktivität zu zeigen, auch wenn nichts Neues zu erwarten ist, geistig „abzuschalten" (Träumen) oder auch sich nebenbei zu beschäftigen. Ein Junge erklärte mir das einmal so, dass er „mit einer Pobacke in der Klasse und mit der anderen weit draußen" säße. Lehrende neigen dazu, Langeweile nicht als Mangel an Qualität des eigenen Unterrichts sondern als dysfunktionales Schülererleben (Mangel an Interesse, Konzentrationsschwäche u.ä.) zu attribuieren.

Welche Rolle nun spielt das Thema Langeweile im Unterricht bei hochbegabten Kindern und Jugendlichen? Bemerkenswert scheint nach Freeman (2001), dass hochbegabte Kinder genau wie andere Langeweile im Unterricht gut kennen und sie auch als lästig bezeichnen. Sie tritt vor allem in Wiederholungsphasen zur Übung des Erlernten auf. Wenn Hochbegabte die geforderte Norm rascher als andere erreichen, fühlen sie sich dann leichter als die meisten anderen mit dem wiederholten Üben unterfordert („Three-times-Problem"). Viele Hochbegabte berichteten, dass sie dafür die Fähigkeit entwickelt hätten, sich nach der ersten Übungssequenz innerlich mit etwas anderem zu beschäftigen, und erst dann sich wieder dem Unterricht zuzuwenden, wenn dieser etwas Neues beinhalte. Dies scheinen einige der Hochbegabten bis zur Perfektion entwickelt zu haben („automatischer Ausschaltknopf" – Steinheider 2014, S. 148). Durch verpasstes Üben notwendige Routinen nicht aufzubauen oder durch zu intensive Selbstbeschäftigung auch wichtiges Neues zu verpassen, scheint offenbar als Risiko eher hinnehmbar zu sein als entstehende Langeweile mit ihren durchaus auch destruktiven Folgen. Der Königsweg, Langeweile zu dezimieren besteht sicherlich darin, individualisierte Unterrichtsmethoden einzuführen. Allerdings impliziert diese Unterrichtsveränderung gleichzeitig, die Evaluation des eigenen Unterrichts auch durch das emotionale Feedback von Schülerinnen und Schülern zuzulassen sowie ebenfalls auf Rückmeldungen der Eltern offen und positiv zu reagieren, wenn diese beispielsweise von ihren unausgeglichenen und nervösen Kindern berichten, die aus der Schule nach Hause kommen und sich darüber beklagen, dass immer wieder das Gleiche passiere (vgl. auch Friedl und Hoyer 2014, S. 170).

Anspruchsniveau und Leistung (Perfektionismus)

Hochbegabten wird häufig unterstellt, sie neigten bezüglich ihrer Interessen oder Leistungserwartungen zum *Perfektionismus* (Schuler 2002). In populärwissenschaftlichen Auffassungen wird dann nicht selten daraus gefolgert, Hochbegabte seien daher besonders belastet (z.B. Silverman 1999). Preckel und Vock (2013, S. 90f) unterscheiden in Anlehnung an Frost et al. (1993) zwischen

„adaptivem, gesundem" und „maladaptivem, neurotischem" Perfektionismus. Beiden gemeinsam sind ein hohes Anspruchsniveau in Bezug auf die eigenen Leistungserwartungen (Schuler 2002, S. 71).

Dem *adaptiven* Perfektionismus sei dann aber „das Erleben von Freude beim Streben nach exzellenter Leistung und hohen Zielen" eigen. „Eigene Grenzen werden wahrgenommen und akzeptiert und Ziele nach Misserfolgserlebnissen flexibel angepasst" (Preckel und Vock 2013, S. 90). Das Hauptmotiv sei für diese Menschen, das für sie persönlich Beste zu erreichen. Die Ziel- und Mittelauswahl dieser Menschen erfolge eher selbstbestimmt.

Maladaptiver Perfektionismus sei dagegen durch das Nicht-Anerkennen der eigenen Grenzen gekennzeichnet. Solche Menschen „stellen daher unrealistisch hohe Erwartungen an sich selbst und akzeptieren keine Fehler … Sie erleben einen hohen Leistungsdruck …, dem sie sich oft nicht gewachsen fühlen. Da sie ihren Selbstwert häufig an das Erreichen von Leistungszielen koppeln, dabei diese Ziele aber unrealistisch hoch ansetzen, kann sich so ein Teufelskreis ergeben" (ebd.). Die Folgen können dann Handlungsaufschub oder -vermeidung (Prokrastination), chronifizierte Ängste oder Phobien bis hin zu Zwängen und Erstarrungen (Schreibkrampf u. ä.) sein. Problematische sozio-emotionale Entwicklungsverläufe, wozu auch Underachievement zu zählen wäre, kovariieren eng mit diesem dysfunktionalen Perfektionismus (vgl. zusammenfassend auch Reinders 2014, S. 223), wobei relativ unklar bleibt, was Ursache und was Folge in diesem Geschehen ist.

Haubl (2014, S. 33) beschreibt die Entstehung einer solchen negativen Entwicklung: „Übernehmen hochbegabte Kinder … überzogene Leistungserwartungen ihrer Eltern, kann sich eine habituelle Furcht entwickeln, sie zu enttäuschen und dadurch ihre Anerkennung und Liebe zu verlieren. Sie setzen sich dann selbst unter Druck, Spitzenleistungen zu erbringen und sind auch nur mit solchen Leistungen zufrieden. Bleiben sie hinter ihrem Anspruch zurück, was aufgrund der Überforderung immer wieder geschehen wird, fühlen sie sich zur Verwunderung ihrer signifikanten Bezugspersonen als Versager. Im schlimmsten Fall wird daraus eine sich selbst erfüllende Prophezeiung, wodurch sich das befürchtete Scheitern bei immer geringeren Anforderungen tatsächlich einstellt." In solch einem Fall müsste Beratung auf mindestens zwei Ziele fokussieren: Erstens wäre in der Beratung mit den Bezugspersonen die Normerwartung und deren Bedeutung für die Eltern oder Lehrenden zu reflektieren und – wenn möglich – so zu modifizieren, dass das Kind wieder Freiheit spüren kann. Zweitens sollte in der kindorientierten Beratung versucht werden, dessen negative Selbsterwartungs- und Enttäuschungsspirale zu „verstören", um sich dann auf die Suche nach kindgerecht passenden Erwartungen und Verstärkungsmöglichkeiten zu begeben. Diese Mischung aus system- und personbezogenen Vorgehen beschreiben Arnold und Großgasteiger (2014) ausführlich und sehr praxisnah.

Schaut man sich nun an, welcher Perfektionismus-Typ häufiger bei Hochbegabung vorkommt, überrascht das von Gräf (2007 zit. bei Preckel und Vock 2013, S. 91) publizierte Ergebnis, nachdem Hochbegabte sich eher dem adaptiven als dem maladaptiven Perfektionismus zuordnen. Maladaptiver Perfektionismus sei dagegen sogar häufiger in der Gruppe der durchschnittlich Begabten als in der der Hochbegabten anzutreffen.

Damit kann adaptiver Perfektionismus als Ressource betrachtet werden, die nicht nur der Umsetzung von Begabung in erfolgreiche Leistung zugute kommt, sondern insgesamt der Person hilft, seine Welt und Interessen auf systematische anspruchsvolle Weise zu erkunden. Ich würde jedoch raten, zukünftig den Begriff des funktionalen oder adaptiven Perfektionismus zu ersetzen, z.B. durch „Streben nach Vollkommenheit", weil „Perfektionismus" (trotz seiner Differenzierung im wissenschaftlichen Kontext) insgesamt sprachlich eher pejorativ kommuniziert wird.

Besondere Sensibilität (Overexitabilities)

Ein anderes Konstrukt wurde durch den polnischen Psychologen Kazimierz Dabrowski (1964) in den 1960er Jahren in die Diskussion eingebracht und fand spätestens mit der Publikation des Elternratgebers von Webb et al. (z.B. 2006) große Verbreitung. Es handelt sich um die „Theorie der positiven Desintegration“, die besagt, dass Symptome von Stress, Angst oder Depression nicht zwingend ein Zeichen für Psychopathologie sein müssen sondern auch Entwicklungsschritte als Vorzeichen ankündigen. Er postuliert für hochbegabte Menschen „eine günstige Konstellation dreier Merkmale: (1) hohe Begabung (Intelligenz); (2) besondere Sensibilitäten („Overexitabilities“) und (3) … das Streben nach Wachstum und Autonomie. Bei ausreichend hohem Entwicklungspotenzial ist Desintegration – die sich darin zeigt, dass die Person ihren bisherigen Ist-Status in Frage stellt und auf dessen „Auflösung“ mit Angst und Stress reagiert – unvermeidbar“ (Preckel und Vock 2013, S. 63). Sie löse sich aber nach dem gelungenem Entwicklungsschritt wieder auf. Insbesondere der Aspekt der „*Overexitabilities*“ fand seither immer wieder Eingang in die Diskussion und wurde schließlich auch untersucht (im Überblick: Mendaglio 2010). Die Annahmen, hohe *Overexitabilities* und kognitive Hochbegabung stünden zueinander in kovariierender Beziehung, konnte mit Hilfe der bisherigen Untersuchungen jedoch nicht bestätigt werden; zu uneinheitlich und sich zum Teil auch widersprechend sind die vorliegenden Befunde. Anregend allerdings scheint der Rückgriff auf Dabrowskis Idee des *Entwicklungspotenzials* zu sein, das theoretisch und inhaltlich deutlich über das Konzept der kognitiven Hochbegabung aber auch über die fünf Overexitabilities hinaus reicht.

Erwartung und Etikettierung

Erwartungen anderer an hochbegabte Kinder, insbesondere von Lehrkräften oder Eltern, basieren häufig auf so genannten impliziten Theorien. Die Erwartungen variieren in Abhängigkeit von den Vorannahmen dieser Menschen mit Hochbegabten. Baudson und Preckel (2013 zit. in Preckel und Vock 2013, S. 16f) untersuchten 323 Lehrkräfte an Grundschulen und Gymnasien sowie Lehramtsstudierende mit einem interessanten Untersuchungsdesign. Sie baten diese Personen, zwei an sich gleiche Fallvignetten, die sich lediglich darin unterschieden, dass sie ein hoch- bzw. ein durchschnittlich begabtes Mädchen vorstellten, nach verschiedenen Kriterien zu beurteilen. Danach wurden weitere Variationen entwickelt, sodass es insgesamt acht Varianten dieser Fallvignette gab. Im Ergebnis beschrieben die Lehrkräfte Hochbegabte „als intelligenter und leistungsstärker, gleichzeitig aber auch als weniger umgänglich, motiviert und angepasst und weniger beliebt und integriert" (ebd.). Unterschiede hinsichtlich Geschlecht, Alter, Berufserfahrung und Wissensstand wurden nicht bemerkt. Dieses Ergebnis widerspricht wissenschaftlichen Erkenntnissen, nach denen keine erheblichen Unterschiede gerade hinsichtlich des Sozialverhaltens zwischen durchschnittlich Begabten und Hochbegabten bestehen. Es wird also erkennbar, dass lediglich die Zusatzinformation „hochbegabt vs. durchschnittlich begabt" ambivalente Einstellungen und Erwartungen bei Lehrkräften erzeugen, die mit Sicherheit auch deren Verhalten beeinflussen. In ihrer qualitativen Studie zum Labeling berichtet Joan Freeman auch über negative Folgen für die Entwicklung, wenn *Eltern* die Diagnose „Hochbegabung" ihres Kindes erhalten hatten. Der Leistungsdruck habe zugenommen, Gutes war nicht mehr gut genug. Einige der interviewten Erwachsenen verwiesen darauf, dass die Verbindung des dauerhaften Leistungsdrucks mit ausbleibender Ermutigung bei ihnen zu erheblichem Minderwertigkeitserleben und chronischen und themenübergreifenden Selbstzweifeln geführt habe. Eine Folge dessen sei schließlich auch bei einigen der Hochbegabten der Verlust an Neugier und damit des kreativen Potenzials. Da jedoch diese Kinder und Jugendlichen um ihr eigentliches Potenzial wüssten, trete zur Leistungsvermeidung noch die Scham hinzu. „Zusammenfassend kommt Freeman zu dem Schluss: ‚Ich konnte feststellen, dass Begabung als solches keine Ursache für emotionale Probleme war – sie waren immer durch die Reaktionen anderer Menschen auf diese Besonderheit bedingt.'" (Freeman zit. bei Steinheider 2014, S. 37).

Die frühe Etikettierung hochbegabter Kinder könnte auch eine Rolle bei der Herausbildung des Underachievements spielen. Die oftmals bis zum Übergang in die Sekundarschule erlebte mangelnde kognitive Herausforderung, verbunden mit dem Etikett „hochbegabt" verhindert u. U. Anstrengung und den Erwerb von Lernstrategien. Solche Schüler entfalten dann nicht selten ihr Talent in einer „außerordentlichen Sprach- und Diskussionskompetenz“ (Gardyan 2006, S. 6), die vermutlich nicht jeder Lehrkraft zu jeder Zeit willkommen sein dürfte.

Risikokonstellationen im entwicklungs-psychologischen Feld der Hochbegabung: eine kurze Zusammenfassung

Zusammenfassend lassen sich mindestens vier *Risikokonstellationen* identifizieren, deren Kenntnis Beratungsprozesse im Feld der Hochbegabung erleichtert (vgl. auch Haubl 2014):

(1) *Etikettierung.* Etikettierung zielt weniger auf die Verwendung des Begriffs „hochbegabt“ an sich sondern auf dessen Konnotation. Problematisch wird es nämlich immer dann für ein Kind, wenn dessen Eltern oder andere wichtige Bezugspersonen unangemessenen Stolz auf das Kind erleben; wenn das Kind beispielsweise zum Erfüllungsgehilfen nicht gelebter Träume und Erwartungen seiner Eltern oder Lehr- und Erziehungspersonen auserkoren ist. In diesem Fall verlieren Eltern den kindgerechten Blick, setzen es unter viel zu hohe aber auch entfremdende Erwartungen und entwerten dessen „ganz normalen“ Alltag, sein Verhalten, seine Leistungen und Erfolge. Die Folgen können dann von maladaptivem Perfektionismus bis zu narzisstischer Attitüde des Kindes als eines früh erwachsen scheinenden („altklugen“) Kindes (Adultifizierung) reichen.

(2) *Underachievement.* Das Kind, welches sich aus verschiedenen Gründen selbst erheblich unterfordert und entweder daran selbst leidet oder seine Umwelt leidend macht, stellt eine zweite Risikokonstellation dar.

(3) *Fehldiagnose.* Beraterinnen machen gar nicht so selten die Erfahrung, dass durch andere Personen oder gar Institutionen ein Kind als „hochbegabt“ „identifiziert“ worden ist, obwohl es sich – nach erfolgter exakter eigener professioneller Untersuchung – tatsächlich nicht als kognitiv hochbegabt erweist. Aufgrund der zu-

vor fehlerhaft erfolgten Diagnose haben sich inzwischen sowohl intra- als auch extrafamiliär bereits Kommunikationsinhalte und -erwartungen, vielleicht sogar bereits Veränderungen in der Bildungs- und Erziehungsrealität ergeben, deren Korrektur für alle Beteiligten zu problematischen Herausforderungen und für die Beraterin zu schwierigen Beratungssituationen führen können.

(4) *Pathologisierung.* Löst das Verhalten eines hochbegabten Kindes Irritationen in seiner Umwelt aus, gerät letztere häufig unter Erklärungsdruck. Dieser wird durch Heranziehung „naiver Theorien" versucht aufzulösen, indem oft Pseudotheorien und Beschreibungsbegriffe aus der Psychopathologie herangezogen werden. In einem solchen Fall wird dann ein Kind auch schon einmal zum „Asperger" oder erhält den Stempel „ADHS". Damit wird der Erklärungsbedarf zwar zunächst gedeckt, jedoch kann eine solche fehlerhafte Zuschreibung fatale Folgen für die weitere kindliche Entwicklung haben.

Dennoch ist es für Beraterinnen und Berater natürlich wichtig, sich in Bezug auf mögliche Zusammenhänge von Hochbegabung und psychischen Beeinträchtigungen auszukennen.

Verhaltensauffälligkeiten sowie andere psychische Störungen bei hochbegabten Kindern

Auch hochbegabte Kinder und Jugendliche können Probleme und Schwierigkeiten haben. Darauf wurde bereits weiter oben mehrfach hingewiesen. Obwohl diese Schwierigkeiten weder häufiger noch seltener als bei durchschnittlich Begabten auftreten, lohnt es sich, die am meisten beschriebenen Probleme, weil sie gemeinsam mit Hochbegabung auftreten, als „doppelte Auffälligkeiten" anzuschauen (vgl. Freeman 1979 , Wittmann 2003, Hoyningen-Süess und Gyseler 2006, Gauck 2007, Gauck und Trommsdorf 2009, Webb 2015). Zunächst wird jedoch noch einmal der Frage nachgegangen, mit welchen Problemen hochbegabten Kinder, Jugendliche und ihre Familien zur Beratung kommen.

Die methodisch am besten fundierte deutschsprachige Studie legte Letizia Gauck (2007, Gauck und Trommsdorf 2009) vor. Darin wurden 30 Kinder mit Hochbegabung und 24 Kinder ohne Hochbegabung, deren Eltern Beratung aufsuchten, verglichen. Zusätzlich bezog die Untersucherin eine Kontrollgruppe von 31 Kindern ein, deren Eltern weder eine Hochbegabung vermuteten noch Beratung wünschten. Auf diese Weise sollten differenzierte Aussagen über Art und Ausmaß der Auffälligkeiten erhoben werden. Zu welchen Ergebnissen gelangte die Autorin?

1 Beratung suchende Eltern hoch- und durchschnittlich begabter Kinder schätzen ihre Kinder in Art und Umfang ähnlich verhaltensauffällig ein. Eltern, die keine Beratung aufsuchten, halten ihre Kinder für signifikant weniger auffällig. Auch wurden keine deutlichen Bewertungsunterschiede zwischen den Lehrpersonen und den Eltern in Bezug auf die Einschätzung der Verhaltensauffälligkeit festgestellt.
2 Hoch- und durchschnittlich begabte Kinder und ihre Beratung suchenden Eltern „schätzten die Schuleinstellung, die soziale Integration und das Gefühl des Angenommenseins durch die Lehrkräfte vergleichbar hoch ein. Nur die Lehrkräfte hielten die hochbegabten Kinder für sozial isolierter und für weniger motiviert, zur Schule zu gehen" (ebd. S. 35).
3 Bei den hochbegabten Kindern, deren Eltern Beratung aufsuchten, korrelierten Schuleinstellung und soziale Integration stärker mit Verhaltensauffälligkeiten als bei den durchschnittlich begabten Kindern, deren Eltern ebenfalls Beratung aufsuchten.

Diese Ergebnisse belegen ein weiteres Mal die Feststellung, dass sich hochbegabte Kinder auch in Bezug auf die Entwicklung von Verhaltensauffälligkeiten nicht signifikant unterscheiden von durchschnittlich begabten Kindern. Die immer wieder – vor allem in der Ratgeberliteratur anzufindende – Betonung von Besonderheiten hochbegabter Kinder und Jugendlicher kann und sollte auf diesem generellen Niveau nicht weiter verfolgt werden. Bei einer differenzierteren Betrachtung – im Sinne der bereits angesprochenen mehrfaktoriellen und probabilistisch beschriebenen Risikokonstellationen – ergaben sich Hinweise darauf, dass hochbegabte Kinder mit Verhaltensauffälligkeiten möglicherweise ihre erfahrene negative Schuleinstellung und geringere soziale Integration stärker nach außen demonstrieren, was durch die Lehrkräfte auch wahrgenommen wird. Der Zusammenhang zwischen Verhaltensauffälligkeiten und erlebter negativer Einstellung zu Schule und sozialer Einbettung scheint bei ihnen enger, sie leiden unter den ungünstigen schulischen Bedingungen vermutlich stärker. Die Studienautorin geht mit ihren Ergebnissen – trotz der im Vergleich zu anderen Untersuchungen viel ausgefeilteren und saubereren Methodik – recht selbstkritisch um und relativiert diese Ergebnisse auch entsprechend. Dennoch bleibt festzuhalten, dass einerseits das Verstehen des Phänomens an der Oberfläche keine kausalen Schlüsse zulässt, was aber andererseits nicht bedeutet, dass der Faktor Hochbegabung keinen *moderierenden* Einfluss auf die Entwicklung hätte. In diesem Fall besteht er offensichtlich darin, dass sich bei vorliegender Hochbegabung negative Prozesse (kulminierend in Verhaltensauffälligkeiten) im Schulgeschehen *schneller* herausbilden, sich *rascher* verfestigen und zu *stärker* erlebtem Leid führen könnten, was umgekehrt darauf verweist, welch erhebliche Bedeutung die Schule gerade bei hochbegabten Kindern zu spielen scheint. Gerade deshalb dürfte es auch nicht nur bei wissenschaftlicher Erforschung des Phänomens sondern auch beim gründlichen individuellen Fallverstehen darauf ankommen, mehrere Informationsquellen heranzuziehen sowie das familiäre und sozial-kulturelle Normen und Erwartungen bildende Referenzsystem zu berücksichtigen.

Hochbegabung stellt keinen Risikofaktor für die Herausbildung oder die Häufung besonderer psychischer Probleme oder gar Störungen dar. Im Gegenteil: Hochbegabung sollte als protektiver Faktor und Ressource zur besseren Bewältigung von Krisen und stresshaltigen Prozessen verstanden werden.

Hochbegabung und Aufmerksamkeitsdefizitsyndrom – AD(H)S

Orientiert man sich an der häufig verwendeten Definition der American Psychiatric Association (2000), die auch Eingang in die Leitlinien des Kinder- und Jugendärzteverbandes fand (2007), dann liegt AD(H)S vor, wenn unaufmerksames und impulsives Verhalten mit oder ohne deutliche Hyperaktivität ausgeprägt ist, nicht dem Alter und Entwicklungsstand entspricht und zu deutlicher Beeinträchtigung in verschiedenen sozialen Bezugssystemen und im Leistungsbereich von Schule und Beruf führt. Diese Auffälligkeiten sollen länger als 6 Monate bestehen, und beeinträchtigende Symptome von Hyperaktivität-Impulsivität und Unaufmerksamkeit sollen bereits vor dem Alter von 7 Jahren vorhanden gewesen sein. Die Symptome sollen nicht ausschließlich im Rahmen einer tief greifenden Entwicklungsstörung (z. B. Autismus-Spektrum) oder Psychose auftreten und nicht besser durch andere somatische oder psychiatrische Störungen erklärt werden können. Aus international an der allgemeinen Bevölkerung erhobenen Daten ergibt sich eine Häufigkeit von 9,2 % (mit einer Schwankungsbreite zwischen 5,8 und 13,6 %) für Jungen sowie 2,9 % (mit einer Schwankungsbreite zwischen 1,9 und 4,5 %) für Mädchen.

Neuere deutsche Erhebungen fanden bei 6 Prozent der 6- bis 10-jährigen Kinder eine ADHS (nach DSM-IV). Frühere deutsche Studien zeigten eine Jungen-Mädchen-Relation von 2:1 beim vorherrschend unaufmerksamen Subtyp und von 5:1 beim hyperaktiv-impulsiven Subtyp.

Hochbegabung ist kein das AD(H)S oder anderes Problemverhalten bedingendes Moment, sondern steht in signifikantem Zusammenhang zu besseren Schulleistungen. AD(H)S-typische Probleme setzen am neurobiologischen Status sowie an der Beeinträchtigung des Kindes an, seine Impulse zu kontrollieren. AD(H)S disponiert eher zur Minderleistung, als mit dem gemessenen IQ zu erwarten wäre. Beide Phänomene sind daher logisch nicht zusammenzuführen (Müller 2010, S. 222). Es gibt aktuell keine Belege dafür, dass beide Phänomene signifikant häufiger gemeinsam auftreten als andere Phänomene im Zusammenhang mit

ADHS (vgl. auch Stapf 2010, S. 309 und im Überblick: Gyseler 2014). Der „unaufmerksame Typus“ des ADHS sei bei Hochbegabten sogar auszuschließen, betont Stapf (ebd.), weil für herausragende Leistungen immer auch Aufmerksamkeit in hohem Grade zu fokussieren sei. Allerdings verwischt Stapf bei dieser Behauptung den Unterschied zwischen Hochleistung und Hochbegabung. Hyperaktivität und Impulsivität dagegen seien denkbar im Zusammenhang mit Hochbegabung. Jedoch sollten vor einer abschließenden Diagnose alle anderen Ursachen für das auffällige Verhalten, insbesondere Unterforderung, körperliche Defizite wie z. B. eine sensorische Dysfunktion oder Stoffwechselprobleme sowie Motivationsdefizite, ein Mangel an Anstrengungsbereitschaft u. a., die das Problemverhalten als reaktiv begründeten, ausgeschlossen werden.

Phänotypisch gibt es allerdings Ähnlichkeiten z. B. hinsichtlich des Neugierdrangs von hochbegabten Kindern und der Reizsuche von Kindern mit diagnostiziertem AD(H)S. Ferner wird bzgl. der Kreativität eine Gemeinsamkeit diskutiert, weil die kognitive Sprunghaftigkeit der ADHS-Kinder auch Kreativität freisetzen könne. Und schließlich würden Hochbegabte manchmal Unaufmerksamkeit zeigen, wobei diese Kinder „bei Nachfragen das Gesagte gehört und verstanden haben“ (ebd. S. 312). Gyseler 2014, S. 408) nennt dies – das Problem leider eher vernebelnd – „Hochbegabung mit ADS-ähnlichem Verhalten“, dessen Hintergründe in der Regel Passungsprobleme in der Person-Umwelt-Interaktion wie z. B. Unterforderung bildeten und deren pädagogisch-therapeutische Aufklärung und Bearbeitung dann in den Mittelpunkt psychologischen Handelns rücken sollte.

Kommen AD(H)S und Hochbegabung gemeinsam vor, dann droht strukturell die Tendenz zur Minderleistung – verbunden mit erheblichen Selbstwertproblemen, weil Anspruch und Vermögen stark auseinanderzufallen drohen. Speziell das Unvermögen, erdachte Ziele nicht erreichen zu können und die aufgrund der Hochbegabung besonders wache Reflexion dieser Realisierungsschwäche, lassen das Kind mit diesen beiden Besonderheiten leicht verzweifeln und entsprechendes Abwehrverhalten aufbauen, in deren Folge geminderte Selbstwirksamkeitserwartungen auftreten können.

Problematischer als die Frage nach dem sehr unwahrscheinlichen Zusammentreffen von kognitiver Hochbegabung und AD(H)S ist allerdings die Frage nach der *Fehldiagnose*. Stapf (2010, S. 311) beschreibt eine in den Jahren 2005 bis 2006 durchgeführte Untersuchung zu diesem Thema, wobei darin die statistische Bedeutsamkeit nie untersucht worden sei, sondern lediglich Fallbeispiele zur Untersetzung der durchaus kontroversen Positionen herbei gezogen worden seien. Diagnostisch werden Fehlbeurteilungen offensichtlich aus den tatsächlich nicht immer leicht zu differenzierenden Kategorien des „oppositionellen Verhaltens" sowie des Faktors „schwieriges bzw. irritierbares Temperament" gespeist. Im Testgeschehen sei die Unterscheidung am Testverhalten relativ eindeutig identifizierbar: Hochbegabte Kinder zeigen, wenn sie denn zur motorischen Unruhe neigen, diese eher bei leichteren Aufgaben, würden jedoch bei schwierigeren Aufgaben zunehmend ruhiger und konzentrierter. Kinder mit ADHS hingegen würden bei zunehmender Schwierigkeit immer unruhiger und seien meistens auch nach einer Testunterbrechung nur schwer an die Aufgabe wieder heranzuführen (Webb et al. 2005, Webb 2015 und Stapf 2010). Außerhalb der Testsituation benennen Gauck und Reimann (2015) folgende weitere Unterscheidungskriterien:

- Die Probleme treten nur in der Schule auf.
- Das hyperaktive Verhalten ist nicht ziellos.
- Das hochbegabte Kind hat mehr Aktivitäten als Kinder mit ADHS-Diagnose, bei denen es sich 45 Minuten auf eine Tätigkeit konzentrieren kann (außer Fernsehen, Computerspiele).
- Zwischenrufe im Unterricht sind meistens richtig.
- Das Kind kann nach Ablenkung eine Aufgabe schnell wieder aufnehmen.

Die Folgen solcher Fehlzuordnungen sind mit Sicherheit für die weitere Entwicklung des Kindes gravierend negativ, denn die Überschätzung eines problematischen und meistens andere störenden Verhaltens führt zu einer Unterschätzung oder gar Nichterkennung des anderen Phänomens, der Hochbegabung. Diese doppelte Verkennung des Kindes und die damit möglicherweise verbundene Fehlintervention bis hin zur Verschreibung von Medizin, türmen für das Kind nicht allein zu bewältigende Hindernisse auf. Es kann verzweifeln und chronische psychische Störungen entwickeln.

Hochbegabung und Asperger Autismus

Die diagnostischen Leitlinien für das Asperger-Syndrom basierend auf der ICD 10 (Dilling, Mombur und Schmidt 1991), die sich aktuell allerdings in Überarbeitung befinden, geben folgende zentrale Merkmale zur Bestimmung von Asperger-Autismus vor:

1 Fehlen einer Sprachentwicklungsverzögerung oder einer Verzögerung der kognitiven Entwicklung. Die Diagnose erfordert, dass einzelne Wörter im 2. Lebensjahr oder früher benutzt werden.
   - Kinder lernen sehr früh und oft sehr artikuliert zu sprechen
   - Intelligenz liegt meistens im Normbereich oder darüber
   - Auffälligkeiten in der Sprechstimme

2 Qualitative Beeinträchtigung der gegenseitigen sozialen Interaktionen (entspr. den Kriterien des frühkindlichen Autismus) wie z. B.
   - auffälliges nonverbales Verhalten
   - Unfähigkeit zur Herstellung von zwanglosen Beziehungen zu Gleichaltrigen
   - nur eingeschränkte emotionale Selbstregulation und Teilhabe an den Affekten anderer (Mentalisierungseinschränkungen)
   - oftmals soziale Außenseiter.

3 Ungewöhnliche und sehr ausgeprägte umschriebene Interessen (ausgestanzte Sonderinteressen) und stereotype Verhaltensmuster wie z. B.
   - monomane Beschäftigung mit sehr umschriebenen Wissensgebieten, die nicht von allgemeinem Interesse sind

- Oft sind nicht das Interesse selbst sondern das Ausmaß und die Intensität der Themenbearbeitung ungewöhnlich.

4 Die Störung ist nicht einer anderen tiefgreifenden Entwicklungsstörung zuzuordnen.

5 Zusätzlich häufig:
- motorische Ungeschicklichkeit und
- Dyspraxien inklusive Einschränkungen der Handlungsplanung und -ausführung.

Erweist sich ein Asperger-Kind nun auch als hochbegabt, kann ihm dies helfen, soziale Schwierigkeiten zu kompensieren (Rittmann 2011): Das schnellere Denken verkürzt die für Asperger-autistische Kinder typische kognitive Erklärung der sich ansonsten durch Empathie erschließenden sozialen Welt. Sie können daher rascher als andere Asperger-Kinder das Handicap in der sozialen Interaktion kompensieren.

Wodurch fallen Kinder mit Asperger-Autismus und einer gleichzeitigen Hochbegabung auf?

- Im Kindergarten oder in der Schule sind sie oft nicht bei der Sache.
- Sie beschäftigen sich mit Dingen in einer Art, die für ihr Alter ungewöhnlich ist (wie ein kleiner Erwachsener).
- Sie haben Schwierigkeiten in Sozialkontakten zu Gleichaltrigen (Außenseiterrolle).

Es sind also Kinder, die gleichzeitig zu wenig und zu viel können. Sie brauchen auf den ersten Blick zwei gegensätzliche Dinge: Förderung und Schutz (vgl. auch Webb et al. 2005).

Inwiefern kann das Verhalten eines Hochbegabten als „autistisch" fehldiagnostiziert werden?

Treten die Probleme im Kreise vergleichbar intelligenter Kinder nicht mehr auf, ist zu vermuten, dass es sich weniger um eine autistische Störung als vielmehr um einen Mangel an Geduld bzw. „Langsamkeitstoleranz" handeln könnte (Rittmann 2011). Verwechslungen fänden manchmal auch deshalb statt, weil die Intensität in der Beschäftigung mit einem Thema ähnlich stark sein kann. Geschlechtsstereotype bzw. nicht erwartete Abweichungen davon, wie z.B. starkes technisches Interesse bei Mädchen und gleichzeitig weniger Interesse an sozialen Kontakten, führten dann nicht selten zu vorschnellen Zuschreibungen von Störungen.

Gauck und Reimann (2015, sowie Gauck 2015) tragen Unterscheidungskriterien zusammen, um Fehlzuordnungen zu vermeiden.

Im Gegensatz zu Asperger-autistischen Kindern würden Hochbegabte demnach:

- mit Veränderungen umgehen können
- mit anderen Begabten unauffällig im Sozialkontakt stehen
- ihre Scheu gegenüber Fremden mit zunehmender Vertrautheit verlieren
- Empathie und meist angemessene Emotionen zeigen
- Wortwahl und Humor und Verständnis von Metaphern ähnlich dem der Erwachsenen produzieren
- einen kreativen, komplexen Umgang mit Spezialinteressen realisieren
- keine Häufung von Tics aufweisen
- eher situationsangepasste Emotionen zeigen.

Eine immer wieder beschriebene Gruppe von Menschen, die aufgrund der Faszination, die sie auslösen, in der Häufigkeit und Bedeutung weit überschätzt werden, sind die „*Savants*". Dies sind Menschen, „die vielfältige kognitive und soziale Beeinträchtigungen aufweisen. In bestimmten Teilbereichen fallen sie jedoch neben ihren Beeinträchtigungen durch ‚Inselbegabungen' auf" (Jänecke 2014, S. 110). Weltweit sind bisher wenig mehr als 100 außergewöhnliche Savants dokumentiert, wovon Kim Peck (1951-2009), der dem Film „Rain Man" als Vorlage diente, der Bekannteste sein dürfte. Savants soll es besonders schwer fallen, aus grundlegenden

Informationen übergeordnete Konzepte zu bilden. „Dafür sind sie aber außergewöhnlich gut bei der Wahrnehmung und Bearbeitung der grundlegenden Elemente, denn diese sind präsent und eben noch nicht in übergeordneten Konzepten aufgegangen“ (ebd.). Jänecke schreibt weiter: „An dem Beispiel der Savants wird das Problem des Begriffs *Begabung* deutlich. Wenn man zum Beispiel die wirklich bemerkenswerten Leistungen von Kim Peck betrachtet, ist man schnell geneigt festzustellen, dass man sehr gern über die gleichen Fähigkeiten verfügen würde. Allerdings muss man sich im Klaren darüber sein, dass diese Fähigkeiten das Ergebnis eines eigentlich ineffizienten Informationsverarbeitungsmodus sind“ (ebd.).

Hochbegabung und Bindungsmuster

Gärtner (2004) untersuchte an Vorschulkindern, ob und inwieweit es Zusammenhänge zwischen Bindungsmustern von Kindern und kognitiver Hochbegabung sowie weiteren Personmerkmalen gibt. Insgesamt fand sie

- keinen signifikanten Zusammenhang zwischen Bindungstyp und Aufgabenengagement
- keinen signifikanten Zusammenhang zwischen Bindungstyp und Kreativität
- keinen signifikanten Zusammenhang zwischen Bindungstyp und Intelligenzniveau.

Es zeigte sich aber, wie in der wissenschaftlichen Literatur vielfach beschrieben, dass die beiden unsicheren Bindungstypen sowohl bei den hochbegabten, als auch bei den normalbegabten Kindern negativ, wenn auch nicht signifikant, mit den sozialen Kompetenzen korreliert sind.

Es muss daher vermutet werden, dass es insgesamt keinen Unterschied gibt zwischen normal intelligenten und hochbegabten Kindern hinsichtlich der Zusammenhänge zwischen Bindung einerseits und der Entwicklung von Intelligenz und sozialen Kompetenzen andererseits.

Teil 2
Diagnostik und Beratung

Psychologische Diagnostik: Einführung

Wendet man sich der Frage zu, weshalb es einem hochbegabten Menschen nicht gelingt, sein Leistungspotenzial auszuschöpfen, überschreitet man die *Statusdiagnostik* und orientiert auf die Diagnostik von Hintergründen und möglichen Interventionen. Dies nennt Ziegler (2008) *Interventionsdiagnostik*. Ziegler schlägt weiter vor, *entwicklungsorientiert* zu diagnostizieren und damit auf die Frage zu antworten, welche prognostischen Aussagen zur weiteren Entwicklung dieses hochbegabten Menschen gemacht werden. Diese Perspektive überwindet demzufolge die verengende Sicht auf Defizite und öffnet den Blick sowohl auf Barrieren als auch auf Ressourcen in der Entwicklung. Schließlich fügt Ziegler eine vierte Perspektive („*förderorientierte* Hochbegabungsdiagnostik") ein, die die Beantwortung der Frage nach den Möglichkeiten des hochbegabten Menschen, Hochleistung bzw. Leistungsexzellenz zu erreichen, in den Mittelpunkt rückt. Diese Betonung der auf „Expertisierung" orientierten Diagnostik bedeutet einen Rückschritt, weil sie wieder eine Reduktion der Person auf Leistungsexzellenz vollzieht. Eine entwicklungsorientierte Diagnostik, die auch die Entfaltungsmöglichkeiten in der Begabungsdomäne berücksichtigt, zugleich jedoch die gesamte vielfältige Person versucht, organismisch und sozial verstehbarer werden zu lassen, wird dem hier vertretenen Menschenbild deutlich eher gerecht. Letztlich sollte also bei der Bestimmung des diagnostischen Konzeptes jede Institution sich zunächst mit dieser Frage auseinandersetzen.

In diesem Kapitel werden nun psychodiagnostische Zugänge und Methoden im Themenfeld hochbegabter Kinder und ihrer Familien vorgestellt. Dies hat allerdings eher hinweisenden Charakter und kann keinesfalls die ausführliche Beschäftigung mit einzelnen Verfahren und mit deren theoretischen Hintergründen ersetzen.

Intelligenzdiagnostik

Intelligenz bildet den Kernbereich der (kognitiven) Hochbegabung. Die Messung der Intelligenz soll damit – je nach zugrundeliegendem Modell von Hochbegabung – eine zentrale Aussage zur Ausprägung der kognitiven Hochbegabung erbringen. Neben der zugrundeliegenden Theorie von kognitiver Hochbegabung ist deren Feststellung natürlich auch vom gewählten Intelligenzmodell abhängig, welches die Intelligenzmessung bestimmt (vgl. auch Süß und Beauducel 2011). Relativ große Einigkeit besteht in der Wissenschaft darüber, Intelligenz als ein multidimensionales Konstrukt, das auf einer Eigenschaftshierarchie basiert, aufzufassen (Preckel 2010, S. 21). Das gebräuchlichste Modell ist momentan das CHC-Modell (Mickley und Renner 2010).

In der intelligenzorientierten Begabungsdiagnostik reicht es allerdings selten aus, ein Testverfahren zu verwenden, das lediglich einen Wert über die Gesamtintelligenz ergibt. Preckel (2010) verweist auf Forschungsbefunde, die zeigten, „dass die Mehrzahl der Hochbegabten unausgeglichene Begabungsprofile – oder anders ausgedrückt – klare Begabungsschwerpunkte hat" (ebd. S. 22). Auch Menschen, deren allgemeiner Intelligenzwert nicht das Niveau von Hochbegabung erreicht, können in einzelnen Facetten der Intelligenz aber hohe und höchste Ausprägungswerte erreichen. Demzufolge wird inzwischen in der Literatur fast durchgängig dazu geraten, auf eindimensionale Verfahren zu verzichten oder sie bestenfalls als Screening einzusetzen. Daher sind Grundintelligenztests oder ausschließlich nonverbale Verfahren mit figuralen Aufgaben (z.B. Raven Matrizentests oder die CFT-Reihe) als alleinig eingesetzte Verfahren in einer standardisierten Untersuchung nicht zu empfehlen. Auch scheint belegt, dass Gruppendiagnostik zur Feststellung von kognitiver Hochbegabung nicht anzuraten ist (ebd., S. 24).

Verwendet man ausschließlich sprachfreie Verfahren, so werden eher angeborene kognitive Fähigkeiten (die so genannte fluide Intelligenz) erfasst. Verfahren, die – meistens mehrdimensional konstruiert – auch sprachbasierte Fähigkeiten diagnostizieren, lassen eher auf milieubedingte Förderung schließen und ermöglichen damit auch Kindern mit weniger extrem gut ausgeprägter fluider Intelligenz, sehr hohe IQ-Werte zu erzielen.

Die IQ-Skala mit einem Mittelwert von 100 und einer Standardabweichung von 15 ist die gebräuchlichste Maßeinteilung. Ein

IQ von 130 bedeutet der IQ-Skala zufolge, dass die Testleistung zwei Standardabweichungen (2 x 15 Punkte) über dem Mittelwert liegt (100 + 2 x 15 = 130). Relativ häufig wird auch die so genannte T-Skala mit einem Mittelwert von 50 und eine Standardabweichung von 10 im Gebrauch verwendet. Ein T-Wert von 70 ist daher äquivalent zu einem IQ-Wert von 130 (50 + 2 x 10 = 70). In manchen Tests werden auch Standardwerte (Z-Werte) mit einem Mittelwert von 100 und eine Standardabweichung von 10 eingesetzt. Einem IQ-Wert von 130 entspricht somit ein Standardwert von 120 (100 + 2 x 10). Schließlich kommen in einigen Verfahren auch Prozentränge zur Anwendung. Der Prozentrang gibt an, wieviel Prozent der Kinder oder Jugendlichen der Vergleichsgruppe in dem gleichen Test schlechter abgeschnitten haben als die getestete Person. Ein Prozentrang von bspw. 98 Prozentpunkten bedeutet demzufolge, dass nur zwei Prozent der Vergleichsgruppe in dem Test bessere Testleistungen aufwiesen als die untersuchte Person. Dieser Wert von PR = 98 entspricht einem IQ-Wert von 130.

Die Abbildung 7 zeigt dies noch einmal in einer Übersicht.

Abbildung 7. Die Verteilung der Intelligenz in der Bevölkerung (Normalverteilung) und deren Skalierung

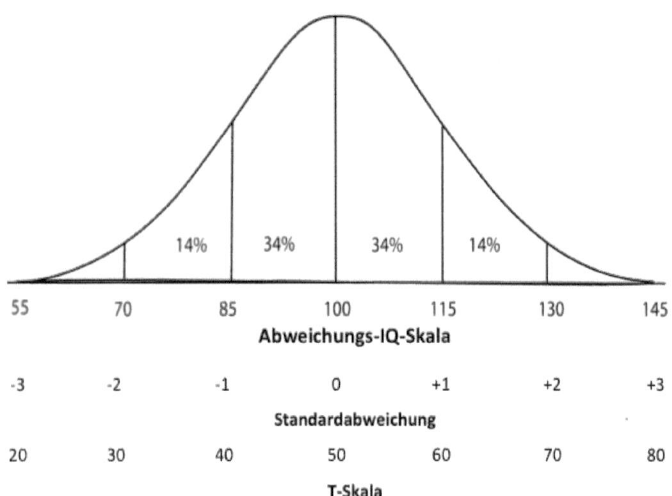

Gelangt man mit einem adäquaten intelligenzdiagnostischen Verfahren zu einem IQ-Wert, dann sollte nicht vergessen werden, das Vertrauensintervall, in welchem sich der „wahre Wert" in der Regel mit 90- bis 95-prozentiger Sicherheit bewegt, anzugeben. Die Unsicherheit wird durch den Messfehler begründet, der indirekt proportional zur Reliabilität des Verfahrens ist. Aus statistischen Gründen kommt es am oberen Ende der Skala eher zu einer Über-, an deren unteren Ende eher zu einer Unterschätzung des Messwertes. Es hat sich eingebürgert, Hochbegabung ab einem IQ-Wert von 130 zu definieren (was zwei Standardabweichungen entspricht). Bezieht man nun die dynamische Beschreibung des IQ-Wertes, also dessen Einbettung in ein Vertrauensintervall mit ein, so kann es sehr gut möglich sein, dass der wahre Wert innerhalb eines Bereichs von unterhalb bis oberhalb der 130 IQ-Punkte schwanken kann. Obwohl dieses versierten Testern bekannt ist, wird diese dynamische Bestimmung oftmals nicht kommuniziert und stattdessen nur der fixe IQ-Punktwert berichtet.

Einige Verfahren, die für die Intelligenzdiagnostik kompletter Altersgruppen konstruiert wurden, weisen manchmal Deckeneffekte auf. Dies kann durch den Einsatz von Verfahren mit ausreichend schwierigen Testaufgaben ausgeglichen werden. Ein solches Verfahren wäre beispielsweise in der Altersgruppe der 12- bis 16-Jährigen der Berliner Intelligenzstrukturtest für Jugendliche: Begabungs- und Hochbegabungsdiagnostik (BIS-HB) (Jäger et al. 2006) oder für die Primar- und Sekundarstufe die Münchner Hochbegabungstestbatterie (Heller und Perleth 2007). Vor der Verwendung von Aufgaben bei hochbegabten Kindern und Jugendlichen, die für ältere Kinder und Jugendliche gedacht sind (above-level-testing), sei gewarnt, denn in der Regel liegen hierfür keine spezifischen Normen vor. Nur im Ausnahmefall – wenn z. B. spezifische Verfahren nicht vorhanden sind – wäre dieses Vorgehen legitim.

Einen weiterhin zu beachtenden Aspekt bei der Interpretation der gemessenen IQ-Werte bildet die – im Gegensatz zum Erwachsenenalter – nicht in allen Altersgruppen vorhandene Stabilität der Testwerte. Frühestens ab dem Ende der Grundschulzeit (also zwischen dem 10. und 12. Lebensjahr[12]) kann von einem weitgehend stabilem IQ-Wert ausgegangen werden, weil die sehr unterschiedlichen Entwicklungsgeschwindigkeiten und die ebenfalls sehr individuellen Bildungserfahrungen noch einen erheblichen Einfluss auf die kindliche Intelligenzentwicklung ausüben (Rost 2010, S. 251). Aber auch unterschiedliche Testinhalte und -paradigmen, die nicht immer miteinander vergleichbar sind, können zur Instabilität aus messmethodischer Sicht beitragen.

Intelligenznormen unterliegen ebenfalls einer Veränderung. Dieser nach dem Erstbeschreibenden James R. Flynn benannte so genannte „Flynn-Effekt" bezeichnet die Tatsache, dass im vergangenen Jahrhundert die Ergebnisse von *Intelligenztests* – wenn die *Neunormierung* unterblieb – im Mittel immer höhere Werte erbrachten, die gemessene *Intelligenz* also zunahm. Dies sei nicht mit genetischen Faktoren erklärbar sondern mit einer generellen Verbesserung der Lebensbedingungen. Deshalb ist also die Verwendung relativ frisch normierter Verfahren anzuraten, weil es sonst zu einer Überschätzung der erfassten Potenziale, und damit auch zu einer Fehldiagnose der „Hochbegabung" kommen könnte. Seit zwei Jahrzehnten wird jedoch auch die Umkehrung des Flynn-Effektes beobachtet und diskutiert (im Überblick: Rohrmann und Rohrmann 2010, S. 38f), was jedoch möglicherweise eher mit mangelnder Testerfahrung erklärt wird als auf einen tatsächlichen Rückgang der Intelligenz verweisen dürfte.

Eine relativ komplette Übersicht zu Altersgruppe, Struktur des Verfahrens, Normen und Testgüte sowie Rezensionen findet sich bei Preckel und Vock (2013, S. 106 f), Rohrmann und Rohrmann (2010), Preckel und Brüll (2008), Süß und Beauducel (2011) sowie im Fachportal der Karg-Stiftung: http://www.fachportal-hochbegabung.de

Die folgende Übersicht ordnet die aktuell zur Verfügung stehenden gebräuchlichsten Verfahren systematisch:

12 Manche Autoren geben auch ein Alter von bereits 8 Jahren an.

Abbildung 8. Ausgewählte Intelligenztestverfahren geordnet

	unter 6	**6-12 Jahre**	**ab 13 Jahre bzw. älter**
mehrdimensional	BIVA K-ABC II WPPSI-III	AID 3 K-ABC II KFT THINK WISC-IV	AID 3 I-S-T 2000 R KFT WISC-IV
mehrdimensional sprachfrei	SON-R 2½-7	SON-R 6-40	SON-R 6-40
	WNV (4;0-7;11)		
eindimensional sprachfrei	CPM	CFT 1-R (bis 8 Jahre) SPM	CFT 20-R APM
spezifisch für Hochbegabung		MHBT-P	BIS-HB MHBT-S

Schulleistungsdiagnostik

a) *Schulnoten.* Schulnoten, als einfachste Maße zur Beurteilung schulischer Leistungen, haben für die Diagnostikerin den unbestreitbaren Vorteil, leicht verfügbar zu sein. Ihre Aussagekraft steigt proportional zur Länge des Bewertungszeitraums und zur Anzahl der in ihr enthaltenen Noten. Zeugnisnoten sind damit valider als Noten aus Klassenarbeiten. Auch ist der Notenschnitt aus mehreren Fächern aussagekräftiger als die Note in einem einzelnen Fach. Noten korrelieren moderat mit der Intelligenz (Preckel und Vock 2013, S. 118). Dennoch ist ihre Validität geringer als die standardisierter psychologischer Testverfahren. Dies liegt in erster Linie an den zahlreichen offenen und versteckten Motiven, mit denen eine Note vergeben wird (z. B. pädagogische Gründe wie Leistungsstimulation oder Belohnung von Wohlverhalten) aber auch an den verschiedenen Bezugssystemen (vgl. hierzu ausführlich Preckel und Vock 2013, S 118f). Ist die Diagnostikerin bei der Einschätzung des Leistungsverhaltens ausschließlich auf die Schulnoten angewiesen, sollte sie zumindest ergründen, welche Bezugssysteme und welche Motive am Zustandekommen der Noten beteiligt sein könnten.

b) *Standardisierte Schulleistungstests und Vergleichsarbeiten.* Schulleistungstests liegen inzwischen für fast alle relevanten Fächer und Altersgruppen vor. Sie sind erheblich reliabler und valider als Schulnoten, vorausgesetzt, sie sind mit den Lehrplanzielen konkordant. Auch sollte ihnen zur Normierung eine Stichprobe von mindestens 500 Personen zugrunde liegen. Preckel und Vock (2013, S. 121) weisen hinsichtlich der Diagnostik von Hochbegabten auf das Problem von Deckeneffekten hin, weil die meisten der Schulleistungstests mit Blick auf die Erfassung von Defiziten konstruiert worden seien. Ein Ausweg könnte darin bestehen, dem Kind Aufgaben für ältere Kinder vorzulegen.

Vergleichsarbeiten, die in den letzten Jahren überregional eingesetzt wurden, sollen die Lehrer über den Stand der Kompetenzentwicklung der Schülerinnen und Schüler informieren. Ziel dieser Bewertung ist die bessere Individualisierung pädagogischer Prozesse. Sie stellen somit eine wichtige zusätzliche Quelle für die Diagnostik im Feld der Hochbegabung dar. Besonders hilfreich scheint der Einsatz bei Hochbegabten zu sein, wenn die Frage des Überspringens einer Klassenstufe zu entscheiden ist. Dann könnte dem Kind Vergleichsaufgaben vorgelegt werden, die dem Niveau der durch das Springen angezielten Klassenstufe entspräche.

Diagnostik des Erkenntnisstrebens

Hier soll nicht der etwas unbestimmtere Begriff der „Neugier“, sondern – in Anlehnung an Lehwald (2009) – der des „Erkenntnisstrebens“ verwendet werden, weil er präziser den gezielten Erwerb neuen Wissens bereits im Namen mit sich trägt. Es handelt sich dabei um einen „motivationalen Zustand, ausgelöst durch einen interessierenden Gegenstand, der Kinder veranlasst, neue Informationen durch gezielte Informationssuche aufzunehmen“ (ebd. S. 11). Konkretisierend benennt Lehwald (ebd.) folgende Aspekte, die für hochbegabte Kinder diagnostisch relevant seien: Bevorzugung selbstständiger geistiger Arbeit, Streben nach Selbstvervollkommnung, affektiv emotionale Zuwendung zu Problemen, Neigung, nicht aufzugeben und Schwierigkeiten zu meistern, beständiges Interesse an zusätzlichen Informationen, Interesse an komplizierten Tätigkeiten, die flexibles Denken ermöglichen, sowie der Wunsch, moralische Standards bei der Erkenntnisgewinnung anzuwenden.

Als geeignetes diagnostisches Instrument schlägt Lehwald den „Fragebogen zur Erfassung des Erkenntnisstrebens“ (Kurzform: FES-K) (Lehwald 2009) vor. Er kommt im mittleren Schulalter zur Anwendung und lässt in einem Gesamtwert die Unterscheidung nach geringem, mittlerem oder hohem Erkenntnisstreben zu. Hinweise zu den Gütekriterien und zur Normierung finden sich bei Lehwald (2009, S. 18) sowie bei Heller und Perleth (2007).

Die erste Skala „Lernziele“ der „Skalen zur Erfassung der Lern- und Leistungsmotivation“ (SELLMO) (Spinath et al. 2012) – für die Klassenstufen 3 bis 10 sowie auch für Studierende geeignet – bildet das Erkenntnisstreben ebenfalls ab, erfasst sie doch „inwieweit das Ziel, eigene Fähigkeiten zu erweitern, verfolgt wird und generell Interesse besteht, etwas Neues zu lernen“ (Rohrmann und Rohrmann 2005, S. 80). Die Gütekriterien für dieses Verfahren sind hinreichend; seit 2012 liegt eine Neunormierung vor.

Diagnostik von Anstrengungsbereitschaft, Lern- und Leistungsmotivation

Inzwischen ist die rein zweckrationale Betrachtung der Lernmotivation, wie sie lange noch beispielsweise durch Heckhausen (1980, S. 25) vertreten wurde, einer ebenfalls in der Psychologie schon sehr lange vertretenen Auffassung gewichen, die gerade besonders Begabten auch einen starken Anteil intrinsischer Motivation unterstellt, welche ihren Ursprung in der von Karl Bühler beschriebenen „Funktionslust“ haben dürfte (Bühler 1930, S.458).

Man kann sich diesem Phänomen diagnostisch nähern, indem

man entweder versucht, die Bereitschaft zur Anstrengung oder aber die Tendenz zu deren Vermeidung zu messen.

Das „Bilderverfahren Anstrengungsbereitschaft" (Lehwald 2009) operationalisiert Anstrengungsbereitschaft nun in folgende Facetten: Schwierigkeiten zu überwinden, an einer Aufgabe „dran" bleiben, geringe Belastung beim Problemlösen verspüren, aufgabenbezogener Fleiß, wenig Geduld, hohe Willensstärke im Spezialgebiet, Faulenzen als Lebensziel, geringer Ehrgeiz, fachlich besser sein als andere, bei Schwierigkeiten gleich kapitulieren sowie hohen Anspruch an sich selbst stellen.

Das Verfahren kombiniert bildgestütztes Material mit einem Fragebogen. Es ist einsetzbar ab der 7. Klasse und kann auch im Gruppenversuch zur Anwendung gelangen. Das Verfahren selbst nebst Hinweisen zu Gütekriterien und Normen findet sich bei Lehwald (2009).

Ein diagnostisches Verfahren, das auf die schulbezogene Anstrengungs*vermeidung* fokussiert, ist der „Anstrengungsvermeidungstest" (AVT) (Rollett und Bartram 1998). Anstrengungsvermeidung wird durch die erste Skala dieses Verfahrens gemessen. Dessen zweite Skala ermittelt den schulischen Pflichteifer. Das Verfahren eignet sich für 10- bis 15-jährige Kinder und Jugendliche und kann sowohl in der Einzel- als auch in der Gruppensituation eingesetzt werden. Die Gütekriterien sind ausreichend, die Normen etwas veraltet. Allerdings betonen Rohrmann und Rohrmann (2005, S. 78f), dass dieses Verfahren zur Diagnostik und Beratung von hochbegabten Schülerinnen und Schüler mit schwierigen Schulkarrieren ausgezeichnet geeignet sei, weil es „ein anderes Licht auf die Hintergründe dieser Schwierigkeiten werfe. Anstelle einer pauschalen Kritik an schulischen Bedingungen lenkt es den Blick auf die eigene Verantwortung der Schülerinnen und Schüler für ihr Verhalten und für ihre Leistung" (ebd.).

Die Skala „Arbeitsvermeidung" im bereits oben erwähnten SELLMO (Spinath et al. 2012) erfasst ebenfalls die Tendenz, möglichst wenig Anstrengung in die Erledigung von Aufgaben zu investieren.

Diagnostik lernbezogener Angst

Nach Lehwald (2009, S. 28) wird in der lernbezogenen Angst im Gegensatz zu allgemeiner sozialer Angst ein tätigkeitsbezogenes (gegenstandsspezifisches) Motiv gesehen, welches Lernhandlungen anregen aber auch hemmen kann.

Beide Formen der Angst werden mit dem „Fragebogen Lernbezogene Angst“ (LBA) (Lehwald 2009) bei 12- bis 16-Jährigen diagnostiziert. Die Bewertung erfolgt in je drei Ausprägungen sowohl für die lernfördernde Angst als auch für die lernhemmende Angst: unterdurchschnittlich, durchschnittlich und überdurchschnittlich. Erste positive Ergebnisse aus Validierungsstudien liegen vor.

Eine größere Altersspanne – nämlich von 9 bis 17 Jahren – erfasst der „Angstfragebogen für Schüler“ (AFS) (Wieczerkowski et al. 1981). Vorteil dieses Verfahrens ist die Bezugnahme zu einem allgemeinen Angstniveau, denn das Verfahren erfasst Angst auf drei Skalen: allgemeine Angst, Prüfungsangst sowie Schulunlust. Hochbegabte Kinder und Jugendliche zeigten häufig erhöhte Ausprägungen in der dritten Skala „Schulunlust“, berichten Rohrmann und Rohrmann (2005, S. 78).

Diagnostik von Lernstrategien

Für Schülerinnen und Schüler der 5. bis 10. Klasse entwickelten Keller und Thiel (1998) das „Lern- und Arbeitsverhaltensinventar“ (LAVI). Die zu bearbeitenden 58 Items verteilen sich auf folgende Skalen: *Arbeitshaltung* (die grundsätzliche Bereitschaft zum pflichtbewussten, konzentrierten und gründlichen Lernen und Problemlösen), *Stressbewältigung* (Bewältigung von Lernprozessstörungen) und *Lerntechniken* (wirksame Verarbeitung des Lernstoffs). Gerade die Skala „Lerntechniken“ verweist auf das Vorhanden- oder Nichtvorhandensein altersgerechter Methoden des Lernens und Arbeitens. Es ist nicht untypisch, dass überdurchschnittliche begabte Kinder im Grundschulalter mangelhafte Lern- und Arbeitstechniken entwickeln, weil sie diese vermeintlich in den unteren Klassen oftmals noch nicht benötigen (Stoeger und Sontag 2012). Deshalb wäre es hilfreich, wenn diese Dysfunktionalität nicht erst nach dem Übergang in die Sekundarstufe sondern prädiktiv bereits wesentlich früher diagnostiziert werden könnte. Allerdings sind dem Autor bisher keine spezifischen validen Diagnoseinstrumente zur Kenntnis gelangt. Möglicherweise lässt sich dieser Mangel aber durch eine exakte Exploration der Lehrpersonen (vgl. im Überblick bspw. Artelt und Moschner 2005 und dort insbesondere den Aufsatz von Sparer und Brunstein*)* kompensieren.

An der Technischen Universität Dresden wurde ein „Selbstbeurteilungsfragebogen zum schulischen Alltag“ (FAbbS) (Nass 2012) speziell mit dem Fokus auf hochbegabte Schülerinnen und Schüler entwickelt, der in einigen Bereichen ebenfalls die verschiedenen Facetten des Lern- und Leistungsverhaltens abfragt.

Zur Validierung der Selbsteinschätzung ist es sicherlich wichtig, auch die Perspektive hilfreicher Dritter, insbesondere also von Erzieherinnen und Lehrpersonen, einzuholen. Als standardisiertes und zeitökonomisches Verfahren könnte man für diesen Zweck die „Lehrereinschätzliste für das Sozial- und Lernverhalten“ (LSL) (Petermann und Petermann 2013) einsetzen. Die LSL dient der Beurteilung von schulbezogenem Sozial- und Lernverhalten bei Schülern im Alter von 6 bis 19 Jahren mit Hilfe einer vierstufigen Skala für insgesamt zehn Teilbereiche. Die Teilbereiche des *Sozialverhaltens* umfassen Kooperation, Selbstwahrnehmung, Selbstkontrolle, Einfühlungsvermögen und Hilfsbereitschaft, angemessene Selbstbehauptung sowie Sozialkontakt. Die Teilbereiche des *Lernverhaltens* beziehen sich auf Anstrengungsbereitschaft und Ausdauer, Konzentration, Selbstständigkeit beim Lernen sowie Sorgfalt beim Lernen. Gütekriterien und Normen weisen ein zufriedenstellendes Niveau auf. Dazu passend existiert nach der gleichen Systematik übrigens auch die Schüler-Version (SSL: Petermann, Petermann und Lohbeck 2014).

Kurzer Exkurs: Diagnostik von Underachievement

Viele Autoren beschränken sich bei der Auseinandersetzung mit diesem Thema darauf, die Diskrepanz zwischen intellektuellem Potenzial und schulischer Leistung zu diskutieren. Im Mittelpunkt dieser Auseinandersetzung stehen dabei – wie bereits erläutert wurde – die Fragen nach der Diskrepanz und nach der Dauer dieser Diskrepanz. Zwei unterschiedliche Herangehensweisen, nämlich das regressionsanalytische und das IQ-basierte Diagnostikmodell mit Cut-off-Werten (vgl. auch Preckel und Vock 2013 und Vock, Gauck und Vogl 2010) stehen im Wesentlichen zur Verfügung. Für welche Möglichkeit man sich auch immer entscheidet, wichtig bleibt bei all dem, „eine möglichst reliable und valide Erfassung des schulischen Leistungsniveaus sowie der intellektuellen Fähigkeiten" (ebd. S. 126) zu gewährleisten. Doch genügt es m. E. nicht, allein eine relativ große und relativ stabile Diskrepanz zwischen erwarteter Leistung und Potenzial festzustellen. Wie bereits ausgeführt, ist es ebenfalls erforderlich, sich darüber hinaus mit den anderen personalen und sozialen Bedingungen und Faktoren zu beschäftigen sowie dies alles auch noch zu den je individuellen Entwicklungszielen in Bezug zu setzen. Ein Kind, das sein kognitives Potenzial nicht ausschöpft, womit aber niemand Probleme hat, wird vermutlich nur sehr unwahrscheinlich auch zum „Beratungsfall". Die Diagnose verlangt dann stets eine mehrdimensionale Betrachtung, aus welcher – neben der begründeten Diskrepanz und Stabilität – hervorgeht, wer und wie stark an der erwartungswidrigen Minderleistung in Bezug zu welchem Entwicklungsziel leidet und welche anderen bedeutsamen Bedingungen und Faktoren am Zustandekommen des Underachievement beteiligt sind.

Der diagnostische Prozess

Gastbeitrag von Heike Morche

Fallvignette 1: Simons Eltern melden sich in der Beratungsstelle. Ihr Sohn ist zum Anmeldezeitpunkt 6;1 Jahre alt und befindet sich im letzten Kitajahr. Er zeige insbesondere im sprachlichen Bereich Entwicklungsvorsprünge, könne bereits flüssig lesen und beginne selbstständig zu rechnen. Seine Interessen seien breitgefächert, besonders Planeten und Weltraum hätten es ihm angetan. In der Kita falle er durch wiederkehrende Konflikte im sozialen Bereich auf. Simon sei sehr dominant und laut gegenüber anderen Kindern. Er wachse zweisprachig auf, seine Mutter ist Engländerin und sein Vater Deutscher. Er ist das einzige Kind des Paares und beide investierten viel Zeit in die Förderung ihres Kindes. Die Erzieherinnen in der Kita unterstützten die Durchführung einer psychologischen Diagnostik, vermuteten doch einige der Beteiligten, dass Simon hochbegabt sei und seine sozialen Auffälligkeiten möglicherweise damit im Zusammenhang stünden. Auch mit Blick auf die Wahl einer geeigneten Schule sei es wichtig, sich beraten zu lassen.

Fallvignette 2: Der 8-jährige Sebastian wird von seinen Eltern wegen Überlegungen zu einem Schulwechsel auf ein Gymnasium zur 5. Klasse, was in Berlin aufgrund der 6klassigen Grundschule einen vorzeitigen Übergang in die Sekundarstufe bedeutet, angemeldet. Die Eltern sind dem Hochbegabungsthema gegenüber eher zurückhaltend eingestellt. Seine ehemalige Klassenlehrerin habe eine Diagnostik angeregt, was die Eltern aber zum damaligen Zeitpunkt nicht für ratsam hielten. Aktuell langweile sich Sebastian in der Schule und werde im sozialen Bereich auffällig, denn er „mache Unsinn bzw. stifte andere Kinder zum Unsinn an". Seine Leistungen seien sehr gut. Seine jetzige Klassenlehrerin lehne eine Diagnostik allerdings ab. Sie schätze den Jungen als kognitiv normal entwickelt ein und halte einen vorzeitigen Wechsel zum Gymnasium für nicht angeraten. Sebastian hospitiere allerdings bereits in Gymnasien und habe die ersten Aufnahmetests absolviert. Er sei motiviert zu wechseln, wirke aber unsicher, insbesondere dann, wenn er Aufgaben nicht auf Anhieb bewältige. Er reagiere mit der Vermeidung von Aufgaben, die er vorab für sich als nicht zu bewältigen einschätze. Sein schulisches Selbstkonzept sei unsicher, er vertraue seinen Fähigkeiten eher weniger.

Als diagnostischer Prozess wird die Abfolge von Maßnahmen bezeichnet, anhand derer diagnostisch bedeutsame Informationen gewonnen werden sollen (Amelang und Schmidt-Atzert 2006). Am Ende dieses Prozesses steht der psychologische Befund, der die

Beantwortung der Fragestellung, die Zusammenfassung und die Interpretation der erhobenen Informationen sowie die Formulierung von Empfehlungen umfasst.

Anamnese und Herausarbeitung der Fragestellung – Der diagnostische Prozess beginnt mit dem Erstkontakt, in der Regel mit dem Elterngespräch. Der bereits w. o. dargestellten Personorientierung folgend, rücken sowohl das Verstehen des Kindes in seiner bisherigen Entwicklung als auch dessen aktuelle Situation, das elterliche und pädagogische Verständnis des Kindes eingeschlossen, in den diagnostischen Fokus.

Hilfreich für die Diagnostikerin wäre es, in der Kita oder Schule zu hospitieren und sich „Arbeitsproben" des Kindes, wie z. B. Bilder und Basteleien, zeigen zu lassen. Um eine kognitive Hochbegabung festzustellen, sind allerdings ausschließlich die psychologischen Testverfahren geeignet.

Diagnostik sollte nicht zum Selbstzweck durchgeführt werden. Sie ist eingebettet in einen diagnostischen Prozess, der einer mit den Beteiligten abgestimmten Fragestellung folgt. Bei Simon wären dies die Analyse seines Leistungsprofils, seiner Stärken und Schwächen und die sich daran anknüpfende Frage nach einem speziellen schulischen Förderbedarf verbunden mit dem Verstehen der Schwierigkeiten in sozialen Situationen.

Aufklärung der Eltern über die Möglichkeiten und Grenzen der Leistungsdiagnostik – Intelligenz ist ein Konstrukt und als solches nicht direkt beobachtbar. Die Instrumente der Intelligenzdiagnostik operationalisieren den Zugang zu diesem Konstrukt, indem sie anhand der damit erzielten Ergebnisse auf die Intelligenzausprägung der Testperson schließen lassen. Ob eine Person ihre Fähigkeiten zeigen kann oder nicht bzw. ob sich diese in messbare und vergleichbare Leistung umsetzen lassen, ist unter anderem abhängig von der Tagesform, Motivation, Anstrengungsbereitschaft und Misserfolgsverarbeitung. Der Fragestellung entsprechend sind verschiedene testpsychologische Verfahren möglich. In der ersten Fallvignette ist Simon 6;1 Jahre alt, geht in die Kita und wächst zweisprachig auf. Intelligenz gilt ab einem Alter von ca. acht bis zehn Jahren als stabil ausgeprägt (Rost 2010). Davor spricht man eher von Entwicklungsvorsprüngen. Kinder, die noch die Kita besuchen, sind Testsituationen noch nicht gewöhnt, was sich möglicherweise in einer geringeren oder fragilen Aufgabenzuwendung zeigen könnte. Für dieses Alter liegen in der Regel Testverfahren vor, die in dieser Altersgruppe enden bzw. beginnen. Hier muss fachlich eingeschätzt werden, welches Verfahren am ehesten geeignet ist. Verfahren, die bis zum Vorschulalter bzw. Schuleintrittsalter angewendet werden, sind in ihrem Anforderungsniveau eher niedriger angesiedelt, was in der Testsituation gerade für begabte Kinder zu einem motivationalen Problem werden könnte.

In Simons Fall wurde sich für den WISC-IV als mehrdimensionales Verfahren entschieden. Die Zweisprachigkeit stellte bei ihm keine Schwierigkeit dar. Ansonsten wäre der WISC-IV weniger geeignet gewesen, weil der Index „Sprachverständnis“ in den Gesamt-IQ eingeht. Kinder, die hinsichtlich der deutschen Sprache Schwierigkeiten haben, wären in diesem Fall benachteiligt. Verfahren wie bspw. der sprachfreie SON-R 5 ½ bis 17 oder der CFT-1 R sind stattdessen geeigneter, der CFT-1 R allerdings – aufgrund seiner Eindimensionalität gegenüber mehrdimensionalen Verfahren – nicht gleichwertig zum SON-R 5 ½ bis 17.

Vorbereitung und Aufklärung des Kindes – Das Kind sollte weder vor der Testsituation unter Druck stehen, sich von seiner „klügsten“ Seite zeigen zu müssen noch sollte es die Einstellung haben, dass es sich um eine Spielsituation handele, die frei mitgestaltet werden könne. Wichtig im Vorfeld sind die Aufklärung der Eltern und der Aufbau von Vertrauen, dass ihr Kind von der Testleiterin gut durch den diagnostischen Prozess geführt wird.

Zur Motivation ihres Kindes, sich einer Intelligenztestung zu unterziehen, verweisen Eltern gern auf die U-Untersuchungen beim Kinderarzt (falls das Kind diese als interessant und unbelastet erfahren hat) oder auf die kommende Einschulung und vermindern durch diese Analogie den Druckaufbau.

Die Testung sollte in der Regel ohne die Eltern stattfinden, was jedoch manche Kinder gar nicht oder erst nach einer gewissen Zeit zulassen können. Dies sollte mit dem Kind und mit dem begleitenden Elternteil klar besprochen werden. Denn für die Testung wäre nichts gewonnen, wenn das Kind unter zu starkem emotionalem und motivationalem Stress stünde. Es sollte die für das Kind möglichst spannungsärmste Situation gewählt werden, die ihm aber zugleich auch eine reliable und objektive Testdurchführung ermöglicht.

[Weitere Materialien - auch zur Erstellung eines Befundes - stehen auf www. beltz.de zur Verfügung.]

Methodische Schwerpunkte der Beratung im Feld der Hochbegabung

Ursprünge von Beratungsprozessen im Feld der Hochbegabung sehen Holling et al. (1999, S. 13f) bei einem Modell, das Leta Stetter Hollingworth in den 30er Jahren entwickelte, um die „emotionale Erziehung" Hochbegabter im Rahmen eines Schulcurriculums zu befördern. Die Autorin ging von Anpassungsrisiken hochbegabter Kinder aus, die sie diesen Kindern im Bereich ihrer sozialen Entwicklung typischerweise zuschrieb.

Den Ausgangspunkt für Beratungskonzeptionen bildeten demzufolge höchstwahrscheinlich pädagogisch-psychologische Fragestellungen insbesondere zu Lehr-, Lern- und Förderthemen. Erst deutlich später scheint die Sozialisationsinstanz „Familie" – und vermutlich ebenfalls primär moderiert über Schulentwicklungsfragen – in das Augenmerk von Beratungsprozessen gelangt zu sein.

Die rein schulpsychologische Perspektive der Anfangsjahre ist inzwischen überwunden. Es kristallisieren sich mindestens drei methodische Zugänge der professionellen Beratung im Feld der Hochbegabung heraus: Edukation, Veränderung und Coaching (Koop, Jacob und Arnold 2015)[13].

---

13 Der folgende Abschnitt entstammt zu wesentlichen Teilen dem Text von Koop, Jacob & Arnold (2015).

Für viele Rat suchende Eltern steht im Mittelpunkt der Beratung die Frage nach einer optimalen Unterstützung ihres Kindes hinsichtlich seiner intellektuellen wie sozial-emotionalen Entwicklung. Grassinger formuliert diesbezüglich als Beratungsziel, „... Unterstützung zu geben bei bevorstehenden Herausforderungen oder vorhersagbaren negativen Ereignissen ... Darunter fallen Aufgaben wie die Vermeidung von Unterforderung oder die Förderung eines günstigen Lernumfeldes, adäquater innerpsychischer Einstellungen und Kompetenzen sowie eines für die Entwicklung und Erziehung förderlichen Feedbacksystems“ (Grassinger, 2009, S. 18). Das umfasst insbesondere die edukative Beratung des Kindes, seiner Familie und dessen weiterer Umwelt über „Hochbegabung“ sowie über das Erkennen und Fördern von Begabungen – sowohl prototypisch, aber vor allem in Bezug auf die je individuelle Situation des betreffenden Kindes oder Jugendlichen. Im weiteren Sinne fallen auch die Publikation wissenschaftlicher Erkenntnisse sowie die Konzipierung von Identifikations- und Förderansätzen darunter.

Daraus leitet sich der Beratungsschwerpunkt „Aufklären/Edukation“ ab. Er umfasst alle Interventionen, deren Ziel die auf den Ratsuchenden abgestimmte Informationsvermittlung ist. Generell kann zwischen eher personunabhängiger und personorientierter Informationsvermittlung unterschieden werden:

Die *personunabhängige* Informationsvermittlung reflektiert die Problemstellung auf einem eher abstrakten Niveau. Diese Art von Informationsvermittlung erfolgt auf eher allgemeinem und an Prototypen ausgerichtetem Niveau; die Passung der übertragenen Informationen auf die spezifischen Lebensbedingungen der Ratsuchenden ist damit begrenzt.

Personorientierte Informationsvermittlung berücksichtigt die Fragen und Problemdefinitionen aus einem konkreten und persönlich definierten Feld (z.B. der Familie). Sie gibt dementsprechend auch Informationen, die sich konkret auf eben dieses Feld beziehen. Die Art und Weise der Informationsvermittlung orientiert sich darüber hinaus aber auch an den Aufnahme- und Verarbeitungskapazitäten der in diesem Feld agierenden Personen. Schließlich kann bei der personorientierten Informationsvermittlung auch die Passung (Erfolg und Zufriedenheit) zum vorgetragenen Anliegen besser überprüft werden.

Verändern

Beratung wird oft erst dann in Anspruch genommen, wenn die Ratsuchenden keine Möglichkeit mehr sehen, bestehende Probleme durch Rückgriff auf eigene konstruktive Bewältigungsstrategien oder Ressourcen zu lösen. Beratung zielt in diesem Fall unmittelbar auf die Lösung eines vorhandenen Problems. Die Komplexität des Problems zu erkennen und dieser vollständig gerecht zu werden, stellt damit die wesentliche Herausforderung für die professionelle Beraterin dar. Bei der Beratung im Kontext von Hochbegabung kann dies in einem Kontinuum variieren, das von der Identifikation adäquater Fördermöglichkeiten und deren Umsetzung über Erziehungs- oder Lernschwierigkeiten bis hin zu klinisch-psychologisch gelagerten Fragestellungen, beispielsweise bei einem chronifizierten Underachievement, reicht. Im weitesten Sinne geht es dabei also um die Behebung von Beeinträchtigungen einer gesunden Entwicklung des Kindes oder Jugendlichen. Zwar spielen auch hier Aspekte der Informationsvermittlung (Psychoedukation) eine wichtige Rolle, im Mittelpunkt stehen jedoch „das Anregen, Erproben und Evaluieren von Veränderungsprozessen" (Grassinger 2009). Die hierfür typischen Interventionen umfassen die Eingrenzung des Problemraums, die Auswahl geeigneter auf personale und systemische Veränderung zielende Interventionen, deren Einsatz und deren evaluative Reflexion sowie die Begleitung von Transferprozessen in die außerberaterische Welt. Die Auswahl und der Einsatz der erforderlichen Interventionen orientiert sich selbstverständlich an Problemen mit und solchen ohne Krankheitswert. Es ist nicht unbedingt erforderlich, dass jede Institution, die Beratung zur Behebung von Beeinträchtigungen anbietet, auch die erforderlichen therapeutischen Interventionen realisiert. Wohl aber muss diese Institution in der Lage sein, Probleme mit und ohne Krankheitswert zu unterscheiden (am sichersten gewährleistet dies die Approbation zum Psychologischen Psychotherapeuten) sowie über die entsprechenden Verweisungskompetenzen verfügen. Neben den auf die Lösung des unmittelbaren Problems zielenden Interventionen umfasst die Beratung auch die Stärkung selbstregulativer Kompetenzen des Kindes sowie solcher Fähigkeiten, die auf die Früherkennung ähnlicher Probleme und deren präventive Vermeidung gerichtet sind.

Demzufolge hebt der Beratungsbereich „Verändern“ auf die Korrektur von Bedingungen ab, die die Entfaltung der Person und ihrer Begabung und die daraus resultierenden Handlungen blockieren. Die verändernden Interventionen zielen einerseits auf das „Ermöglichen“ (gemeint sind dabei die Freisetzung und Entfaltung von Ressourcen und Potenzialen) sowie andererseits auf die „Veränderung selbst- oder fremdbeschädigender entwicklungshemmender Bedingungen“ (verkürzend „Korrigieren“ benannt).

Beratung mit dem Fokus des *„Korrigierens“* zielt insbesondere auf:

- das Beseitigen blockierender Bedingungen und
- die interne Verschiebung der Bedeutung als blockierend erlebter Bedingungen (Umdeuten).

Korrigierende Beratung ist demzufolge vorwiegend klinisch-psychologischer Natur.

Beratung mit dem Fokus auf das *„Ermöglichen“* ist dagegen eher gerichtet auf:

- die Stärkung der selbstregulatorischen Potenziale, um mit den Blockierungen anders als bisher umzugehen (Förderung der Selbstregulation)
- die Aktivierung kompensatorischer Potenziale (Kompensation)
- die Aktivierung hilfreicher Dritter (z. B. Eltern und weitere Bezugspersonen).

Beratung mit dem Ziel, die Potenziale des Kindes zu ermöglichen und zu fördern, ist häufig – aber keinesfalls ausschließlich – im Kontext pädagogischer Institutionen angesiedelt. Dies wird in neueren Publikationen ausführlich dargestellt, beispielsweise von Koop et al. (2010) für den Bereich des Kindergartens sowie von Steenbuck, Quitmann und Schreiber (2011) für den Bereich der Grundschule.

Am Ende eines solchen Beratungsprozesses erleben sich die Beteiligten freier und entscheidungsbereiter als zu dessen Beginn. Sie sind nunmehr in der Lage, mögliche Blockierungen frühzeitiger zu erkennen, ihnen mutiger zu begegnen, robuster, Misserfolge zu verkraften und erfolgreiches oder weniger erfolgreiches Handeln sachbezogen zu reflektieren. Mit dem Berater gemeinsam erproben sie konstruktive Bewältigungshandlungen, reflektieren deren Erfolg und transferieren diese Erfahrungen in die außerberaterische Praxis.

Coaching

Ein dritter methodischer Schwerpunkt in der Beratung im Feld der Hochbegabung wird nicht selten durch den Wunsch der Beteiligten nach einer zielgerichteten Entfaltung der besonderen Begabung in einer spezifischen Domäne hin zur Expertise aufgerufen. Dies ist kein zwingendes Förderziel im Kontext der Hochbegabtenförderung. Geht dieser Wunsch jedoch ausdrücklich vom jeweiligen Kind oder Jugendlichen aus, ist die Unterstützung eines Hochbegabten bei der immer gerichteteren Entfaltung seiner Potenziale ein legitimes Beratungsziel. Dabei steht nicht mehr die Beseitigung von Blockierungen und Beeinträchtigen im Mittelpunkt. Stattdessen fokussiert die Begleitung (also das Coaching) darauf, dass sich der Hochbegabte als immer integriertere Persönlichkeit mit der Fähigkeit zum immer autonomeren Lernen erfährt. Die Analyse und die sich anschließende Auswahl der Möglichkeiten sowie deren Erprobung und Evaluation stehen im Mittelpunkt dieses Beratungsbereiches. Das Coachen ähnelt damit einer aufwärts gerichteten spiraligen Entwicklungs- und Feedbackschleife.[14] Der Beratungsprozess ist nun nicht mehr vorwiegend pädagogischer oder psychologischer Natur sondern interdisziplinär, da Expertise aus der Domäne, in der sich die Potenziale der Hochbegabung entfalten sollen, zunehmend handlungsleitend wird. Hinzu muss sich Netzwerkkompetenz gesellen, die die Etablierung der Hochbegabung im Feld des Kindes unterstützt.

Davon zu unterscheiden ist das Coachen als „Fachberatung" für im Feld der Hochbegabung Tätige. Diese Form des Coachens nimmt die fachliche und pädagogisch-psychologische Vervollkommnung in der eigenen Profession in den Blickpunkt.

Beratungsmodelle und -ansätze

Die überwiegende Anzahl der Beratungsmodelle und -ansätze im Feld der Hochbegabung zielen auf die Beantwortung von Fragen im Bereich der Förderung hochbegabter Kinder. Mehr oder weniger wird also in den Mittelpunkt gestellt, wie das hochbegabte Kind insbesondere seine kognitiven Ressourcen entfalten kann und/oder wie es Blockierungen löst, die eine Entfaltung behindern. Trotz seines Anspruches, die Entwicklung der gesamten Persönlichkeit in den Mittelpunkt zu stellen, fokussiert das so genannte „Mediatorenmodell" nach Perleth und Heller (1992 zit. in Holling & Kanning 1999, S. 25) m. E. letzten Endes auch wieder ein solches auf die Herausbildung von Expertenschaft orientierendes Beratungshandeln.

Demgegenüber stehen Beratungsansätze, die das gesamte Kind in seinen sozialen Bezügen und in seiner ganzen Vielfalt als Gegenstand von Beratung definieren. Als Beispiel sei der Ansatz der „Entwicklungsberatung" nach Silverman (1993 – vorgestellt in Holling et al. 1999, S. 26f) erwähnt. Dieser Ansatz bildet historisch

---

14 Coaching ist inhaltlich zwar verwandt dem Beratungsbereich des „Ermöglichens". Allerdings findet letzteres eher im Kindesalter statt. Ferner zielt das Ermöglichen deutlicher auf den Aspekt des Förderns bestimmter Kompetenzen und Funktionen des Kindes als das sich eher ganzheitlich verstehende „Coaching".

den Vorlauf zu dem „Modell personaler Entwicklung" (Jacob 2015), auf welchem die Beratungskonzeption dieses Buches fußt. Silverman postuliert eine Reihe kognitiver und nicht-kognitiver Persönlichkeitsmerkmale aus denen heraus sie Aufgaben und Ziele für Beratungsprozesse herleitet. Dabei bezieht er die entwicklungsunterstützenden Systeme der Schule, von Peers, der Gemeinde, der Familie und des Selbst ein. Silverman betont des Weiteren auch die Rolle der Eltern, die sensibel und verständnisvoll mit dem Kind umgehen sollten, um die gesunde Entwicklung des Selbst zu gewährleisten.

Systematischer lassen sich Beratungs(stellen)konzepte beschreiben, wenn man sie nicht global sondern in ihren verschiedenen Komponenten analysiert. Harder (2012) schlägt hierfür vier Dimensionen vor, nämlich (1) das zugrunde liegende Begabungskonzept, (2) das Persönlichkeitskonzept, (3) das Identifikationskonzept und schließlich (4) das Beratungskonzept im engeren Sinne.

(1) Das *Begabungskonzept* definiert letztlich die potentielle „Kundschaft". Die meisten deutschsprachigen Einrichtungen orientieren sich an den Moderatorenkonzepten, für welche insbesondere das Münchner Hochbegabungsmodell steht. Aber auch die rein kognitive Definition als Basis nach dem Intelligenzquotienten, Mehrkomponentenmodelle oder auch performanzorientierte Ansätze, die der Entfaltung von Expertise z.B. durch die Betonung der Lernanalyse und Lernunterstützung dienen, werden bei einigen Beratungsstellen erkennbar.

(2) Das *Persönlichkeitskonzept* und dessen Verhältnis zur Begabung bahnen ebenfalls den Weg zur Ausrichtung der Beratung. Insbesondere das Verhältnis von Person und Umwelt färbt hier das methodische Vorgehen ein. Es ist augenscheinlich, dass ein eher die einzelne Person fokussierendes Verständnis andere Konsequenzen für die Zielbestimmung und die Methodenauswahl nach sich zieht als ein interaktionistisches Persönlichkeitskonzept. Beispielsweise pflegen Institutionen, die eher den Einzelnen in den Mittelpunkt stellen, selbstverständlicher und pragmatischer Checklisten zur Identifikation von Hochbegabung anzuwenden als Einrichtungen mit einem

interaktionistisch-systemischem Hintergrund. Auch der erkenntnistheoretische Hintergrund spielt eine nicht unerhebliche Rolle. Sozialkonstruktivistisches Herangehen an die Beratung unterscheidet sich mit Sicherheit stark vom kognitiv-behavioristischen Weg der Erklärung von Phänomenen und ihrer Veränderung.

(3) Das *Identifikationskonzept* hebt auf die unterschiedlichen diagnostischen Ziele und Methoden ab. Ziegler (2000) und Harder (2012) unterscheiden – wie bereits weiter oben erläutert und teilweise kritisch kommentiert – status-, interventions-, entwicklungs- und förderorientierte Diagnostik. In spezialisierten Beratungseinrichtungen für hochbegabte Kinder werden häufig status- und interventionsorientierte diagnostische Verfahren eingesetzt; förderorientierte Diagnostik findet eher seltener statt. Basierend auf dem ENTER-Aktiotop-Modell (Ziegler 2000, Grassinger 2009), das wissenschaftlich fundiert die Analyse von Lernchancen eines Menschen in den Mittelpunkt stellt, spielt die förderorientierte Diagnostik in der sich diesem Ansatz verpflichtet fühlenden „Landesweiten Beratungs- und Forschungsstelle für Hochbegabung (LBFH)" (Ziegler et al. 2012) dagegen eine zentrale Rolle.

(4) Das *Beratungskonzept* (im engeren Sinne) wird nun bestimmt durch das zugrundeliegende Begabungs-, Persönlichkeits- und Identifikationskonzept. Üblicherweise werden die methodischen Beratungsansätze analog zu den psychotherapeutischen Schulen unterschieden. Weit verbreitet sind – im Gegensatz zu den in Deutschland heilkundlich betriebenen psychotherapeutischen Verfahren – humanistische und systemische Beratungskonzepte. Sehr üblich sind darüber hinaus integrative oder eklektische Beratungsansätze. Allerdings bestimmen auch der Zweck und die Anbindung der Institution das methodische Vorgehen in der Beratung. Wird eine Institution beispielsweise eher eingesetzt, um Auswahlfragen zu beantworten, wie dies nicht selten bei schulpsychologischen Einrichtungen der Fall zu sein scheint, werden eher Beratungsaspekte zur Auswertung der diagnostisch eingesetzten Instrumente in den Vordergrund rücken als weiterführende oder gar klinisch-psychologische Fragestellungen.

Wenn nun Grassinger (2012, S. 290) glaubt, die bisherigen institutionellen Praxisansätze verallgemeinernd in Entwicklungslinien der Hochbegabungsberatung zusammenfassen zu müssen, und zur Aussage kommt, dass das „Alleinstellungsmerkmal einer Hochbegabungsberatung die *Beratung zur Expertisierung in einzelnen Domänen*" sei, wodurch sie sich abgrenze von klassischer schulpsychologischer Beratung oder von weiteren Fachberatungen, so sei dem ausdrücklich widersprochen. Das hier definierte Verständnis von Beratung im Feld der Hochbegabung geht von einer umfassenden Konzeptualisierung der Beratung einer oder mehrerer Personen aus, die eine im Gegensatz zum Beginn des Beratungsprozesses freiere und reflektiertere Entscheidung dieser Person darüber anzielt, welchen Entwicklungspfad sie künftig beschreiten möchten. Die Entfaltung ihrer Expertise wäre nur eine von mehreren Möglichkeiten. Insofern besteht das Anliegen dieses Buches durchaus auch darin, keine weitere Begründung zur Ausgestaltung von Spezialberatungsstellen für Hochbegabte zu liefern, sondern stattdessen die Beratung hochbegabter Kinder, ihrer Familien und der anderen Sozialisationsinstanzen im Rahmen etablierter und für wirksam befundener psychologischer Beratung(ssysteme) stärker zu befördern (vgl. z.B. Hundsalz 2006, S. 243f zur Erziehungsberatung). Denn ansonsten könnte die Tendenz zur selbstreferenziellen Verstärkung der eigenen Spezialisierung nicht nur eine inhaltliche und methodische Verengung des Beratungsgeschehens selbst bewirken sondern letztlich auch die Offenheit für eine komplexe personale Entwicklung immer weiter verengen.

Dieser Anspruch definiert demzufolge auch die hier vertretene Konzeptualisierung des Begabungs-, Persönlichkeits-, Identifikations- und Beratungskonzeptes.

Wirkfaktoren von Beratung im Feld der Hochbegabung

Aus zwei Studien zur Wirkung von Beratung im Feld der Hochbegabung (Elbing 2000 und Begabungsdiagnostische Beratungsstelle

BRAIN 2013) wissen wir, dass die *allgemeinen* Wirkfaktoren für Psychotherapie im Wesentlichen übertragbar sind auf Beratungsprozesse im Allgemeinen und auf die Beratung im Feld der Hochbegabung im Besonderen. Arnold und Großgasteiger (2014, S. 134f) heben in Anlehnung an Grawe, Donati und Bernauer (2001) folgende generelle Wirkfaktoren für Beratungsprozesse hervor:

- „einleuchtende Erklärungsmodelle
- sicheres Auftreten
- Erfolgserwartung des Therapeuten (Beraters)
- Variation im beraterisch-therapeutischen Vorgehen
- Ausdruck von persönlichem Interesse am Erleben der Klienten und
- die Fähigkeit, Rapport herstellen zu können" (ebd.).

Andere Autoren benennen ähnliche Faktoren, unterscheiden sich aber häufig in deren Feingliederung. Mit Blick auf psychosoziale Beratung erscheint mir der Vorschlag von Wälte, Borg-Laufs und Brückner (2011) am stringentesten zu sein, weil er sich erstens eher an der Logik von Beratungsgesprächen als am Therapiegeschehen zu orientieren scheint und weil er zweitens vom Beratungs*prozess* ausgeht. Allerdings scheint die empirische Absicherung dieser Faktoren nicht das Niveau der Studien im Bereich der Psychotherapie zu erreichen. Diese Autoren systematisieren also folgende sieben Wirkfaktoren:

- Gestaltung einer professionellen Beziehung
- Analyse und Klärung der Probleme
- Analyse und Vereinbarung von Beratungszielen
- Motivation zur Veränderung
- Ressourcenaktivierung
- Problemaktualisierung
- Hilfe zur Problembewältigung.

Sicherlich wirken diese Faktoren – in welcher Systematik auch immer – nicht bei jedem Ratsuchenden, nicht bei jedem vorgebrachten Problem, weder zu jedem Zeitpunkt noch bei jeder Beraterin in gleicher Stärke und in gleicher Ordnung. Die Fähigkeit zur person-, problem- und prozessorientierten Adaptation der Beratung sollte daher als weiterer Wirkfaktor (evtl. auch als Meta-Faktor) in das Faktorentableau aufgenommen werden.

Mit Blick auf die Beratung im Feld der Hochbegabung wird beispielsweise von den unmittelbar im Anschluss an die Beratung als auch neun bis 11 Monate danach befragten Ratsuchenden der Beratungsstelle BRAIN in Marburg ausdrücklich hervorgehoben, dass die Akzeptanz, freundliche Wertschätzung sowie der verständnisvolle Umgang mit dem vorgebrachten Anliegen besonders hilfreiche Erfahrungen gewesen seien, weil man so den Eindruck gewonnen habe, weder positiv noch negativ etikettiert oder vorurteilsbehaftet beraten zu werden; offensichtlich eine Erfahrung, die im Umfeld von Hochbegabung nicht selten anzutreffen ist und entsprechende Befunde bestätigt.

Wenn man die beiden bereits erwähnten Studien zur Beratung im Feld der Hochbegabung analysiert, variieren die spezifischen Faktoren genauso stark wie bei einer unausgelesenen Beratungsklientel. Allerdings fiel in der Marburger Evaluation auf, dass es vielen Eltern im Beratungsgeschehen – neben den bereits erwähnten allgemeinen Wirkfaktoren – wichtig war, dass

- die Beraterinnen kenntnisreich in Bezug auf die Thematik der Hochbegabung waren, differenziert Auskunft erteilen konnten und auf die Begabungsspezifik fachgerecht und individuell eingehen konnten
- bei aller Besonderheit auch durch die Eltern die Erfahrung gemacht werden konnte, dass ihr Kind nicht „unnormal“ sei, was übrigens auch die Kinder selbst entlastete, da diese teilweise eine solche Etikettierung erlebten oder befürchteten
- die Durchführung einer qualifizierten Diagnostik hilfreich erlebt wurde, insbesondere dann, wenn es gelang deren Ergebnisse den Eltern und ihren Kindern auch verständlich zu kommunizieren
- die Beraterinnen umfassende Kenntnis von weiterführenden Beratungs- und/oder Fördermöglichkeiten aufwiesen
- die diagnostischen und beratenden Interventionen von den El-

tern als individuell – quasi maßgeschneidert – erlebt und zugleich durch die Beraterin auch gut begründet werden konnten.

Stellvertretend hierfür seien abschließend zwei Zitate aus dem Marburger Projektbericht (2013) erwähnt:

„Die Beraterin hat sich viel Zeit genommen, um auf unsere Fragen einzugehen. Sie hat auch sehr schnell Zugang zu unserer Tochter gefunden. Nach der Testung konnte unsere Tochter das Feedback und die Anregungen der Beraterin sehr gut annehmen, da sie mit verständlichen, altersgerechten Worten, ihre Chancen, Möglichkeiten und auch negativen Auswirkungen darlegen konnte."

„Die Beratung und Testung haben uns vor Augen geführt, wo die Begabung unseres Sohnes liegt und wie wir ihn gezielt fördern können. Dies gibt uns zusätzlich Sicherheit und auch die Rechtfertigung gegenüber der Schule, für die Bedürfnisse unseres Sohnes einzutreten" (Begabungsdiagnostische Beratungsstelle BRAIN 2013, S. 51).

Führt man die theoretischen Erkenntnisse und die vorliegenden empirischen Erfahrungen zusammen, lassen sich Anforderungen zur Beratungsqualität beschreiben, die Beraterinnen und Berater im Feld der Hochbegabung gewährleisten bzw. die in entsprechenden Qualifizierungsangeboten erworben werden sollten. Diese werden ausführlich bei Koop, Jacob & Arnold (2015) expliziert.

Lern- und lehrorientierte Beratung: Einführung

Ein wesentliches Ziel dieses Buches besteht darin, verschiedene Möglichkeiten zur Beratung im Feld der Hochbegabung zu skizzieren. Es wird hier unterschieden zwischen Beratungsansätzen, die das Lernen des Kindes und seine außerfamiliäre Förderung in den Mittelpunkt stellen, und einer Beratung, die auf die Familie und die Entwicklung des hochbegabten Kindes innerhalb seiner Familie fokussiert.

In der auf das Lernen orientierten Gruppe von Beratungsansätzen kann man nochmals unterscheiden zwischen Angeboten, die sich direkt auf die Unterstützung des lernenden Kindes beziehen und solchen, die eher auf die Gestaltung der schulischen und vorschulischen Institution für spezifische Belange des hochbegabten Kindes in der Beratung zielen.

In seinem Überblicksbuch „Konzepte der Hochbegabtenberatung in der Praxis“ konstatiert Grassinger (2012, S. 290), dass Hochbegabungsberatung Beratung zur „Expertisierung“ in einzelnen Domänen sei und sich damit alleinstellend von klassischer schulpsychologischer oder Erziehungsberatung unterscheide. Seltsamerweise übersieht er einige Beiträge in seinem von ihm selbst herausgegebenen Sammelband, die auch andere Zielstellungen und entsprechende methodische Implikationen betonen. Definiert man nun aber – und dies fordert einfach die inzwischen jahrzehntelange Praxis – die Beförderung von individuellen Lernprozessen als einen Schwerpunkt der Beratung im Feld der Hochbegabung, dann sollte man auch diese beiden Beratungszugänge gleichberechtigt darstellen. Sie weisen ja historisch auf zwei sehr verschiedene Menschenbilder hin. Im ersten Kapitel wurde aufgezeigt, dass sich bei der Herausbildung des protestantischen, insbesondere des calvinistischen, Menschenbildes die Selbstdefinition des Menschen vorrangig als eines Leistungserbringers herausformte. In der Renaissance proklamierten dann die Humanisten das persönliche Wohlergehen des Einzelnen als dessen Lebensziel. Neben anderen Zielen auch kann dies zwar ebenfalls die Erzielung von Leistung umfassen, wird aber nicht allein darauf reduziert. Diese unterschiedliche Perspektive auf den Menschen wurde mit der einsetzenden kapitalistischen Industrialisierung nicht etwa überwunden, sondern in verschiedenen Formen und Diskursen bis heute eher ausgebaut und vertieft. Die aktuelle Diskussion zur Inklusion in schulischen Institutionen greift diese verschiedenen Menschenbilder erneut auf (vgl. z.B. Ahrbeck 2014) und hinterfragt nicht zuletzt deren Sinn und Nutzen in einer postmodernen kapitalistischen Gesellschaft. Aus diesem Grunde werden im Folgenden beispielhaft zwei Beratungsansätze vorgestellt, die jeweils für eine dieser beiden Sichtweisen stehen.

Konzepte der Beratung zur Entfaltung von Expertenschaft: Beispiel „Enter-Triple-L-Modell"

Basierend auf einem systemisch-lerntheoretischen Konzept (Ziegler 2005, Grassinger 2009) unterscheiden die Autoren, die mit dem „Enter-Triple-L-Modell" den Beratungsansatz der Landesweiten Beratungs- und Forschungsstelle für Hochbegabung (LBFH) (Ziegler et al. 2012) zunächst an der Universität Ulm und aktuell an der Universität Erlangen-Nürnberg (Campus Nürnberg) konzipierten, zwischen drei Beratungskonzepten, was Abbildung 9 verdeutlicht.

Abbildung 9. Das Triple-L-Modell
(leicht modifiziert nach Ziegler et al. 2012, S. 258)

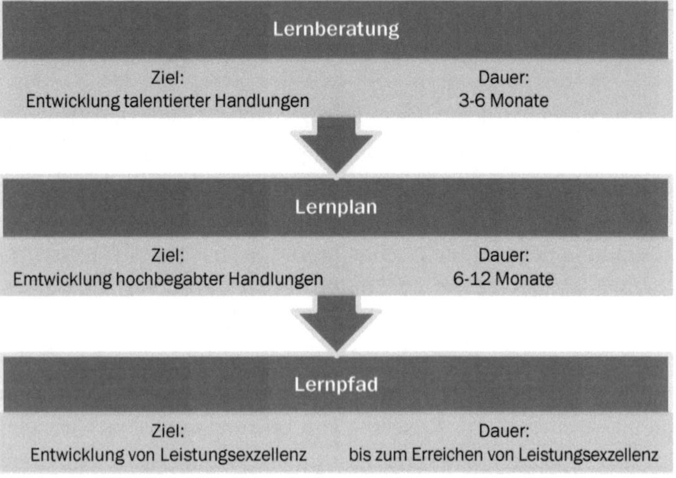

Entsprechend Zieglers Verständnis vom Verhältnis von Talent und Hochbegabung, die sich durch den unterschiedlichen Wahrscheinlichkeitsgrad zur Erreichung von Leistungsexzellenz auszeichnen, orientiert *Lernberatung* zunächst darauf, das Kind dabei zu unterstützen, talentierte Handlungen in der ihm gemäßen Domäne ausführen zu können. Bezogen auf intellektuelle Fähigkeiten kämen hierfür Kinder mit einem Prozentrang größer 84 in Frage, wenn sich deren Aktiotop (Handlungen, Handlungsrepertoire, subjektiver Handlungsraum, Ziele und Umwelt – Grassinger 2009, S. 102f) in einem Fließgleichgewicht befinde. Indiziert sei Lernberatung „bei Unterforderung, Fragen zu Fördermöglichkeiten sowie leistungshemmenden Handlungen wie Underachievement oder Mobbing" (ebd. S. 116).

Mit Hilfe eines *Lernplanes* wird das Kind in seiner Umwelt darin unterstützt, hochbegabte Handlungen in seiner Domäne zu entwickeln. Kinder mit einer weit überdurchschnittlichen Intelligenz (Prozentrang größer 98) würden dafür in Frage kommen, wenn über mindestens 6 Monate hinweg „konstant individuell herausfordernde wöchentliche Leistungsziele erreicht werden und das Aktiotop sich in einem Fließgleichgewicht befindet" (ebd.).

Die Begleitung eines Menschen bis zum Zeitpunkt des Erreichens exzellenter Leistungen benennt Ziegler *Lernpfad.* Dies dauert im Allgemeinen mehrere Jahre und mündet im gesicherten Erreichen von Expertise.

Was bedeutet nun das Akronym „ENTER", dem das Enter-Triple-L-Modell den ersten Teil seines Namens verdankt? Es steht für fünf Phasen, die sich je nach Beratungsschwerpunkt unterschiedlich entfalten. Am Beispiel der ENTER-Phasen der Lernberatung, die im Downloadmaterial zum Buch veröffentlicht sind, sei dies verdeutlicht.

Dem Vorwurf, ein rein auf Expertise-Entfaltung orientiertes Beratungsmodell zu sein, würden die Autoren entgegnen, dass – insbesondere bei den Beratungen zum Lernplan und Lernpfad – in der Testing-Phase alternative Entwicklungsziele durch den Berater aufgezeigt und mit den Beteiligten erörtert werden. Ob allerdings für den Fall, dass die Entwicklung primär nicht auf die Entfaltung von Expertenschaft fokussiert, dennoch die Beratung weiter geführt wird, ist den Konzepten nicht zu entnehmen.

Konzepte zur Entwicklungsorientierten Beratung: Beispiel Beratungskonzept der psychologischen Beratungsstelle der Universität Würzburg (BΨB)

Basierend auf dem humanistischen Menschenbild (der Psychologie des reflexiven Subjektes), das den Menschen als „eigenständiges ganzheitliches Wesen ansieht, welches prinzipiell über alle Möglichkeiten verfügt, sich zu regulieren, sich selbst zu verwirklichen und auch Probleme zu lösen" (Stumm und Wirth 1994, zit. nach Weiß, Stumpf und Schneider 2012, S. 230) postulieren die Autorinnen zunächst die Grundhaltungen der BeraterInnen:

- Klient und Beraterin sind gleichberechtigte Interaktionspartner.
- Der Ratsuchende ist Experte in seinem Arbeits- und Lebensbereich.
- Die Beraterin ist Modellfachfrau und zwar als Expertin in fachspezifischem Wissen, Kommunikation und Methoden.

Im Beratungsprozess konstruieren Ratsuchende und Beratende ihre je eigene Sicht auf die Problemsituation wobei die Beratende die Innen- und Außensicht der Klienten versteht und ihnen diese auch kommuniziert. „Aufgabe der Beraterin ist es, die Selbstwahrnehmungs- und Verbalisierungskompetenzen des Ratsuchenden zu fördern, sodass diesem ein „möglichst vollständiger (expliziter) Zugriff auf seine impliziten Wissensinhalte ermöglicht wird" (Mutzeck 2008 zit. durch Weiß, Stumpf und Schneider 2012, S. 232). Die Beraterinnen orientieren sich an den drei zentralen Grundhaltungen des Personzentrierten Ansatzes: Akzeptanz, Empathie und Kongruenz. Das Methodenspektrum konstruiert sich aus dem Methodenrepertoire verschiedener Psychotherapieschulen. Die Organisation eines typischen Beratungsablaufs ist in den Downloadmaterialien zum Buch aufgezeigt.

Beratungskonzepte in Kita und Schule

Für außerfamiliäre Sozialisationseinrichtungen, insbesondere für Kindertagesstätten und Schulen ist es wichtig, dass beteiligte Eltern und Erziehende sowie Lehrende untereinander „vertrauensvolle Beziehungen aufbauen, die von Akzeptanz und Wertschätzung geprägt" sind (Koop und Welzien 2010, S. 339). Auf diese Weise wird den Kindern vermittelt, dass sich die Erziehenden und Lehrenden gemeinsam um das Wohl der Kinder bemühen, dass sie also jeweils von einem für ihr Aufwachsen wichtigen Kontext in den anderen gleiten können, ohne dass sie Brüche erfahren oder gar Konkurrenz und Feindseligkeit. Diese „Erziehungspartnerschaft" ist kein naturwüchsiger Zustand der Harmonie, sondern bildet ein spannungsvolles Verhältnis, in dem immer wieder neu auch um Ausgleich und Lösungen bei auftretenden Entwicklungsschwierigkeiten gerungen werden muss. Drei typische Konfliktfelder, die häufig auch Beratungsbedarf nach sich ziehen, können auf Erzieherinnen in Kindertagesstäten im Zusammenhang mit Hochbegabung zukommen:

- „Eltern hochbegabter Kinder möchten dem starken Verlangen ihres Kindes nach kognitiver Stimulierung nachkommen – und wünschen oder fordern das auch von der Kindertagesstätte. Erzieherinnen nehmen die Eltern dagegen als (übermäßig) ‚ehrgeizig' wahr. …
- Auftretendes Problemverhalten eines Kindes wird von Eltern monokausal mit der Hochbegabung des Kindes oder dem Fehlen einer angemessenen Förderung für das Kind begründet. Andererseits pflegen Erzieherinnen gelegentlich aufgrund des geistigen Entwicklungsvorsprungs von hochbegabten Kindern hohe Erwartungen an die soziale Anpassungsfähigkeit und rationale Einsichtsfähigkeit, denen das Kind nicht gerecht werden kann.
- Eltern hochbegabter Kinder sind oft unsicher bezüglich des geeigneten Zeitpunktes für die Einschulung ihres Kindes. Die Zeit der Entscheidungsfindung ist auch geprägt von kritischen Nachfragen an die Kindertagesstätte, wie sie beim Verbleib des Kindes in der Einrichtung eine angemessene Förderung ge-

währleisten könne. Es ist eine besondere Herausforderung für die Fachkräfte, nicht in einer rechtfertigenden Position zu verharren, sondern auf dem Weg hin zu einer gemeinsamen Lösung mit den Eltern die Bedürfnisse des Kindes in den Mittelpunkt zu stellen" (ebd. S. 340 f).

Die Autorinnen fordern, dass die Erzieherinnen um bei solchen oder ähnlichen Problemen auch professionell gut Beratende zu werden, eine dialogische Grundhaltung einnehmen sollten. Letztere ist durch eine wertschätzende, akzeptierende und kongruente Beziehungshaltung und -gestaltung gekennzeichnet und basiert darüber hinaus auf Wissen und Können insbesondere zu folgenden Themen:

- wissenschaftlich fundierte Kenntnisse zu Begabung und Hochbegabung
- eigenes Persönlichkeits- und Entwicklungsmodell
- eigenes Verständnis von Förderbedingungen und -methoden.

Die sich nicht zuletzt in den Gesprächen mit den Eltern äußernde Grundhaltung sollte davon ausgehen, die Eltern nicht in ihrer Elternverantwortung für die Initiierung und Gestaltung der Kindesentwicklung förderlichen Bedingungen zu entmündigen, sie also nicht zu bevormunden. Dennoch sollten selbstbewusst, d. h. basierend auf einem fachlich (möglichst wissenschaftlich) begründeten Standpunkt, die eigenen Erziehungshaltungen und -vorstellungen vorgetragen werden, ohne sich dafür zu rechtfertigen. Zugleich jedoch sei es wichtig, die Eltern auch als Suchende zu verstehen und ggf. in deren Suchprozess zu begleiten. Suchen heißt natürlich auch infrage zu stellen, was gerade passiert; bedeutet aber keineswegs, den anderen anzugreifen oder gar schädigen zu wollen. Diese Orientierung, Gespräche mit Eltern auch für diese hilfreich zu führen, bedarf in der Regel besonderer professioneller Kompetenzen. Eine Einrichtung sollte darauf Wert legen, diese Kompetenzen, wenn sie denn nicht bereits im Ausbildungsprozess erworben wurden, nachzuqualifizieren. Koop und Welzien (2010) plädieren insbesondere dafür, dass die Fachkräfte, die Elterngespräche führen, sich methodisch anreichern um den Blick der Ressourcenorientierung. Sie führen beispielhaft den Einsatz der veränderten Blickrichtung vor: Als „ehrgeizig" betitelte Eltern könne man auch „hoch engagiert" bezeichnen. „Unsicheren Eltern" begegne man durch klare und strukturierte Gesprächsführung und „fordernde" oder gar „verzweifelte" Eltern seien auf andere professionell hilfreiche Gesprächsmöglichkeiten hinzuweisen.

Gesprächserleichternd wirke, wenn konzeptionell bereits festgelegt sei, dass es entwicklungsbegleitende Elterngespräche gebe. Dann verlören die Gespräche ihre Bedrohlichkeit für die Eltern und würden nicht mehr als reine Konfliktgespräche von diesen wahrgenommen. Dies mindere die Spannung erheblich.

Die Schulpsychologin Petra Steinheider (2014) hat erstmals im deutschsprachigen Raum ein umfassendes Buch über Hochbegabtenförderung als Schulentwicklungsaufgabe vorgestellt, das das Handlungskontinuum im schulischen Raum im Feld der Hochbegabung differenziert und ausführlich beschreibt sowie Gelingensbedingungen, Schulentwicklungsmaßnahmen und Empfehlungen für das Schulleitungshandeln zu verschiedenen schulbezogenen Fragestellungen sorgfältig zusammenstellt. Ein eigenes Kapitel widmet sie schwierigen Beratungssituationen mit Eltern. Sie orientiert sich in ihren Vorschlägen zur Gestaltung von Beratungsprozessen mit Eltern an den bereits auch w. o. vorgestellten Kernannahmen, die insges. aus der Analyse gelungener psychotherapeutischer Interventionen entstammen. Dabei betont sie besonders folgende eher allgemeine Aspekte der Gesprächsführung:

- positive Rückkoppelung
- Induktion positiver Erwartungen
- Ressourcenorientierung und
- aktive Hilfe zur Problembewältigung.

Lehrer und Lehrerinnen allerdings sollten keine Therapiegespräche führen, da dies weder der Rolle der Lehrenden noch den Erwartungen der Eltern entspreche. Elterngespräche in der Schule wiesen eine andere Zielsetzung als therapeutische Gespräche auf: „In der Therapie will der Klient sein ganz persönliches Problem lösen, in das der Therapeut grundsätzlich nicht involviert sein sollte. In der Schule ist die Lehrkraft naturgemäß Teil des Problems und hat ein unmittelbares Interesse an einer für ihn vorteilhaften Lösung. Schulische Beratungsgespräche sind also für alle Beteiligten immer dann ein Gewinn, wenn beide Seiten, Eltern und Lehrer, das beruhigende Gefühl mit nach Hause nehmen können, einen Verbündeten bei der Lösung der Probleme ihres Kindes, bzw. des Schülers gefunden zu haben" (ebd. S. 284f). Existieren neben diesen allgemeinen Hinweisen auf die Gesprächsführung durch Lehrende mit Eltern auch spezifische Themen und Hinweise zur Durchführung von Beratung im schulischen Feld der Hochbegabung? Steinheider betont, dass es einerseits wichtig sei, zu verstehen, dass die Heterogenität im Verhalten und Erleben hochbegabter Kinder genauso groß ist wie bei nicht Hochbegabten. Andererseits jedoch sei für diese gerade ihre Überlegenheit in der Auffassungsgabe und in der Fähigkeit, Probleme zu lösen, typisch. Bleibt dies in der Schule unerkannt oder wird es sogar absichtsvoll ignoriert, können sich in der Folge psychische Probleme herausbilden. Manchmal werden dann jedoch Ursache und Wirkung verwechselt und gegen die Kinder selbst gewendet. Das Vorurteil findet seine Bestätigung: Hochbegabte neigten von sich aus zu psychischen Auffälligkeiten. Daraufhin würden dann nicht selten unangemessene Maßnahmen ergriffen werden. Um dies nun zu verhindern, erwartet Steinheider, Beratungslehrkräfte im Feld der Hochbegabung sollten:

- unterscheiden können zwischen primären Verhaltensstörungen und sekundären Folgen von Unterforderung
- einschätzen können, wann eine psychologische Diagnostik indiziert sei
- hinlänglich über die Themen „Unterforderung" und „Underachievement" Bescheid wissen
- über Fördereinrichtungen und spezielle Förderangebote stets aktuelle Kenntnisse besitzen
- über Wissen und Erfahrungen darüber verfügen, welche Risikokonstellationen sich innerfamiliär und welche Schwierigkeiten sich für Eltern von Hochbegabten entwickeln können und

die Eltern/Familie dann auch passgenau an entsprechend weiterführende Hilfsinstitutionen vermitteln können.

Sehr hilfreich sind auch die Empfehlungen der Autorin bezüglich der institutionellen Voraussetzungen sowohl zur Schaffung eines materiell-räumlich passenden Gesprächsrahmens in der Schule als auch eines Schulklimas, in dem jedes Kind in seiner besonderen Weise in den Blick genommen wird und in dem Eltern nicht als Störenfriede sondern als Unterstützer gelingenden Unterrichtens wertgeschätzt werden.

Wie nun eine gelingende Erziehungspartnerschaft zwischen Schule und Elternhaus im Feld der Hochbegabung organisiert und durch professionelle schulpsychologische Beratung unterstützt werden kann, beschreibt Helmut Quitmann, langjähriger Leiter der schulpsychologischen „Hamburger Beratungsstelle besondere Begabungen" (2007, S. 130f) anhand seines Entwurfs eines „Runden Tischs": Diesen moderiert die externe schulpsychologische Beratererin mit dem Ziel, Kooperation zwischen den Eltern und der Schule herzustellen, zu stabilisieren oder zu vertiefen. Das Ziel und Vorgehen gliedert Quitmann wie folgt:

1 Erhebung des Ist-Zustandes: Bestandsaufnahme und Dokumentation von Dissens und Konsens
2 Gemeinsame Entscheidung über weitere diagnostische Maßnahmen:
   - Durchführung eines Tests
   - Durchführung eines Unterrichtsbesuchs
   - Gespräch eines Beraters mit dem Kind in der Beratungsstelle
3 Verbindliche Vereinbarung über Fördermaßnahmen zu Hause und in der Schule
4 Vereinbarung über die „Laufzeit"
5 Klärung, wer das Kind über das Gespräch und die Inhalte informiert
6 Vereinbarung eines Termins zur gegenseitigen Rückmeldung.

Die Erfahrungen mit diesem hinsichtlich Ort, Maßnahmen und beteiligten Personen integrierenden Vorgehen seien ermutigend und firmieren inzwischen unter dem Begriff der „dialogischen Diagnostik und Beratung“ (ebd., S. 132).

Die hier vorgestellten lern- und lehrorientierten Beratungsansätze betonen gemeinsam das kooperative Element in der Beratung und die Fähigkeit der professionell Erziehenden und Lehrenden, diese kooperative Grundhaltung immer wieder herstellen zu können. Dies gelingt wohl am besten, wenn die involvierten Erziehenden, Lehrenden und Beratenden sich immer wieder vor Augen führen, dass es den allermeisten Eltern – und nicht nur denen von hochbegabten Kindern – wirklich zuerst um das Wohlergehen ihrer Kinder geht. Dies respektierend entfaltet sich auch die Sicht auf Besonderheiten des konkreten Kindes wesentlich leichter, denn der eigene Blick wird frei von Selbstverteidigung und Vorurteil.

Erziehungs- und Familienberatung im Feld der Hochbegabung[15]

Erziehungs- und Familienberatungsstellen bieten ein umfassendes Spektrum an Diagnostik- und Beratungsmethoden an, um auf eine Vielzahl von Anliegen auch im Feld der Hochbegabung professionelle Antworten zu geben. Eine über die Beschäftigung mit wissenschaftlichen Fragestellungen hinausgehende Notwendigkeit zum Betrieb von spezialisierten Beratungseinrichtungen lässt sich daher nur schwer erkennen und begründen.

In diesem Kapitel werden nun anhand von Fallbeispielen sieben typische Fragestellungen und Schwerpunkte und entsprechende Implikationen für den Beratungsprozess im Feld der Hochbegabung beleuchtet, die sich – an der o.a. Definition von Entwicklung orientierend – aus den Anliegen und aus der Beratungserfahrung herleiten lassen.

15 Dieses Kapitel entwickelt den Aufsatz von Jacob und Morche (2010) weiter.

1. Unser Kind interessiert sich für vieles, was andere gleichaltrige Kinder (noch) unberührt lässt; ist es hochbegabt? *(Indikationsfrage)*

Die Eltern der 2;6-jährigen Paula stellen diese Frage in der Erziehungs- und Familienberatungsstelle – aufgefordert durch eine verunsicherte Erzieherin ihrer Kita – vor, weil Paula so „schrecklich neugierig" sei, in hoch komplexen Sätzen rede, wie keines der gleichaltrigen Kinder, wenig Schlaf zu brauchen scheine und fast ausschließlich mit älteren Kindern spiele. Vielleicht sei sie ja hochbegabt, aber weder Erzieherinnen noch Eltern wüssten, wie sie damit umgehen sollten. Schließlich wollten sie Paula doch optimal fördern.

Tatsächlich ist es in diesem Fall sehr wichtig, sich zunächst diagnostisch damit auseinanderzusetzen, wie weit Paula intellektuell, emotional, sozial und in ihrem Verhalten entwickelt ist und worin es Konflikte gibt. Obwohl es in diesem Alter schwierig ist, eindeutige und prognostisch valide Entwicklungsstände gerade im „oberen" Bereich festzustellen, sollten die zur Verfügung stehenden standardisierten diagnostischen Möglichkeiten genutzt werden, um soweit wie möglich Spekulation und voreiliger Etikettierung den Boden zu entziehen. Da in den letzten Jahren Hochbegabung „droht" zu einer Modediagnose zu werden, ist psychologisch basierte Diagnostik einerseits die Methode der Wahl, um frühzeitig Ressourcen aber auch Risiken der Entwicklung so zuverlässig wie möglich abschätzen zu können. Andererseits ist zu berücksichtigen, dass diagnostische Aussagen zum kognitiven Entwicklungsstand im Vorschulalter wegen der meistens noch vagen Ausprägung der testdiagnostischen Gütekriterien in ihrer Vorhersagekraft nicht überschätzt werden (vgl. Rost 2010).

In Paulas Fall sollte natürlich – nach erfolgter psychologischer Untersuchung mit einem standardisierten entwicklungsdiagnostischen Verfahren sowie nach einer Hospitation in der Kita – bei der Feststellung, dass Paula tatsächlich kognitiv und sozial für ihr Alter sehr weit entwickelt ist, nicht stehen geblieben werden.

Die Klärung der Indikation geht oft über in die Beratung zu Folgen für die Erziehung, denn die meisten Eltern stellen ihre Kinder nicht aus Profilierungssucht vor, sondern weil sie sich tatsächlich Sorgen machen. So war dies auch bei Paula. Nachdem der faktische Boden durch psychologische Diagnostik stabiler geworden ist, hinterfragt die Erziehungsberaterin die Verunsicherungen im Umgang mit Paula sowohl auf ihre spezifischen Hintergründe bei den Eltern als auch bei der Erzieherin. Die Eltern von Paula kamen unter Druck, weil sie glaubten, so früh wie möglich alles „richtig machen zu wollen“, keinesfalls irgendwelche Förderangebote verpassen wollten. Die Erzieherinnen hingegen stellten eher die Schwierigkeiten Paulas, sich in die Gruppe einzuordnen, in den Mittelpunkt. Dahinter stand die Erwartung, dass ihr sozial angemessenes Verhalten doch eigentlich – wenn sie intellektuell schon so weit entwickelt sei – recht leicht fallen sollte. Es ist nun gemeinsam mit den Eltern und den aufmerksamen Erzieherinnen zu beraten, welche differenzierte Unterstützung Paula durch die Kita und durch ihr soziales Umfeld erhalten könne, um einerseits ihrer großen Neugier nicht ständig Schranken vorzusetzen und um sie andererseits aber auch in ihrer natürlichen sozialen Umwelt nicht permanent in eine Sonderrolle zu drängen. So klärte die Erziehungsberaterin im Elterngespräch die Eltern über die Komplexität und Dynamik des Phänomens „Hochbegabung“ auf, versuchte Leistungs- und Förderdruck zu minimieren und verwies auf die guten selbstregulatorischen Kompetenzen Paulas, die sie während der Diagnostik und Hospitation beobachten konnte. Im Vordergrund elterlicher Erziehung bei Paula sollte weniger das ständige Anbieten von immer neuen Explorationsfeldern stehen, als eine ruhige Begleitung, die sich immer wieder vergewissert, wie Paula ihre eigenen Erkundungen organisiert. In der Beratung mit der Kitaerzieherin stand im Mittelpunkt, welche Möglichkeiten der Einbindung Paulas in den Kitaalltag organisiert werden könnten, welche Besonderheiten durchaus auch Platz hätten, ohne z.B. den Neid anderer Kinder hervor zu rufen („jedes Kind ist besonders“). Die Auseinandersetzung mit hochbegabten Kindern und deren Bedürfnissen nach Lern-Freiräumen und ihre zumeist kreative Suche nach diesen werden für alle Kinder der Einrichtung gewinnbringend, wenn diese auch für ihre (anderen) Talente neue Räume und Wege zum Ausprobieren erhalten.

Identifizierungswünsche im *Schulalter* werden in Beratungsstellen häufig vorgetragen, wenn Eltern oder Lehrkräfte einen Vergleich zwischen dem vermeintlichen Potenzial und den realen Schulleistungen des Schülers vornehmen. Die Über- oder Unterforderungsthematik und daraus vermeintlich resultierende Verhaltensprobleme bilden dabei meistens den Anmeldegrund. Auch bzw. gerade in diesem Alter vermeidet die Durchführung einer qualifizierten Leistungsdiagnostik in Verbindung mit der Diagnostik ausgewählter nicht-kognitiver Aspekte (zur Motivation, Selbststeuerung und -konzipierung, Impuls- und Emotionsregulation) zu viel Spekulation und spätere Irrwege. Die Beraterin sollte sich nach erfolgter Diagnostik ausführlich Zeit nehmen, um Diskrepanzen und Kongruenzen bei den Testergebnisse zu verstehen und kommunikativ für das Auswertungsgespräch, bei dem das diagnostizierte Kind zumindest bei der Erläuterung der Testergebnisse dabei sein sollte, vorzubereiten. Wenn es vorwiegend um die Diskrepanzen zwischen Schulleistungen und kognitiven Ressourcen bei der Anmeldung ging, sollte im Auswertungsgespräch auch überlegt werden, ob der rasche Einbezug der beteiligten Lehrkräfte nicht sinnvoll wäre. In diesem Fall müsste mit den Eltern auch besprochen werden, welche Aspekte zwischen der Beraterin und der Lehrkraft zur Diskussion gebracht und welche nicht erörtert werden sollten. Die möglichen Folgen der Einbeziehung der Lehrkraft in den Beratungsprozess sollten in diesem Auswertungsgespräch auf jeden Fall nicht vergessen werden.

Nun kann ein Kind aber auch angemeldet werden, bei dem die Eltern aufgrund seines außerschulischen Verhaltens, etwa aufgrund seiner besonderen Interessen, „einfach nur mal sehen“ wollen, ob dieses Kind möglicherweise hochbegabt ist. In einem solchen Fall hat es sich bewährt, bevor eine umfassende Diagnostik verabredet wird, mit den Eltern zu besprechen, wozu eine solche Feststellung denn erforderlich sei. Nicht selten stößt man bei tieferem Explorieren auf Renommewünsche der Eltern ohne tatsächlich konkrete und bedeutsame Folgen für das Kind. In solchen Fällen sollte auf eine Diagnostik wohl eher verzichtet werden, und stattdessen die das Kind unter Druck setzenden Elternansprüche und deren Folge zur Beratung kommen. In einem anderen Fall kann es aber auch erforderlich werden, eine ausführliche Diagnostik durchzuführen, nämlich dann, wenn einzelne Interessen gegenüber der allgemeinen kognitiven Leistungsfähigkeit besonders hervorstechen, wie folgende Fallvignette illustriert:

Der 9-jährige Knut wurde von seiner Mutter vorgestellt, weil sie sich wundere, dass er ein so vertieftes Interesse, insbesondere an der Geschichte des alten Ägypter-Reichs hätte. Er wüsste in dieser Beziehung alles und sei „wie besessen". Sie verstünde allerdings nicht, weshalb er in anderen Feldern und zum Teil auch in der Schule nicht so herausragendes Wissen besäße.

Hier trug die Mutter nicht direkt die Frage nach der Hochbegabung sondern nach Klärung der von ihr sehr einseitig erlebten Interessenlage ihres Sohnes vor. Es wurde daraufhin eine Intelligenz- und Persönlichkeitsdiagnostik vereinbart, deren Ergebnis die Feststellung einer in allen Indizes durchschnittlichen Intelligenz bei gleichzeitig vorhandener „ausgestanzt" wirkender besonderer Interessenlage war. Die Empfehlungen zum weiteren Umgang mit dieser Thematik orientierten sich nun also darauf, Knut einerseits bei der Befriedigung seiner Neugier zum alten Ägypten wertschätzend und akzeptierend zu begleiten, ansonsten aber darauf zu achten, dass insbesondere Lehrkräfte ihn nicht auf anderen Wissensfeldern überforderten, weil er doch vermeintlich einen so klugen Eindruck erzeuge. Dass sich außerdem noch ein Ausgrenzungsthema in der Klasse andeutete, das einige Zeit später ins Augenmerk rückte, sei an dieser Stelle zunächst nur erwähnt, da es den Fokus auf den sechsten Aspekt, der weiter unten besprochen wird, rückt.

Manchmal kommt es vor, dass Eltern nach der Diagnostik und ggf. sich anschließender Beratung darauf verweisen, dass ein Geschwisterkind, das nicht so im Vordergrund stehe wie das soeben besprochene, möglicherweise auch überdurchschnittlich intelligent sei. Da sie erlebt hätten, wie gut ihnen die Beratung getan habe, würden sie fragen, ob es auch möglich sei, eine Leistungsdiagnostik mit diesem zweiten Geschwister durchzuführen. Im Prinzip sollte man diesen Wunsch, nachdem – wie bereits erwähnt geklärt worden ist – wozu die Diagnose denn wichtig sei und was passiere, wenn sie so oder so ausfalle, sich diesem Wunsch nicht verschließen. Die Diagnostik selbst sollte dann genauso sorgfältig vorbereitet, durchgeführt und nachbesprochen werden wie die zuerst durchgeführte.

Exkurs: Der bisher ungehobene Schatz: Wie können unentdeckte hochbegabte Kinder identifiziert werden?

Nicht alle Kinder, die rein statistisch als hochbegabt auffallen müssten, werden auch als solche erkannt. So fallen z. B. häufig Kinder mit Behinderungen, mit Migrationshintergrund, mit psychischen Auffälligkeiten und Kinder, deren soziale Verhältnisse prekär sind, aber auch nicht selten Mädchen durch das Erkennungsraster (vgl. auch Dannhauer 2009, Koop und Röseler 2010, Stamm 2014). Zum einen, weil sie nicht die typischen Anzeichen kognitiver Hochbegabung zeigen, zum anderen, weil aufgrund gesellschaftlicher und persönlicher Erwartungen und Vorurteile nicht der Bezug hergestellt wird zwischen gezeigtem Verhalten und einer möglichen Hochbegabung. Als Beispiel für eine Unterschätzung von kindlicher Kompetenz im Zusammenhang mit sozialer Herkunft sei auf die IGLU-Studien (Bos et al. 2008) verwiesen, deren Ergebnisse hinsichtlich der Lehrerempfehlungen für das Gymnasium Hinweise auf eine Ungleichbehandlung von Kindern gemäß ihres sozialen Hintergrundes geben. El-Mafaalani (2014, S. 20) spricht in diesem Zusammenhang von einem „Management der Knappheit", welches den Alltag in Armutsfamilien aber auch deren Selbsterwartungshaltungen bestimmt. Diese „Kultur der Knappheit" weise als wichtigste Merkmale Nützlichkeits- und Zweckbezogenheit, Kurzfristigkeit und Konkretheit auf und beeinflusse nicht nur größere Bildungswegentscheidungen schon sehr frühzeitig sondern auch die Haltungen der Eltern in konkreten bildungsbedeutsamen Aspekten, beispielsweise einen Intelligenztest durchführen zu lassen bzw. sein Kind dazu auch noch zu motivieren.

In diesem Bereich der Verquickung gesellschaftlicher und individueller Bezüge und Erwartungen erfährt Erziehungsberatung eine andere Funktion. In der bisherigen Betrachtung werden die Beratungsstellen aufgesucht, um z. B. Fragen der Indikation zu klären. Zur Identifizierung hochbegabter Kinder, die eher übersehen werden, muss die Beratung auch „aufsuchende" Funktionen erfüllen, damit die Wahrscheinlichkeit der Entdeckung dieser hochbegabten Kinder erhöht wird. „Aufsuchende Angebote verfolgen zuallererst das Ziel, potentiellen Klienten die Kontaktaufnahme und ein Kennenlernen eines Mitarbeiters der Erziehungsberatungsstelle zu ermöglichen, ohne sich gleich in den festgelegten Rahmen eines Beratungskontextes begeben zu müssen" (Landesarbeitsgemeinschaft Erziehungsberatung Bayern 2009). Dies bestätigt bspw. nur Kathrin Schmitt (2014), die in einem Familienzentrum mit hohem Anteil sozial benachteiligter Familien in Frankfurt am Main im Rahmen der Beratungstätigkeit der Beratungsstelle Mainkind ein niederschwelliges Beratungsangebot vor Ort entwickelte und durchführt. Ihr dreistufiges Vorgehen zu Beginn skizziert sie wie folgt:

1 Identifikation von Familien mit Beratungsbedarf durch KITAs
2 Kurzgespräche der Erzieherin mit den Eltern
3 Terminvergabe und Verteilen der Eingangsunterlagen – organisiert über das Familienzentrum
4 Die Bezugserzieherin füllt die Fragebögen gemeinsam mit der Familie aus.
5 Vor dem ersten Termin erfolgt der Rückversand des ausgefüllten Fragebogens an die Beratungsstelle MAINKIND.
6 ggf. Vereinbarung von Diagnostiktermin und weiteren Beratungsterminen, die ebenfalls im Familienzentrum stattfinden

Bei den Gesprächen nehmen auf Wunsch der Eltern auch die Bezugserzieher/innen teil. Vorteile der Teilnahme der Bezugserzieherin am Gespräch sieht Schmitt (ebd.) insbesondere darin:

– dass die BezugserzieherInnen Berührungsängste der Eltern verringern helfen können
– dass diese eine wichtige Informationsquelle in der Anamneseerhebung darstellen können
– dass diese ggf. von Beginn an bei der Umsetzung von Empfehlungen beteiligt sind.

Die Identifikationschance erhöht sich, wenn Erziehende und Lehrende in ihrer Weiterbildung sich nicht nur auf „Hochbegabung" fokussieren, sondern auch sozial und interkulturell sensibel sind oder es im Rahmen von Fortbildung auch werden. Um hochbegabte Kinder quasi „im Nebel" erkennen zu können, ist zum einen die Aufmerksamkeit auf weniger typische Früh-Zeichen für Hochbegabung zu

richten, wie Neugierde, erkundender Bewegungsdrang, Kommunikationswille, besondere Belastbarkeit, rasche Auffassungsgabe und herausforderndes Sozialverhalten und zum anderen die Auseinandersetzung mit den eigenen Verhaltens- und Bewertungsstereotypien erforderlich. Zu überlegen ist auch, ob es nicht günstig wäre, Methoden zur Protokollierung des Beobachteten zu nutzen, welche die Entdeckungsprozesse der Erziehenden und Lehrenden leichter unterstützen könnten. Deren Erkundungsverhalten gleicht hier einem sich wiederholenden und spiralförmigen Such- und Erkenntnisprozess: Jede Beobachtung und deren Interpretation bildet zugleich eine neue Hypothese für die nächste Beobachtung. So vertieft sich die Erkennung und zugleich Erkenntnis zu einem immer komplexeren und vielschichtigeren Verständnis. Notwendig sind dafür der Austausch und die Reflexion im professionellen Team und – bei Bedarf – auch mit einer interkulturell und begabungspsychologisch kompetenten Beraterin. Diese kann die Erziehende oder Lehrende darüber hinaus auch in der Entwicklung geeigneter Gesprächsführungsansätze bei anstehenden Gesprächen mit den Eltern unterstützen.
Aus Studien zur Wahrnehmungspsychologie sind Übertragungs- und Gegenübertragungsphänomene bekannt, die bewusst und unbewusst ablaufen, wenn man einer Person gegenübersteht und versucht, diese zu verstehen. Ins Bewusstsein sollte gelangen, dass die eigenen Bewertungen und Erwartungen zu einem hohen Grad durch eigene Erziehungserfahrungen und durch kulturelle und gesellschaftliche Normen beeinflusst sind. Die Suche nach den „ungehobenen Schätzen“, nach Begabungen bei Kindern, die bei dem Begriff „Hochbegabung“ nicht gleich ins Auge fallen, fordert die beteiligten Erziehenden und Lehrkräfte auf, die eigene Wahrnehmung zu hinterfragen und zu öffnen für das Unerwartete und Überraschende. Auf diese Weise wird auch diesen Kindern die An-Erkennung, Wertschätzung und Förderung zuteil, die sie benötigen.

2 Unser Kind verlangt viel mehr Zuwendung, als wir seelisch oft geben können und es ist auch ungemein hartnäckig. (*Belastungsthema*)

Die Eltern des 10-jährigen Mirko stellen sich in der Beratungsstelle vor, weil sie sich durch die Erziehung ihres Jungen sehr belastet fühlten. Es gäbe noch eine jüngere Schwester in der Familie, beide Eltern seien berufstätig und in dieser Tätigkeit auch sehr gefordert. Mirko würde überhaupt keine Rücksicht auf sie und seine Schwester nehmen. Immerzu wolle er wissen, warum es so und nicht auch anders gemacht werden müsste, wenn sie etwas vorgeben. Und wenn er dann endlich ins Handeln gekommen sei, würde er häufig auch dabei noch „herummosern" oder auch Abänderungen vorschlagen. Seine Vorschläge wären häufig ja auch wirklich gut und seine Fragen wiesen oft auch auf wirkliche soziale Ungerechtigkeit usw. hin. Sie staunten, wie tief er da auch in die Materie eindringe. „Aber ehrlich gesagt: es nervt uns ganz schön!"

Häufig wenden sich Eltern an die Erziehungsberatungsstelle mit Klagen, dass ihnen die Erziehung ihres hochbegabten Kindes viel, manchmal zu viel, abverlange. Es sei nicht nur die „Gier auf Neues" sondern auch das ständige Hinterfragen, das Diskutieren um jede Regel, das Aufspüren von Lücken in der elterlichen Argumentation usw. Selten sei das Kind einmal zufrieden oder gar dankbar. Da beide Eltern ja in der Regel nicht nur mit Erziehung sondern auch mit ihrer beruflichen Tätigkeit, mit der Erziehung weitere Geschwister oder auch mit anderen Engagements im sozialen Feld gut ausgelastet sind, kann dann – trotz vieler Geduld – irgendwann Überforderung erlebt werden. Dies generiert nicht selten Ärger auf das Kind, aber manchmal auch Ärger auf sich selbst, dem Kind nicht ausreichend gerecht werden zu können. Wird diese Belastung und der damit verbundene doppelte Ärger chronisch, kann dies in den Familien zu vielen weiteren Konflikten führen, nicht zuletzt auch zwischen dem Elternpaar selbst. Nicht zu bewältigende dauerhafte Überforderung bildet relativ häufig einen Hintergrund für Trennung und Scheidung. Erziehungsberatung wendet sich in diesem Fall rasch den familiären Ressourcen zu, Belastungen in ihrer Schwere, in ihrer Bedeutung und in ihrer

Häufigkeit zu hinterfragen und möglichst reduzieren zu helfen. Drei Aspekte rücken dabei in den Vordergrund: *erstens* ist mit den Eltern darauf zu schauen, wie sie rechtzeitig die Entwicklung von Belastung erkennen und schon frühzeitig vermeiden könnten. Beispielsweise schauen Erziehungsberaterinnen mit Eltern darauf, ob sie regelmäßig entlastende Unterstützung organisieren können wie z.B. eine wöchentliche Kinder-Betreuung durch die Großeltern. *Zweitens* erarbeiten und erproben Erziehungsberater mit den Eltern Notprogramme, die sie bei eskalierten Eltern-Kind-Konflikten rasch und effizient einsetzen können (Omer und van Schlippe 2013). *Drittens* – und dies wirkt eher längerfristig – werden die Eltern durch Erziehungsberatung angeregt, darüber nachzudenken, welche selbstregulatorischen Fähigkeiten ihres Kindes aktiviert werden müssten, damit dieses lernt, auch selbst aktiv Konflikte zu vermeiden oder wenigstens so zu modulieren, dass eine Eskalation durch dieses selbst verhindert werden kann. In diesem Fall ist die Einbeziehung des Kindes in den Beratungsprozess anzuraten, damit die Beraterin wirklich sehr konkrete auf die betreffende Familie zugeschnittene Lösungen entwickeln helfen kann. Bei überdurchschnittlich begabten Kindern lässt sich deren Intelligenz und soziale Sensitivität durchaus auch als Ressource im Beratungsprozess nutzen, spüren sie doch durch den aktiven Einbezug in das Suchen und Lösen von Problemen, wie wichtig sie nicht nur als das Ziel von Erziehung sondern auch als Mitwirkende sind. Allerdings sollte die Beraterin dabei darauf achten, dass die Eltern in ihrer Verantwortung, Präsenz und Autorität nicht depotenziert werden. Es hat sich als wirksam erwiesen, die eigenen entwicklungspsychologischen Kenntnisse über die Entwicklung von Moral und sozialer Kompetenz aufzufrischen, zumal es in diesen Themen in den letzten Jahrzehnten auch einen sehr großen Zuwachs an wissenschaftlichen Erkenntnissen durch die einschlägige Forschung gegeben hat (vgl. im Überblick z.B. Bischof-Köhler 2011).

3 Das Verhalten unseres Kindes ist für uns Eltern manchmal schwer nachzuvollziehen.
(Verstehen der kindlichen Psyche)

Manchmal sind Eltern sehr verunsichert, weil sich ihr Kind so „seltsam" verhält. Der 5-jährige Mario zeichnet beispielsweise immerzu technische Apparaturen, habe aber keine Lust, die von der Kitaerzieherin angeregte Herbstlandschaft zu malen. Der ebenfalls 5-jährige Marin interessiere sich intensiv für die Sterne und das Weltall, rechne auch allerlei, sei aber für alles, was die feinmotorische Entwicklung fördere (z. B. Basteln) nur sehr schwer zu motivieren.

Viele hochbegabte Kinder zeigen nicht nur ein Interesse an bestimmten mehr oder weniger nachvollziehbaren Themen sondern leben dieses Interesse praktisch mit höchster Intensität und Hartnäckigkeit. Sie „gehen geradezu darin auf". Diese starke intrinsische Motivation billigt man meistens Künstlern zu, die über ihrem Schaffen praktisch „die Zeit vergessen". Dies ist jedoch nicht nur für Künstler typisch sondern auch für viele Kinder gerade in der frühen Entwicklungsphase und für hochbegabte Kinder erst recht. Tatsächlich vergessen sie nicht die Zeit, sondern sie leben in der so genannte „Ereigniszeit" (Levine 1999). Diese kennt den Beginn und das Ende eines Werkes, ist für Kinder aber nicht messbar in Stunden oder Minuten. Sie interpretieren ihre Zeitvorstellung anders als die Eltern oder die Erzieherin, welche vielleicht zum wiederholten Mal das Kind auffordern, sein aktuelles Spiel zu beenden und zum Essen zu kommen. Häufig wird dieser Konflikt als Machtkonflikt fehlgedeutet, dabei ist es eigentlich ein Interessen- und Motivationskonflikt.

Die Erziehungsberaterin versucht, gemeinsam mit den Eltern, das ihnen manchmal thematisch oder motivational schwer Nachvollziehbare im kindlichen Verhalten herauszuarbeiten. Die Erinnerung an Erfahrungen aus der eigenen Kindheit kann dabei helfen, ein erweitertes Verständnis für das Kind und für dessen Besonderheit zu finden. Im Abschnitt zum „Perfektionismus" wurde bereits ausführlich dargestellt, wie wichtig es ist, das entwicklungsfördernde Streben nach Vollkommenheit (auch „funktionaler Perfektionismus" genannt) zu unterscheiden von einem dysfunktionalen Perfektionismus. Das hauptsächlich trennende Kriterium zwischen beiden Spielarten ist weniger das intrinsische Moment an sich sondern die Inhalte der Motive. Das Streben nach Vollkommenheit orientiert sich am Werk selbst. Die Gedanken des Kindes sind auf dessen Vervollkommnung fokussiert: es soll schöner, funktionaler, passender werden und vor dem geistigen Auge des Kindes ist bereits das fertige (vollkommene) Werk entstanden, allein die eigene Feinmotorik oder die nicht „mitspielenden" Farben des Malkastens verhindern die akkurate Fertigstellung. Anders dagegen sieht es beim dysfunktional perfektionistisch motivierten Kind aus: Dieses orientiert sich häufig an einem Anspruchsniveau, das andere Kinder oder Erwachsene gesetzt haben und das Ziel besteht weniger darin, ein schönes Produkt „an sich" herzustellen, sondern darin, besser zu sein als der Mitschüler oder die Erwartungen des Lehrenden zu übertreffen usw. Daher wird es sehr wichtig sein, dass die Beraterin gemeinsam mit den Eltern und dem Kind die tiefere Motivstruktur seines Handelns, seiner Handlungsintensität und seiner Variabilität erkundet. Damit wird dann auch die Weiche zum nächsten Beratungsziel gestellt. Setzt sich das Kind beispielsweise stark unter Druck, den Eltern mit einer sehr hohen Anforderungserwartung gerecht zu werden – Joan Freeman (2001, 2010) beschrieb einige solcher Schicksale – dann wird sicherlich die Bearbeitung dieser elterlichen Erziehungsmotive den weiteren Beratungsweg bestimmen. Hierbei könnte die Auseinandersetzung mit den weiter oben beschriebenen Entwicklungszielen, nämlich (1) Wohlergehen, (2) Handlungsfähigkeit und Performanz, (3) Liebes- und Beziehungsfähigkeit sowie (4) Mitgestaltung(swille) und mit deren Bedeutung in dieser konkreten Familie eine wichtige Unterstützung für die Beraterin bilden. Häufig gerieten bei diesen Eltern, die einen hohen bzw. sogar zu hohen Leistungsanspruch definieren, die Entwicklungsziele Wohlergehen, Liebes- und Beziehungsfähigkeit sowie Mitgestaltung aus deren „Erziehungsblick".

Zeigt sich jedoch, dass das hochbegabte Kind in seinem Denken, Fühlen und Handeln eher durch die Lust und Freude, etwas Vollkommenes schaffen zu wollen, geleitet wird, dann sollte es in der Beratung vermutlich stärker darum gehen, erstens die Akzeptanz und

Wertschätzung der Eltern für einen solchen „Schaffensprozess" zu vergrößern und zweitens zu besprechen, in welchen Situationen dies für das Kind aber auch konflikthaltiges Potenzial in sich bergen könnte. Letzteres soll durch ein Beispiel illustriert werden:

Die 5-jährige Feline spielte in der Kita gern lang und sehr intensiv soziale Rollenspiele. Sie war äußerst kreativ dabei, sich ein Drehbuch auszudenken, instruierte ihre Mitspielerinnen über deren Rollen exakt bis ins kleinste Detail und legte großen Wert auf die entsprechende Ausstattung und Einrichtung. Zunächst tolerierten die Kinder ihrer Gruppe sie auch, nahmen ihre Instruktionen und Bühnenausstattung ohne Widerspruch gern an, erlebten sie dies doch auch als Bereicherung. Zunehmend jedoch wuchs Widerstand, denn die Mitspielenden erfuhren Feline als dominant und autoritär. Wenn sie eigene Ideen einbringen wollten, wischte Feline diese beiseite, nicht selten sogar mit besseren Argumenten. Nach einigen Wochen aber stand sie schließlich mit ihren wundervollen Spielideen allein in der Gruppe, war sehr enttäuscht und verärgert.

Gelingt es nun, im Beratungsprozess mit den Eltern eine größere Akzeptanz zu erreichen, zieht dies auch eine größere und umfassendere Wertschätzung des Kindes und seines Tuns durch die Eltern nach sich. Vertiefte Einfühlung, erweiterte Akzeptanz und letztlich auch ein umfassenderes, differenziertes und dynamischeres Selbstverständnis der Eltern für sich und für ihre auch eigenen „Seltsamkeiten" bilden die Basics gelingender Kommunikation und einer befriedigenden Beziehungserfahrung. Die Beratung hilft darüber hinaus den Eltern, das für sie neu Erfahrene auch möglichst kindgemäß zu kommunizieren. Dies wiederum zeigt dem Kind, dass es wertgeschätzt wird und hilft ihm, sich in seinen Bedürfnissen zu verstehen und dies auch auszudrücken. Letztlich bildet dieses umfassendere Nachvollziehen-Können auch den Hintergrund dafür, dass das Kind die mit seinem Handeln auch verbundenen Konflikte und Dynamiken, so wie sie gerade bei Feline beschrieben worden sind, auch innerlich zulassen, verstehen und kommunizieren kann.

Die aus Sicht der anderen „exzessive" Beschäftigung mit einem einzelnen Gebiet, wie zum Beispiel Zahlen oder der Geschichte des alten Ägyptens, löst bei vielen Eltern Sorgen hinsichtlich der ungleichmäßigen Entwicklung ihres Kindes in anderen Bereichen aus. Vielfach äußern sie Bedenken, dass es dem Kind schwer fallen könnte, eigene soziale Kontakte aufzubauen und aufrecht zu erhalten. In solch einem Fall ist es wichtig, die Sorgen und Phantasien der Eltern aufzugreifen. Damit spielen sie häufig auf die w. o. bereits explizierte *Divergenzhypothese* an, der zufolge für Hochbegabte unterschiedliche Entwicklungsgeschwindigkeiten bzgl. verschiedener psychischer Aspekte (Emotion, Kognition, Verhalten) typisch seien. Diese Hypothese gilt inzwischen als widerlegt. Fachlich kann sich die Beraterin die *bedingte Normalitätsthese* als gegenwärtigen Stand der Wissenschaft zueigen machen, der zufolge die sozioemotionale Entwicklung Hochbegabter der von Gleichaltrigen entspreche. Allerdings gebe es bestimmte Risikofaktoren, die spezifisch bei Hochbegabten zu psychosozialen Anpassungsproblemen führen können. Erwartungen anderer, spezifische Familiendynamiken, Stereotypisierung und Labeling seien die wichtigsten dieser Risikofaktoren. Es wäre daher wünschenswert, im Rahmen der Elternberatung, diese Risiken zu explorieren, weiter auf sie im Beratungsprozess einzugehen sowie deren Rolle in möglichen Risikokonstellationen herauszuarbeiten.

Die Suche nach Möglichkeiten, die es dem Kind erlauben, einerseits seine Begabung zu entfalten und auch selbst wertzuschätzen und andererseits zugleich die Herausforderungen zu identifizieren und zu besprechen, wie es mit anderen Kindern z.B. zusammen arbeiten könnte oder wie es sich mit diesen auseinandersetzen sollte, ohne dass es zu schwer wiegenden Beziehungsabbrüchen käme, kann in solchen Fällen wie bei Feline ein gangbarer Weg sein.

4 Unser Kind hinterfragt viel mehr als seine Geschwister unsere Erziehung, wir wissen oft gar nicht mehr weiter.
(*Erziehungs- und Beziehungsfragen*)

Der 11-jährige Anton, ältester Bruder von insgesamt vier Geschwistern, wird von seinen Eltern vorgestellt, weil er einerseits in der Schule oft darüber klage, nicht herausgefordert zu werden und weil er andererseits zu Hause die

Eltern häufig provoziere mit vielen Wutanfällen, viel Diskutieren und nicht selten von ihm ausgehendem Geschwisterstreit.

Tatsächlich vergleichen sich Kinder sehr früh mit anderen Kindern, mit ihren Geschwistern natürlich sowieso. Einige hochbegabte Kinder entwickeln sehr früh und sehr differenziert die Fähigkeit, sich vorzustellen, was der andere Mensch denken und fühlen könnte („theory of mind" – z.B. Bischof-Köhler 2011). Dies bildet – neben der Entwicklung von Empathie und einigen anderen psychologisch bedeutsamen Aspekten – die Grundlage für sozial auskömmliches Verhalten und ist daher an sich eine wunderbare Gabe. Allerdings wird sie zum Problem, wenn das Kind sie nicht nur prosozial einsetzt sondern sie benutzt, um zunehmend eigene Zwecke zu verfolgen oder mit deren Hilfe von eigenen Sorgen und Nöten durch Konfliktverschiebung abzulenken. Bischof-Köhler (2011, S. 275f) benennt als die Schattenseiten entstehender emotionaler und kognitiver Perspektivenübernahme die mögliche Herausbildung von

- Schadenfreude: Koppelung von Empathie mit aggressiven Impulsen
- Schädigungsaggression mit dem Sonderfall der moralischen Entrüstung und Rache
- Sadismus
- Sensationslust
- Neid und Missgunst.

Hochbegabte Kinder mit Entwicklungsvorsprüngen in der emotionalen und kognitiven Perspektivenübernahme können nun auch ihr Potenzial dazu nutzen, diese sozial problematischen und meistens unerwünschten Einstellungen und Verhaltensweisen zu vervollkommnen und auf überlegene Art und Weise einsetzen. Dies ist zwar nicht häufiger als bei kognitiv durchschnittlich begabten Kindern der Fall; jedoch werden in Beratungseinrichtungen natürlich eher die auffälligen Kinder vorgestellt. Tatsächlich bedeutete Anton mit seinem schwierigen Verhalten für seine Eltern und seine Geschwister eine starke Herausforderung. Insbesondere zeigten sich die Eltern erschöpft und ratlos durch das „ewige Diskutieren". Solche Diskussionen führen die Eltern oft in Fallen, aus denen sie nur schwer oder gar nicht mehr herausfinden. Denn die scheinbar entdeckte Gerechtigkeitslücke oder die nachgewiesene Inkonsequenz, die das Kind seinen Eltern gerade zum wiederholten Mal „vor die Nase hält", kennen sie meistens ja auch selbst.

Erziehungsberatung versucht in diesen Fällen auf verschiedenen Wegen, Eltern und Kind in eine spannungsärmere Beziehung zu begleiten. Die Entdeckung von verschiedenen Methoden, Diskussionen „leichter" zu führen (Humor, Übertreibung), die Erprobung paradoxer Methoden („Symptomverschreibung") oder aber die Arbeit mit Metaphern erleben Eltern oftmals als hilfreich. Ferner erweist es sich manchmal als sinnvoll, Diskussionszeiten und einen Familienrat zu installieren, die dann einen abgegrenzten Raum bieten, in den „lästige" Diskussionen hinein verlagert werden können, ohne dass man sie vollständig unterdrückt. Ritualisierte Diskussionszeiten in der Familie kommen gerade hochbegabten Kindern sehr entgegen, weil sie erleben, dass sie sehr ernst genommen werden in ihrem Klärungsbedürfnis, dass der Entdeckung von Rationalität im Handeln Raum gegeben wird und dass impulsives affektiv stark aufgeladenes Verhalten selten zu Lösungen führt.

In den letzten Jahren entstanden neue Angebote für sozial und philosophisch interessierte Kinder. In diesen Clubs oder Workshops finden sie genügend Raum, um über die großen und kleinen Lebensthemen mit anderen Kindern und mit geschulten Moderatoren ins Gespräch zu kommen. Vielleicht könnten in den kommenden Jahren diese Angebote auch Vorschulkindern zur Verfügung stehen. Es erleichtert sicherlich diese oder jene Familiendiskussion, wenn die Eltern ihr Kind auf die ausführlichere Diskursmöglichkeit im Club junger Kita-Philosophen verweisen könnten. Kristina Calvert und der Nestor des Philosophierens mit Kindern, Garry Matthews, publizierten dazu eine Vielzahl an spannenden und wundervoll illustrierten Büchern und Materialien (z. B. Calvert und Matthews 2008).

Ein weiterer Aspekt dieses Themas berührt ein nicht nur für hochbegabte Kinder typisches Thema: Das Sich-selbst-mit-anderen-Vergleichen. Hector, auf der Suche nach immer währenden Regeln, das Glück zu definieren, findet ziemlich rasch heraus, dass Vergleichen zu einem der effizientesten Glückskiller werden kann (Lelord 2008). Tatsächlich geht es in der Erziehung doch darum, dass Eltern ihre Kinder möglichst so annehmen, wie sie sind. Denn diese Formen von Respekt und Akzeptanz ermöglichen es jedem Kind, sich als der- oder diejenige anzunehmen, der oder die man ist. Gelingt dies, dann baut sich das eigene Selbstkonzept auf einem positiven Selbstbild auf, welches sich immer weniger durch den Vergleich mit anderen stabilisiert, sondern sich durch eine immer offenere Wahrnehmung, Toleranz oder auch selbstkritische Reflexion für eigene Erlebnisse anreichert und stabilisiert. Insofern hilft die Erziehungsberaterin den Eltern und ihrem hochbegabten Kind, sich in all seinen Eigenschaften zu akzeptieren und wert zu schätzen, so dass letztlich der Vergleich mit anderen immer unwichtiger für das eigene Selbstwerterleben und für den Aufbau eines gesunden positiven Selbstkonzeptes wird.

Dies alles half Anton, einen häuslichen Rahmen zu schaffen, in dem er sich wohler, weniger zum Diskutieren herausgefordert und zugleich auf neue Weise wertgeschätzt fühlte. Es machte den Weg frei, um das erste Anmeldethema, nämlich das der schulischen Unterforderung näher zu betrachten.

5 Unser Kind scheint in der Schule häufig unterfordert zu sein. Es langweilt sich und zeigt zunehmend schwieriges Verhalten gegenüber Mitschülern und Lehrkräften.
(lehr- und lernbezogenes Thema)

Es wird geraten, bei allen Schul- und Leistungsproblemen (nicht nur im Zusammenhang mit dem Thema Hochbegabung) eine fundierte psychologische Diagnostik der kognitiven und nicht-kognitiven Faktoren durchzuführen. Wie sonst ließe sich eine kindzentrierte Beratung aufbauen, wenn man nicht exakt um dessen kognitive und nicht-kognitive Ressourcen und Defizite weiß. Aus diesem Grunde sollten Erziehungsberatungsstellen auch über einen hinreichenden Fundus an psychologischen Testverfahren verfügen, die sowohl ein Screening als auch eine vertiefende Diagnostik gestatten. Selbstverständlich wäre im Netz der anderen Beratungsinstitutionen zu klären, welche Aufgaben sich auch in Kooperation mit anderen erledigen lassen.

Im Fall von Anton, der alle von Wittmann und Holling (2001, S.111 f) gelisteten Anzeichen von *Unterforderung* zeigte, nämlich Abschalten vom Unterricht, Stören des Unterrichts in einigen Fächern und dem zunehmenden Verbergen eigener Fähigkeiten ging es – nach zuvor psychodiagnostisch festgestellter kognitiver Hochbegabung (nach dem WISC IV: Gesamt-IQ = 134 bei relativ harmonischem Profil der vier Einzelindizes) – darum, die Idee des Überspringens einer Klasse zu verfolgen. Gemeinsam mit den Eltern, Anton und den ihn unterrichtenden Lehrkräften wurde mit Hilfe des „Leitfadens zum Überspringen" (ebd.) (vgl. auch die Downloadmaterialien zum Buch auf www.beltz.de) erkundet, dass das Überspringen für Anton tatsächlich eine erfolgversprechende Option sein könnte. Der für die Schule zuständige schulpsychologische Dienst übernahm sodann die fachliche Begleitung dieses Prozesses innerhalb der Schule. Parallel fanden noch einige Beratungsgespräche mit der Familie und mit Anton allein in der Erziehungsberatungsstelle statt, bei denen die familiäre Stützung dieses nicht leichten Schrittes sowie Antons Erleben der schulischen und familiären Veränderungsprozesse reflektiert wurde.

Nicht selten spielt – obwohl dies eher in den Kontext der schulpsychologischen Beratung gehört – die Anfrage nach Hilfen zum *Underachievement* eine Rolle. Aus Sicht der Erziehungsberatung sollte hier sehr rasch der Kontakt zum Schulpsychologischen Dienst sowie zur betreffenden Schule gesucht werden, wenn zuvor abgeklärt worden ist, dass die schulischen erwartungswidrigen Minderleistungen nicht ausschließlich auf familiäre oder ausschließlich dem Kind zuzurechnende Faktoren und Ereignisse zurückzuführen sind. Falls es nicht möglich ist, die kooperative Unterstützung des fachlich vermutlich versierteren Schulpsychologischen Dienstes zu aktivieren, wird nun beschrieben, was auch Sicht der Erziehungsberatung (orientiert an Wittmann und Holling 2001, S. 120ff) unterstützend getan werden könnte. Der Beratungsprozess gliedert sich den Autoren zufolge in drei Phasen, die dann konkretisiert werden:

a) Erkennen
   - Leistungsbereich (hohe kognitive Kompetenz, Leistungsstörungen, Probleme im Lern- und Arbeitsverhalten, geringes Interesse an schulischen Aktivitäten bzw. Anstrengungsvermeidung, evtl. Schulangst)
   - personale nicht-kognitive Faktoren (geringe emotionale Stabilität, mangelndes Selbstvertrauen)
   - soziale Faktoren (Einzelgänger, grenzüberschreitendes Verhalten, Rückzugsverhalten)
   - familiär vertretene Entwicklungsziele

b) Verstehen
   - geringe Orientierung der Familie an den Bedürfnissen des Kindes (z. B. wenig lernförderliches Klima oder starke soziälökonomische Belastung)
   - Mangel an schulischer Förderung
   - kritische Lebensereignisse
   - Teilleistungsstörungen z. B. LRS
   - sozialer Anpassungsdruck (Familie, Peers)
   - Selbststeuerungsprobleme insbesondere unzureichende Lern- und Arbeitsstrategien oder –techniken
   - Teufelskreisdynamiken insbesondere bei Selbstkonzeptproblemen

c) Helfen
   - individuelle Beratung und ggf. Psychotherapie des Kindes bei Problemen der Selbstkonzeptualisierung mit begleitender Eltern- und Schulberatung
   - Familienorientierte Beratung im Fall geringer familiärer Unterstützung des Kindes
   - Beratung von weiteren Bezugspersonen insbesondere Lehrende oder Erziehende

- Erwerb von Lern- und Arbeitstechniken zur Verbesserung der Selbststeuerungskompetenz,
- Lerntherapie bei ausgewiesenen Teilleistungsproblemen
- Förderung des kognitiven Potentials

Um die Phasen der Erkennung und des Verstehens systematisch durchführen zu können, ist es hilfreich, über ein Modell personaler Entwicklung bzw. Entwicklungsstörung zu verfügen. In den vorausgegangenen Abschnitten wurden Vorschläge dargestellt, wie dies aussehen könnte (ausführlich: Jacob 2015). Deshalb soll es hier nicht wiederholt werden. Rohrmann und Rohrmann (2010, S. 108 ff) beschreiben sehr differenziert verschiedene Fallkonstellationen des Underachievements und die entsprechend adaptierten Interventionsmöglichkeiten. Besonders erhellend ist dabei der Verzicht auf einfaktorielle und statische Erklärungsmuster zugunsten eines mehrfaktoriellen und dynamischen Fallverstehens. Ebenfalls hilfreich ist die von dem Autorenpaar vertretene Schärfung des Blicks, dass Underachiever nicht ausschließlich an Gymnasien zu finden seien. Kinder werden nicht unbedingt als Minderleister erkannt, wenn niemand in ihrem Umfeld bspw. milieubedingt höhere Erwartungen an sie stellt. Die Beraterin sollte also bei Äußerungen über das kognitive Leistungsvermögen eines vorgestellten Kindes sich zuallererst eine eigene Meinung bilden; nicht zuletzt dadurch, dass sie lieber einmal mehr als weniger einen Leistungstest einsetzt, der vielleicht zunächst nur dem Screening dient.

Das dreistufige Vorgehen lässt sich auch auf andere schulbezogene Themen übertragen, die nicht unbedingt mit Aspekten der kognitiven Hochbegabung zusammenhängen.

6 Unser Kind kommt in der Kita bzw. Schule mit den anderen Kindern schlecht zurande.
(extrafamiliäres Beziehungsthema)

Es gibt viele Gründe dafür, dass ein hochbegabtes Kind in seiner Gruppe Spannungen und Konflikte erlebt. Die Erziehungsberaterin wird bestrebt sein, mit allen Beteiligten und möglichst vor Ort zu untersuchen, welche Eskalationen konkret stattfinden und welche deeskalierenden Möglichkeiten den Beteiligten zur Verfügung stehen. Die Palette reicht hier von eher aufklärend-edukativen bis zu supervisorischen Interventionen. Wichtig erscheint jedoch stets, dass alle Beteiligten zu einer Kooperation finden, die nicht nach Schuld fragt sondern nach Lösungen sucht, damit sich jeder in der Gruppe wieder wohler fühlen und zugleich seine Besonderheit leben kann.

Der bereits erwähnte Knut stellte sich zwei Jahre später erneut in der Erziehungsberatungsstelle vor. Er berichtete, dass er ein fast einjähriges Martyrium des Mobbens und Bullyings hinter sich habe, da sich einige stärkere Jungen ihn als „schrägen Vogel" ausgesucht hätten, denn „welcher normale Junge würde sich schon für die alten Pharaonen interessieren!". In seiner Verzweiflung inszenierte er einen demonstrativen Suizidversuch vor der gesamten Klasse. Erst damit – und insbesondere durch die daraufhin sofort einsetzende feinfühlige Behandlung dieses Themas mit der ganzen Klasse durch Beraterinnen des Schulpsychologischen Dienstes – wurde erreicht, dass man ihn endlich respektierte und in seiner Besonderheit auch akzeptierte. Die individuell psychologische Aufarbeitung dieses Schreckensjahres für Knut fand dann in einer durch die Erziehungsberatungsstelle organisierten Kinderpsychotherapie statt, da dieses Leistungsangebot in Berlin im Regelfall leider nicht mehr durch Erziehungsberatungsstellen unterbreitet wird.

7 In der Kita bzw. Schule erhält unser Kind viel Unterstützung und Förderung, aber über Möglichkeiten zur Freizeitgestaltung sind wir wenig informiert.
(*Förderung spezifischer Unterstützung und Vermittlung*)

Diese Fragestellung verweist auf informierende Beratung. Im Mittelpunkt steht hier, dass die Beraterin ihre möglichst umfassenden Kenntnisse über spezifische Förder- und Unterstützungsmöglichkeiten an die Eltern weitergeben kann. Voraussetzung ist natürlich, dass die Beraterin über eben solche Expertise verfügt. Der Aufbau, die Pflege von und der sachgerechte Umgang mit möglichst umfassenden und präzisen Datenbanken sollten zum Arbeitsrepertoire einer soliden Erziehungsberatungsstelle gehören. Hierfür muss jedoch auch der nicht unerhebliche Zeitaufwand, den dies bedeutet, als notwendige Arbeitszeit kalkuliert werden. Auch der gelegentliche Besuch entsprechender Einrichtungen und Vereine ist ausgesprochen hilfreich, weil dies häufig auch die Schaffung persönlicher Kontakte befördert. Diese sind insbesondere dann hilfreich, wenn man im Vorfeld einer Beratung erkunden möchte, ob eine Verweisung im konkreten Fall sinnvoll wäre.

Beratung im Themenfeld der Hochbegabung: einige methodische Anmerkungen

Wendet man sich der Frage zu, ob es unter methodischer Sicht besondere Aspekte der Gestaltung des Beratungsprozesses im Themenfeld der Hochbegabung gibt, dann fällt die Antwort zunächst ablehnend aus: Grundsätzlich unterscheiden sich die Beratungsprozesse bei Familien mit hochbegabten Kindern nicht von anderen Beratungsprozessen in der Erziehungsberatung. Im Detail betrachtet lassen sich jedoch einige Aspekte identifizieren, die in diesem Themenfeld entweder häufiger oder intensiver vorkommen.

- Häufiger als sonst üblich ist Leistungs- insbesondere Intelligenzdiagnostik einzusetzen.
- Die Diagnostik nicht-kognitiver Personmerkmale sollte ebenfalls zum diagnostischen Standard gezählt werden.
- Hierfür ist die Erarbeitung eines Entwicklungsmodells der Person erforderlich, um die Methodik und die eingesetzten diagnostischen Verfahren aus dem Modell heraus begründen zu können.
- Häufiger als bei einigen anderen Beratungsprozessen wird ferner ein psychodiagnostischer Befund zu verfassen sein. Deshalb wäre es hilfreich, ein Befundmuster in der Einrichtung zu erarbeiten. Ein Vorschlag findet sich im Downloadmaterial zum Buch.
- Hilfreich ist ferner, schriftliche Muster zur Auswertung von

gängigen Testverfahren zu entwickeln, wenn man nicht auf die computerbasierten Auswertungsberichte zurückgreifen möchte oder kann.

- Aufgrund nicht selten vorgetragener Schulleistungsprobleme ist es relativ häufig erforderlich, engmaschige Kooperations- und Verweisungsstrukturen in der Region aufzubauen und zu unterhalten. Hierzu gehört nicht nur das Vorhalten einer stets aktuellen Datenbank mit Adressen sondern vor allem auch der persönliche Umgang in einem Versorgungsnetzwerk mit den entsprechenden Ansprechpartnern. Diese Qualitätszirkel haben sich sehr bewährt, da doch in diesen nicht nur Verweisprobleme sondern auch Standards der Diagnostik, Beratung und Förderung verabredet werden können.
- Ebenfalls häufig werden Fragen nach außerschulischer Förderung thematisiert. Auch für diesen Zweck ist die verlässliche Kooperation mit Anbietern sehr hilfreich.
- Viele Familien mit hochbegabten Kindern sind oft sehr engagiert und wissbegierig. Dies sollte als Ressource verstanden werden und weniger als Besserwisserei und Bevormundung. Doch auch bei einer positiven Konnotation dieser Aufklärungs- und Mitsprachewünsche ist es für die Beratenden sinnvoll, sich selbst auf einem möglichst aktuellen Wissensniveau zu bewegen, um tatsächlich auch fachlich kundig zu sein. So ist es beispielsweise – trotz sicherlich meistens schmaler finanzieller Budgets – wichtig, nur Testverfahren einzusetzen, deren Normierung nicht älter als 10 Jahre zurückliegt.
- Ein großer Vorteil der Beratung von hochbegabten Kindern besteht darin, diese in ihren eigenen Problemlösungsprozess häufig besser miteinbeziehen zu können als dies bei normal begabten Kindern und Jugendlichen in der Regel der Fall ist. Beispielsweise hat es sich als vorteilhaft erwiesen, den Beratungsprozess selbst mit dem Kind zu reflektieren und hierfür auch geeignete Methoden, wie z. B. ein Projekt- oder Beobachtungstagebuch, einzusetzen. Zu diesem Aspekt gehört auch der Hinweis, dass hochbegabte Kinder häufig auch sprachlich sehr differenziert entwickelt sind. Dies kann man gut nutzen, indem man z.B. „Als-ob-Denkfiguren“ entfaltet: „Was würdest du

antworten, wenn dir jemand folgende Frage stellte? ...". Auch zirkuläre Fragen, die dem Kind helfen, Sichtweisen Dritter zu ergründen, sind bei vielen hochbegabten Kindern sehr beliebt.

- Dass diese häufig sehr gut entwickelte Fähigkeit zur Perspektivenübernahme nicht nur von Vorteil ist, belegt folgendes Beispiel: Der 11-jährige Lukas sollte mit dem Berater den Satzergänzungstest bearbeiten. Nach ca. einem Drittel der Items erschienen Lukas' Antworten dem Berater immer skurriler. Daraufhin angesprochen, antwortete Lukas auf die Frage, was dies denn für Satzergänzungen seien: Er stelle sich gerade vor, wie ein mittelalterlicher Psychologe (er meinte den Berater) wohl als Kind auf solche Satzanfänge geantwortet hätte. Die methodische Herausforderung besteht in diesem und in ähnlichen Fällen demzufolge darin, die recht raffinierte Abwehr zu erkennen, zu entschlüsseln und danach zurück zu einem Arbeitsbündnis zu finden.
- Ein Vorteil bei der Beratung kognitiv hochbegabter Kinder und Jugendlicher besteht ferner darin, feinsinnigen Humor doch häufiger einsetzen zu können als bei weniger begabten Kindern. Viele hochbegabte Kinder haben Freude an Sprachwitz und an Situationskomik, was die Herstellung oder Vertiefung von Vertrauen und Warmherzigkeit erheblich befördert.
- Das oft recht große Interesse hochbegabter Kinder und Jugendlicher am Beratungsprozess selbst lässt sich ebenfalls nutzen, um durch metareflexive Angebote die Bearbeitung der Konfliktthemen auch zu entkrampfen. Beispielsweise hilft manchmal die Frage: Was hättest du an meiner Stelle dem Kind geantwortet, dass ... berichtet/gefragt/sich beschwert ... hat? Die Beraterin sollte dies jedoch nur dann tun, wenn sie auch mit auf diese Weise versteckten kritischen Botschaften umzugehen vermag. Außerdem läuft die Beraterin in einem solchen Fall auch leicht Gefahr, den emotionalen Gehalt in der thematischen Bearbeitung durch Rationalisierung zu entschärfen, was nicht immer zielführend sein dürfte.
- Sehr gute Erfahrungen mit dem Einbezug der gesamten Familie in den Beratungsprozess sind ebenfalls erwähnenswert. Häufig geraten Geschwister aus dem Blickfeld, wenn sich zu

viel Energie auf das Thema der Hochbegabung fokussiert. Es wird in solchen Fällen nicht selten von allen Beteiligten erleichternd empfunden, wenn sich durch Beratung eine neue systemische und bewegliche Balance einstellt, die es jedem Familienmitglied ermöglicht, wieder gleichberechtigt wahrgenommen und akzeptiert zu werden. Das unten folgende Fallbeispiel erläutert dies anschaulich.

Immer wieder wird der Erziehungsberaterin bei der Beschäftigung mit diesem Thema deutlich, dass es keine hochbegabungstypischen Beratungsanliegen oder gar Pathologien gibt. Wohl aber formt und färbt Hochbegabung die Herausbildung von Schwierigkeiten. Nur eine intensive – von Wertschätzung, Akzeptanz und Empathie getragene – Auseinandersetzung mit den strukturellen, dynamischen und konflikthaften Aspekten von Hochbegabung versetzt die Beraterin in die Lage, entwicklungsbeeinträchtigende Situationen oder Symptome zu entdecken und mit den Betroffenen und Beteiligten gemeinsam Strategien eines entwicklungsförderlichen Umgangs zu entwickeln und zu erlernen. In diesem Sinne besteht der Beratungsauftrag – eigentlich vergleichbar allen anderen Aufträgen in der Erziehungsberatung – nun darin, die je individuelle psychische und kontextuelle Situation zu verstehen, zu beschreiben und Veränderungsprozesse hin zu einer gelingenden Entwicklung, zu weniger Leid und zu mehr Zufriedenheit anzuregen, zu erproben und zu begleiten.

Anstelle einer Zusammenfassung: eine Fallvignette[16]

Das Ehepaar K. kommt mit seinem 15-jährigen Sohn Ludwig zur Beratung. Ludwig hat die vierte Grundschulklasse übersprungen und besucht aktuell die achte Klasse eines Regel-Gymnasiums. Seit einem dreiviertel Jahr klagt er massiv über Langeweile. Vor dem

16 Dieses leicht überarbeitete Fallbeispiel wurde erstveröffentlicht in: Arnold, Jacob und Großgasteiger (2012)

Überspringen führte die zuständige Schulpsychologin einen Intelligenztest durch, in dem er ein weit überdurchschnittliches Resultat erzielte.

Schon im ersten Beratungsgespräch wird deutlich, dass Ludwigs Schulsituation erheblichen Einfluss auf das Familienleben hat. Beide Eltern berichten übereinstimmend, dass es an Schultagen schnell zu Konflikten mit ihrem Sohn komme, wobei sie den Eindruck hätten, dass dieser den schulischen Frust zu Hause „ablade". Eher am Rand wird Ludwigs zwei Jahre jüngere Schwester Eva erwähnt. Diese besucht die fünfte Klasse eines musischen Gymnasiums und kommt dort insgesamt gut zurecht. Frau K. merkt an dieser Stelle an, dass sie manchmal ein schlechtes Gewissen habe, weil es in den letzten Monaten zu Hause meist um Ludwig gegangen sei und Eva „meist so mitgelaufen ist".

Bei der Klärung der Beratungsanliegen benennen Frau und Herr K. ihre Hoffnung, dass sich das Familienleben wieder entspannen werde, wenn Ludwig „sich nicht mehr so arg langweilt". Ludwig wirkt in dieser Gesprächssequenz eher unbeteiligt. Auf Nachfrage wird deutlich, dass er bisher keine eigenen Ideen zur Lösung der Situation hat. Er wirkt zum ersten Mal interessiert und aktiv, als er auf die Frage, was für ihn anders wäre, wenn er sich nicht mehr so sehr langweilen würde, anfängt, intensiv nachzudenken und nach einigen Momenten antwortet: „Ich wäre zufriedener und würde nicht mehr so viel herummotzen." Der bisher sehr selbstbewusste Jugendliche wirkt an dieser Stelle plötzlich unsicher. Und ohne weitere Nachfragen fängt es an, aus ihm herauszusprudeln: „Ich fühle mich oft wie zerrissen. Seitdem ich dieses blöde Etikett ‚hochbegabt' habe, meinen alle, irgendwelche Erwartungen an mich stellen zu dürfen. Ein Zweier in einer Schulaufgabe reicht dann nicht mehr, weil ich ja mehr leisten könnte. Manchmal würde ich gerne mit Eva tauschen, die wird von allen in Ruhe gelassen." Seine Eltern schweigen nach diesem Gefühlsausbruch ihres Sohnes betroffen. Nach dieser kurzen Sequenz hat sich der Schwerpunkt des Beratungsgesprächs fundamental verschoben und richtet sich auf die Dynamiken innerhalb der Familie.

Wie in jedem Beratungskontakt steht auch in der Beratung von Familien mit hochbegabten Kindern eine Klärung der konkreten

Beratungsanliegen an erster Stelle. Hierbei könnte es sich als hilfreich erweisen, eine Kategorisierung in bestimmte Themenfelder vorzunehmen. Im Fall der Familie K. wurde deutlich, dass sich hinter dem Anliegen „Umgang mit Langeweile“ eine breitere Themenpalette auffächerte. Wir sahen einerseits die Frage nach einer angemessenen Förderung von Ludwig, die ihrerseits jedoch eng verzahnt war mit der Frage nach seiner Stellung im Familiensystem sowie den Interaktionen innerhalb der Familie.

Je nach Kenntnisstand der fallführenden Fachkraft kann sich an dieser Stelle die Notwendigkeit ergeben, eine Kategorisierung der Themen, die innerhalb der Erziehungsberatungsstelle bearbeitet werden können und solchen, die extern zu klären sind, vorzunehmen. Um zu vermeiden, dass es hierbei zu beraterischen Beziehungsabbrüchen kommt, erweist es sich als hilfreich, wenn vorab ein Netzwerk aufgebaut wird, welches es ermöglicht, auch komplexere Anfragen an einer Stelle klären zu können (beispielsweise dadurch, dass zu bestimmten Fragen externe Kolleginnen oder Kollegen hinzugezogen werden).

Bei der Beratung der Familie K. konnten die Fragestellungen allerdings ohne die Hinzuziehung externer Fachkräfte bearbeitet werden. In der zweiten und dritten Sitzung ging es um die Frage, welche Rolle die Hochbegabung des Sohnes für die übrigen Familienmitglieder spielte. Dazu wurde auch Ludwigs Schwester Eva eingeladen. Diese machte dann ihre eigene, sehr von den bisherigen abweichende Sichtweise deutlich. Herr K. empfand durch die hohe Begabung von Ludwig eine deutliche Nähe zu seinem Sohn, was nach seiner Einschätzung auch damit zusammenhing, dass er Parallelen zu seiner eigenen Lebensgeschichte sah. Im Unterschied zu Ludwig seien seine Fähigkeiten jedoch von seinen Eltern nur bedingt wahrgenommen worden, sodass er sich den Weg zu Abitur und Studium hart habe erkämpfen müssen. Diese Hürden wollte er seinem Sohn aus dem Weg räumen. Frau K. ihrerseits empfand angesichts der Fähigkeiten von Ludwig vor allem Druck aus dem Verwandten- und Bekanntenkreis. Ihre größte Sorge ging sinngemäß dahin, dass sie in späteren Jahren eingestehen müsste, zu wenig für dessen Förderung getan zu haben. Bis zu diesem Zeitpunkt spielte Eva nur eine randständige Rolle im Gesprächsverlauf. Von der Beraterin wurde daher die Hypothese gebildet, dass die Eltern von einem niedrigeren Begabungsniveau ihrer Tochter ausgingen. Diese Annahme konnte jedoch nicht bestätigt werden.

Es zeigte sich vielmehr, dass diese Frage bisher zwischen den Eltern nicht thematisiert wurde. Für Eva selbst wirkte es befreiend, dass sie ihre Wahrnehmung ebenfalls äußern konnte. In diesen Beschreibungen wurde eine deutliche Ambivalenz sichtbar. Einerseits genoss sie den Freiraum, andererseits fühlte sie sich unterschätzt, was sie kränkte. Bereits an dieser Stelle zeigte sich eine deutliche Entlastung der Familie dadurch, dass die Kommunikation offener und die exponierte Stellung von Ludwig geringer wurde, was diesen auch individuell entlastete. Auf seinen Wunsch hin fand eine Sitzung ohne ihn statt, in der es ausschließlich um seine Schwester ging. Nachdem sie einige Minuten sichtbar mit sich gerungen hatte, äußerte sie schließlich den Wunsch, ebenfalls einen Intelligenztest absolvieren zu dürfen, weil sie „endlich Klarheit“ hinsichtlich ihrer Fähigkeiten haben wollte. Nachdem das Für und Wider einer solchen Testung ausführlich mit ihr erörtert worden war, fand dieser diagnostische Termin statt. Zum Erstaunen der Eltern wie auch ihrer Tochter erzielte diese sogar ein noch leicht höheres Ergebnis als ihr Bruder. Ludwig reagierte anders als erwartet nicht mit Ressentiments, sondern nahm seine Schwester mit den Worten „Willkommen im Club“ in den Arm. Zur Stabilisierung des mittlerweile deutlich entspannteren Familienlebens erfolgten noch zwei weitere Termine. In diesen wurde abschließend mit der Familie erarbeitet, welche Veränderungen erfolgt waren und welchen Beitrag sie selbst dazu geleistet hatten. Bei beiden Eltern wurde deutlich, dass sie nunmehr ihre Erwartungen deutlich differenzierter beschreiben konnten als zu Beginn der Beratungen und sich untereinander darüber austauschten. Das Verhältnis zwischen den Geschwistern hatte sich insgesamt entspannt, wenngleich es weiterhin zu alterstypischen Rivalitäten und Konflikten kam, die Frau und Herr K. jedoch relativ gelassen aufnahmen. Ebenfalls positiv wirkte sich aus, dass die Familie einen geschützten Rahmen gefunden hatte, in dem sie ihre Sichtweise auf das Thema Hochbegabung reflektieren und in Teilaspekten auch verändern konnte (beispielsweise hinsichtlich der vermeintlich zentralen Bedeutung einer herausfordernden intellektuellen Förderung). Damit sollte sichergestellt werden, dass nicht etwa relativ unveränderte Erwartungen nun einfach „auf zwei Schultern“ verteilt werden würden. Auch das Thema der „Langeweile“ hatte sich inzwischen insofern erübrigt, als es Ludwig gelang, in der Schule eigenaktiver, also weniger passiv konsumierend, am Unterricht teilzunehmen.

Abschließend sei noch auf die im Downloadmaterial zum Buch (D-7) publizierten weitere Interventionen im Spektrum von „Beratung“ verwiesen, nämlich auf das Elterntraining KLIKK, welches Dietrich Arnold und Francis Preckel vorstellen, sowie auf Mentoring und Coaching-Angebote.

Literatur

Ackerman, P. L. & Heggestad, E. D. (1997): Intelligence, personality, and interests: Evidence for overlapping traits. In: *Psychological Bulletin, 121*, 219 - 245.

Ahrbeck, B. (2014): *Inklusion: eine Kritik*. Stuttgart: Kohlhammer.

Ainsworth, M. (1977): Skalen zur Erfassung mütterlichen Verhaltens: Feinfühligkeit versus Unempfindlichkeit gegenüber den Signalen des Babys. In K. E. Grossmann (Hrsg.), *Entwicklung der Lernfähigkeit in der sozialen Umwelt* (S. 96–107). München: Kindler.

Albert, R. S. (1980): Exceptionally gifted boys and their parents. In: *Gifted Child Quarterly*, 24 (4), 174 - 179.

Alderfer C.P. (1982): *Existence, Relatedness and Growth. Human Needs in Organizational Settings*. New York: Free Press.

Alvarez, C. (2007): *Hochbegabung – Tipps für den Umgang mit fast normalen Kindern*. Frankfurt: Fischer

Amelang, M. und Schmidt-Atzert, L. (2006): *Psychologische Diagnostik und Intervention*. Heidelberg: Springer Verlag.

American Psychiatric Association (2000): *Diagnostic and Statistical Manual for Mental Disorders*. (4th ed.),Text Revision. Washington, DC: American Psychiatric Association.

Arbeitskreis OPD-KJ 2003) : *Operationalisierte Psychodynamische Diagnostik*. Bern: Huber.

Ariès, P. (1998): *Geschichte der Kindheit*. Frankfurt: DTV.

Arnold, D. (2010): *KLIKK® – Ein Training für Eltern hochbegabter Kinder: Konzept und Evaluation*. Göttingen: Hogrefe.

Arnold, D. und Preckel, F. (2011): *Hochbegabte Kinder klug begleiten. Ein Handbuch für Eltern*. Weinheim, Basel: Beltz.

Arnold, D. und Großgasteiger, I. (2014): *Ressourcenorientierte Hochbegabtenberatung*. Weinheim: Beltz.

Arnold, D.; Jacob, A. und Großgasteiger, I. (2012): Erziehungsberatung auch für Hochbegabte. In: Menne, K.; Scheuerer-Englisch, H. und Hundsalz, A. (Hrsg.) (2012): *Jahrbuch für Erziehungsberatung. Band 9*. Weinheim und Basel: Beltz Juventa, 106 - 123.

Artelt, C. und Moschner, B. (Hrsg.) (2005): *Lernstrategien und Metakognition. Implikationen für Forschung und Praxis*. Münster: Waxmann.

Asendorpf, J. und Bansel, R. (2000): *Psychologie der Beziehung*. Stuttgart, Bern: Huber.

Asendorpf, J. (2005): *Psychologie der Persönlichkeit*. Berlin: Springer.

Barbe, W. B. (1956): A study of the family background of the gifted. In: *Journal of Educational Psychology*, 47, 302 - 309.

Baudson, T. & Preckel, F. (2013): Teachers′ Implicit Personality Theories About the Gifted. In: *School Psychology Quarterly* 28 (1), 37 – 46.

Baudson, G. (2012): MinD-Magazin 91. http://www.uni-trier.de/fileadmin/fb1/prof/PSY/HBF/Mindmag91-tgb.pdf Letzter Abruf 8.7.2014.

Baumann, N.; Gebker, S. und Kuhl, J. (2010): Hochbegabung und Selbststeuerung: Ein Schlüssel für die Umsetzung von Begabung in Leistung. In: Preckel, F.; Schneider, W. und Holling, H. (Hrsg.): *Diagnostik von Hochbegabung*. Göttingen: Hogrefe, 141 – 168.

Beelmann, A. (2006): Wirksamkeit von Präventionsmaßnahmen bei Kindern und Jugendlichen: Ergebnisse und Implikationen der integrativen Erfolgsforschung. In: *Zeitschrift für Klinische Psychologie und Psychotherapie*, 35 (2), 151 – 162.

Begabungspsychologische Beratungsstelle BRAIN (Hrsg.) (2013): *Jahresbericht 2013*. http://www.uni-marburg.de/fb04/ag-pp-ep/brain/jahres bericht/ index_html Letzter Abruf: 21.11.2014.

Belsky, J. (1984): The determinants of parenting: A process model. In: *Child Development*, 55, 83 – 96.

Benbow, C. P. & Stanley, J. C. (1980): Intellectually talented students: Family profiles. In: *Gifted Child Quarterly*, 24 (3), 119 – 122.

Benbow, C. P. (1990): Mathematical talent and females: From a biological perspective. In: Wieczerkowski, W. und Prado, T. M. (Hrsg.): *Hochbegabte Mädchen*. Bonn: Bock, 95 – 113.

Berger, P. und Luckmann, T. (1980): *Die gesellschaftliche Konstruktion der Wirklichkeit*. Frankfurt: Fischer.

Berufsverband Deutscher Psychologinnen und Psychologen (BDP) (2000): *Psychologische Beratung. Fach- und Berufspolitische Leitsätze*. Eigenverlag sowie www.bdp-verband.org/bdp/archiv/fach-beruf-leitsaetze.pdf Letzter Abruf: 06.02.2015.

Bischof-Köhler, D. (2011): *Soziale Entwicklung in Kindheit und Jugend*. Stuttgart: Kohlhammer.

Bloom, B. S. (1985): Generalisations about talent development. In: B. S. Bloom & L. A. Sosniak (Eds.): *Developing talent in young people*. New York: Balantine Books, 507 – 579.

Bos, W.; Hornberg, S.; Arnold, K.-H.; Faust, G.; Fried, L., Lankes, E.-M.; Schwippert, K. & Valtin, R. (Hrsg.) (2008): *IGLU-E 2006. Die Länder der Bundesrepublik Deutschland im nationalen und internationalen Vergleich*. Münster: Waxmann.

Bossong, G. (2008): *Die Sepharden. Geschichte und Kultur der spanischen Juden*. Beck: München.

Brand, G. (2001): Hochbegabte und hochleistende Jugendliche. Anmerkungen zum Marburger Hochbegabtenprojekt. In: *Labyrinth*, 24. Jg., Nr. 69, 10 – 15.

Brazelton T. B. & Greenspan S. I. (2002): *Die sieben Grundbedürfnisse von Kindern. Was jedes Kind braucht, um gesund aufzuwachsen, gut zu lernen und glücklich zu sein.* Weinheim, Basel: Beltz.

Bronfenbrenner, U. (1981): *Die Ökologie der menschlichen Entwicklung. Natürliche und geplante Experimente.* Stuttgart: Klett-Cotta.

Buch, S. R., Sparfeldt J. R. & Rost, D. H. (2006): Eltern beurteilen die Entwicklung ihrer hochbegabten Kinder. In: *Zeitschrift für Entwicklungspsychologie und Pädagogische Psychologie*, 38, 53 – 61.

Bühler, K. (1930): *Die geistige Entwicklung des Kindes.* 6. Auflage, Jena: Verlag Gustav Fischer.

Bundeskonferenz für Erziehungsberatung (2008): Gelingende Erziehung. In: *Informationen für Beratungsstellen*, 1/2008, 3 – 9

Bundeskonferenz für Erziehungsberatung (2012): *Memorandum.* Eigenverlag.

BVkE (2005): *„Wenn Familien lachend in den Seilen hängen ...". Elterntrainings in der Erziehungshilfe. Beiträge zur Erziehungshilfe (27).* Freiburg i. Br.: Bundesverband katholischer Einrichtungen und Dienste der Erziehungshilfen e. V. (BVkE).

Cacioppo, J. & Petty, R. (1982): The need for cognition. *Journal of Personality and Social Psychology*, 42, S. 116-131.

Calvert, K. und Matthews, G. (2008): *Kreatives Philosophieren mit Kindern: Angst und Mut.* Seelze: Kallmeier.

Carroll, J. B. (1993): Human cognitive abilities: *A survey of factor-analytic studies.* Cambridge: Cambridge University Press.

Ceci, S. J. (1990): *On intelligence ... more or less: a bio-ecological theory of intellectual development.* Englewood Cliffs NJ: Prentice Hall.

Cialdini, R. B.; Borden, R. J.; Thorne, A.; Walker, M. R.; Freeman, S. & Sloan, L. R. (1976): Basking in reflected glory: Three (football) field studies. In: *Journal of Personality and Social Psychology*, 34, 366 – 375.

Cimeli, P.; Neuenschwander, R.; Röthlisberger, M. und Roebers, C. (2013): Das Selbstkonzept von Kindern in der Schuleingangsphase. Ausprägung und Struktur sowie Zusammenhänge mit frühen kognitiven Leistungsindikatoren. In: *Zeitschrift für Entwicklungspsychologie und Pädagogische Psychologie*, 45 (1), 1 – 13.

Conen, M.-L. und Cecchin, G. (2007): *Wie kann ich Ihnen helfen, mich wieder loszuwerden?: Therapie und Beratung in Zwangskontexten.* Heidelberg: Carl Auer Verlag.

Conrad, S. & Milburn, M. (2003): *SQ: Sexuelle Intelligenz.* Berlin: Ullstein Taschenbuchverlag.

Cornell, D. G. (1983): Gifted Children: The impact of positive labeling of the family system. In: *American Journal of Orthopsychiatry*, 53, 322 – 335.

Cornell, D. G. (1984): *Families of gifted children.* Ann Arbor, Mi.: UMI Research Press.

Cornell, D. G. & Grossberg, I. W. (1987): Family Environment and personality adjustment in gifted program children. In: *Gifted Child Quarterly*, 31 (2), 59 – 64.

Csikszentmihalyi, M. (1988): Society, culture, and person: A system view of creativity. In: R. J. Sternberg (Ed.): *The nature of creativity*. New York: Cambridge University Press, 325 – 339.

Dabrowski, K. (1964): *Positive desintegration*. Boston: Little Brown.

Dannhauer, I. (2009): Begabte Mädchen in der Kita entdecken. In: *KiTa spezial*, Heft 4, 17 – 18.

Daseking, M.; Petermann, F. und Petermann, U.: HAWIK IV: Grundlagen und Auswertungsstrategien. In: Daseking, M. und Petermann, F. (Hrsg.): *Fallbuch HAWIK IV*. Göttingen: Hogrefe, 14 – 37.

Deary, I. J., Strand, S., Smith, P. & Fernandes, C. (2007): Intelligence and educational achievement. In: *Intelligence*, 35, 13 – 21.

Deci, E. L. und Ryan, R. M. (1993): Die Selbstbestimmungstheorie der Motivation und ihre Bedeutung für die Pädagogik. In: *Zeitschrift für Pädagogik*, 39 (2), 223 – 238.

de Shazer, S.; Berg, I. K.; Lipchik, E.; Nunnally, E.; Molnar, A.; Gingerich, W. und Weiner-Davies, M. (1986): Kurztherapie – Zielgerichtete Entwicklung von Lösungen. In: *Familiendynamik*, 11, 182 – 205.

DeYoung, C. G. (2011): Intelligence and personality. In: Sternberg, R. J. & Kaufman, S.B. (Eds.): *The Cambridge handbook of intelligence*. Cambridge: Cambridge University Press, 711 – 737.

Dettman, D. F. & Colangelo, N. (1980): A functional model of counseling parents of gifted students. In: *Gifted Child Quarterly*, 24, 139 – 147.

Dilling, H; Mombour, W. und Schmidt M.H. (WHO) (Hrsg.) (1991): *Internationale Klassifikation psychischer Störungen (ICD-10)*. Bern: Huber.

Dwairy, M. (2004): Parenting styles and mental health of Arab gifted adolescents. In: *Gifted Child Quarterly*, 48, 275 – 286.

Eggert, D.; Reichenbach, C. und *Bode, S.* (2003): *Das Selbstkonzept Inventar für Kinder im Vorschul- und Grundschulalter. Theorie und Möglichkeiten der Diagnostik*. Dortmund: Borgmann.

Elbing, E. und Heller, K. A. (1996): Beratungsanlässe in der Hochbegabtenberatung. *Psychologie in Erziehung und Unterricht*, 43, S. 57 – 69.

El-Mafaalani, A. (2014): *Vom Arbeiterkind zum Akademiker. Über die Mühen des Aufstiegs durch Bildung* . St. Augustin/Berlin: Konrad-Adenauer-Stiftung.

Elbing, E. (2000): *Hochbegabte Kinder – Strategien für die Elternberatung*. München: Reinhardt.

Esser, W. (2013): Das Prinzip Mentor. Was hat Begabtenförderung mit Reformpädagogik zu tun? In: Trautmann, T. und Manke, W. (2013): *Bega-*

bung – Individuum – Gesellschaft. Weinheim, Basel: Beltz Juventa, 95 – 105.

Feger, B. (1988): Die Beratungsstelle für Hochbegabungsprobleme in Hamburg. In: Bartenwerfer, H. (Hrsg.): *Besondere Begabungen in der normalen Schule.* Frankfurt: Gesellschaft zur Förderung pädagogischer Forschung, 109 – 123.

Feger, B. und Prado, T. M. (1998): *Hochbegabung: die normalste Sache der Welt.* Darmstadt: Primus Verlag.

Feldhusens, J. F. & Jarwan, F. A. (1993): Identification of gifted and talented youth for educational programs. In: Heller, K. A.; Mönks, F. J. & Passow, A. H. (Eds.): *International Handbook of Research and Development of Giftedness and Talent.* Oxford: Pergamon, 512 – 527.

Fisseni, H.-J. (2004): *Lehrbuch der psychologischen Diagnostik. Mit Hinweisen zur Intervention.* 3., überarbeitete und erweiterte Auflage. Göttingen: Hogrefe.

Flavell, J. H. (1979): Metacognition and cognitve monitoring: A new area of cognitive-developmental inquiry. In: *American Psychologist,* 34 (10), 906 – 911.

Flöter, J. und Wartenberg, G. (2004) (Hrsg.): *Die sächsischen Fürstenschulen.* Leipzig: Leipziger Universitätsverlag.

Fonagy, P.; Gergely, G.; Jurist, E.; Target, M. und Vorspohl, E. (2006): *Affektregulierung, Mentalisierung und die Entwicklung des Selbst.* Stuttgart: Klett Cotta.

Freeman, J. (1979): *Gifted Children.* Lancaster: MTP Press.

Freeman, J. (1997): The emotional development of the highly able. In: *European Journal of Psychology of Education,* Vol. 12, Issue 4, 479 – 493.

Freeman, J. (2000): Families: The essential context for gifts and talents. In: Heller, K. A. ; Mönks, V.; Sternberg, R. J. & Subotnik, R. F. (Eds.): *International handbook of giftedness and talent* (2nd ed.). Oxford: Pergamon, 573 – 585.

Freeman, J. (2001): *Gifted Children grown up.* London: David Fulton Publishers.

Freeman, J. (2010): *Gifted Lifes – What happens when gifted children grow up.* London: Routledge.

Freund-Braier, I. (2000): Persönlichkeitsmerkmale. In: Rost, D. (Hrsg.): *Hochbegabte und hochleistende Jugendliche.* Berlin: Waxmann, 161 – 210.

Friedl, J. und Hoyer, T. (2014): „Momentan werden wir eben immer noch als Nerds dargestellt." Fremdbilder von Hochbegabung. In: Hoyer, Z.; Haubl, R. und Wigand, G. (2014) (Hrsg.): *Sozio-Emotionalität von hochbegabten Kindern.* Weinheim und Basel: Beltz, 167 – 188.

Frost, R. O., Heimberg, R. G., Holt, C. S. & Mattia; J. I. (1993): A Comparasion of two measures of perfectionism. In: *Personality and Individual Differences*, 14, 119-126.

Fthenakis, W.E. (1995): Ehescheidung als Transition im Familienentwicklungsprozess. In: Perrez, M.; Lambert, V.; Ermert, C. und Plancherel, B. (Hrsg.): *Familie im Wandel.* Freiburger Beiträge zur Familienforschung, Bern: Verlag Hans Huber, 63 – 95.

Fuhrer, U. (2009): *Lehrbuch der Erziehungspsychologie.* Bern: Huber.

Gagné, F. (1993): Constructs and models pertaining to exceptional human abilities. In: Heller, K.; Mönks, F. & Passow, A. (Eds.): *International handbook of research and development of giftedness and talent.* Oxford: Pergamon, 69 – 87.

Gardner, H. (2002): *Intelligenzen. Die Vielfalt des menschlichen Geistes.* Stuttgart: Klett-Cotta.

Gardyan, H.-J. (2006): *Möglichkeiten und Grenzen bei der Förderung hochbegabter Underachiever im Regelschulsystem und neue Wege durch die „Ergänzungsschule Hochbegabung" der CJD Jugenddorf-Christophorusschule Königswinter* (Konzeptionelle Bausteine). http://www.cjd-koenigswinter.eu/hochbegabung/foerderung_hochbegabter_underachiever.pdf Letzter Abruf: 9.9.2014.

Gärtner, J. (2004): *Die Zusammenhänge zwischen Bindungstyp, Explorationsverhalten und ausgewählten Persönlichkeitsaspekten hochbegabter Kinder* . Diss. an der LMU München. http://edoc.ub.uni-muenchen.de/2305/1/Gaertner_Jonna.pdf Letzter Abruf: 11.11.2012.

Gauck, L. (2007): *Hochbegabte verhaltensauffällige Kinder.* Berlin: LIT.

Gauck, L. und Trommsdorff, G. (2009): Probleme hochbegabter Kinder. In: *Psychologie in Erziehung und Unterricht*, 56, 27 – 37.

Gauck, F. (2015): *Hochbegabt und verhaltensauffällig?! Tipps zur Identifikation, zum Umgang und zur Beratung bei „dual exceptionalities".* Vortrag anlässlich der Netzwerktagung Begabung in Berlin am 9.3.2015. http://www.psychologische-hochschule-berlin.de/rueckblick-netzwerktagung-hochbegabung-berlin-hochbegabte-kinder-und-ihre-familie-herausforderungen-fuer-die-beratung Letzter Abruf: 13.3.2015

Gauck, L. und Reimann, G. (2015): Diagnostik von Hochbegabungen. Wie sie erfasst und von psychischen Auffälligkeiten unterschieden werden können. *Report Psychologie*, 40 (7-8), 294-304

Goleman, D. (1995): *Emotionale Intelligenz.* München, Wien: Hanser.

Goth, K. und Schmeck, K. (2009): *Das Junior Temperament und Charakter Inventar.* Göttingen: Hogrefe.

Gottfried, A. E. & Gottfried, A. W.: Development of gifted motivation: Longitudinal research anapplications. In: L. Shavinina (Ed.): *International handbook of giftedness.* New York: Springer, 617 – 631.

Gottfried, A. W.; Gottfried, A. E.; Bathurst, K. & Guerin, D. W. (1994): *Gifted IQ early developmental aspects: The Fullerton longitudinal study.* New York, NY: Plenum Press.

Grassinger, R. (2009): *Beratung hochbegabter Kinder und Jugendlicher.* Münster: LIT.

Grassinger, R. (2012): Entwicklungslinien in der Hochbegabungsberatung. In: Ziegler, A.; Grassinger, R. & Harder, B. (Hrsg.): *Konzepte in der Hochbegabtenberatung in der Praxis.* Münster, LIT, 271 - 289.

Grawe, K.; Donati, R. und Bernauer, F. (2001): *Psychotherapie im Wandel. Von der Konfession zur Profession.* (5. Aufl.), Göttingen: Hogrefe.

Gross, M (1993): *Exceptionally gifted children.* London: Routledge.

Grossmann, K. und Grossmann, K. E. (2008): *Bindungen – das Gefüge psychischer Sicherheit.* (4. Aufl.), Stuttgart: Klett Cotta.

Groth, N. J. (1975): Mothers of gifted children. In: *Gifted Child Quarterly*, 19 (3), 217 – 222.

Gyseler, D. (2014): *Begabtenförderung aus der Sicht der Hirnforschung.* Vortrag auf dem Kongress „Begabungs- und Begabtenförderung". Script unter: http://www.begabungsfoerderungkongress.ch/downloads/P4_4_Parallelvortrag-4-Begabtenfoerderung-aus-der-Sicht-der-Hirnforschung_01.pdf Letzter Abruf: 15.01.2015.

Gyseler, D. (2014): Begabung, Talent und ADHS. In: Stamm, M. (Hrsg.): *Handbuch Talentenwicklung.* Bern: Huber, 405 – 411.

Hackney, H. (1981): The gifted child, the family, and the school. In: *Gifted Child Quarterly*, 25, 51 – 54.

Hany, E. A. (1987): *Modelle und Strategien zur Identifikation hochbegabter Schüler.* München: Ludwig-Maximilians-Universität.

Hany, E. und Nickel, H. (1992): Positionen und Probleme der Begabungsforschung. In: Hany, E. und Nickel, H. (Hrsg.) (1992): *Begabung und Hochbegabung.* Bern, Göttingen: Verlag Hans Huber, 1 – 16.

Hanses, P. und Rost, D. (1998): Das Drama des hochbegabten Underachiever – „Gewöhnliche" oder „außergewöhnliche" Underachiever? In: *Zeitschrift für Pädagogische Psychologie*, 12, 53 – 71.

Harder, B. (2012): Ein kritisches Review der traditionellen Hochbegabungsberatung. In: Ziegler, A.; Grassinger, R. und Harder, B. (Hrsg.): *Konzepte der Hochbegabtenberatung in der Praxis*, Berlin: LIT Verlag, 1 – 12.

Hasselhorn, M. und Gold, A. (2006): *Pädagogische Psychologie. Erfolgreiches Lernen und Lehren.* Stuttgart: Kohlhammer.

Hasselhorn, M.; Schumann-Hengsteler, R.; Gronauer, J.; Grube, D.; Mähler, C.; Schmid, I.; Seitz-Stein, K. und Zoelch, C. (2012): *Arbeitsgedächtnistestbatterie für Kinder von 5 bis 12 Jahren.* Göttingen: Hogrefe.

Haubl, R. (2014): Bindung und Begabung. Soziale und emotionale Aspekte. In: Hoyer, Z.; Haubl, R. und Weigand, G. (Hrsg.): *Sozio-Emotionalität von hochbegabten Kindern*. Weinheim, Basel: Beltz, 28 – 39.

Heckhausen, H. (1980): *Motivation und Handeln*. Berlin: Springer.

Heinbokel, A. (2001): *Überspringen von Klassen*. Münster: LIT.

Heinbokel, A. (2009): *Handbuch Akzeleration*. Münster: LIT.

Heller, K.; Perleth, C. und Hany, E. (1994): Hochbegabung – ein lange Zeit vernachlässigtes Forschungsthema. In: *Einsichten – Forschung der Ludwig-Maximilians-Universität München*, 1, 18 – 22.

Heller, K. (Hrsg.) (2001): *Hochbegabung im Kindes- und Jugendalter*. (2. Aufl.), Göttingen: Hogrefe.

Heller, K. und Perleth, C. (2007): *Münchner Hochbegabungstestbatterie*. Göttingen: Hogrefe.

Heller, K.A. und Perleth, C. (2007): *MHBT-S. Münchner Hochbegabtentestbatterie für die Sekundarstufe*. Göttingen: Hogrefe.

Hemmerde, G. (2013): „Was kann ich von Dir lernen?" Das Coaching von hochbegabten Kindern und Jugendlichen. In: Trautmann, T. und Manke, W. (2013): *Begabung – Individuum – Gesellschaft*. Weinheim, Basel: Beltz Juventa, 115 – 125.

Hoberg, K. und Rost, D. (2009): Interessen. In: Rost, D. (Hrsg.): *Hochbegabte und hochleistende Jugendliche*, Münster: Waxmann, 339 – 365

Holling, H.; Preckel, F.; Vock, M. und Wittmann, A. (1999): *Beratung für Hochbegabte. Eine Literaturübersicht*. Bundesministerium für Bildung und Forschung. Eigenverlag.

Holling, H. und Kanning, U. P. (1999): *Hochbegabung. Forschungsergebnisse und Fördermöglichkeiten*. Göttingen: Hogrefe.

Holling, H.; Preckel, F. und Vock, M. (2004): *Intelligenzdiagnostik*. Kompendien Psychologische Diagnostik – Band 6. Göttingen: Hogrefe.

Holocher-Ertl, M. und Kubinger, K. (2009): Förderungsorientierte Hochbegabungsdiagnostik: Das Wiener Diagnosemodell zum Hochleistungspotenzial; In: *Report Psychologie*, 3/2009, 116 – 126.

Holohan, C. K. & Sears, R.R. (1995): *The gifted group in later maturing*. Stanford: Stanford University Press.

Hoyer, T. (2012): *Begabungsbegriff und Leistung. Eine pädagogische Annäherung*. In: Karg-Stiftung (Hrsg.): Werte schulischer Begabtenförderung. Karg-Heft 4. 14 – 22.

Hoyer, T.; Weigand, G. und Müller-Oppliger, V. (2013): *Begabung. Eine Einführung*. Darmstadt: WBG.

Hoyer, T. (2014): „Ich verstehe es halt so schnell und dann kann es auch schon schneller gehen". Hochbegabte in der Beschleunigungsgesellschaft. In: Hoyer, Z.; Haubl, R. und Weigand, G. (Hrsg.): *Sozio-Emotionalität von hochbegabten Kindern*. Weinheim, Basel: Beltz, 124 – 166.

Hoyningen-Süess, U. und Gyseler, D. (2005): Erziehung und Bildung hoch begabter Kinder und Jugendlicher: Überlegungen aus sonderpädagogischer Sicht. In: *Zeitschrift für Heilpädagogik*, 2005, 56 (12), 497 – 505.

Hoyningen-Süess, U. und Gyseler, D. (2006): *Hochbegabung aus sonderpädagogischer Sicht*. Bern: Haupt.

Hundsalz, A. (1995): Die *Erziehungsberatung: Grundlagen, Organisation, Konzepte und Methoden*. Weinheim: Beltz Juventa.

Hundsalz, A. (2006): Erziehungsberatung. In: Steinebach, C. (Hrsg.): *Handbuch Psychologische Beratung*, Stuttgart: Klett Cotta, 237 – 247.

Ihle, W.; Laucht, M.; Schmidt, M. und Esser, G. (2007): Geschlechtsunterschiede in der Entwicklung psychischer Störungen. In: Lautenbacher, S.; Güntürkün, O. und Hausmann, M. (Hrsg.): *Gehirn und Geschlecht. Neurowissenschaft des kleinen Unterschieds zwischen Frau und Mann*, Berlin: Springer, 211 – 222.

Ingenkamp, K.-H. und Lissmann, U. (2008): *Lehrbuch der Pädagogischen Diagnostik*. Weinheim: Beltz.

Jacob, A. (1994): Reflexion von Kompetenzen und Methoden. Gedanken und Folgerungen zum Begriff Erziehungsberatung. In: *Informationen für Erziehungsberatungsstellen*, Nr. 3/1994, 14 – 19.

Jacob, A. und Wahlen, K. (2006): Das Multiaxiale Diagnosesystem Jugendhilfe (MAD-J). München: Reinhardt.

Jacob, A. und Morche, H. (2010): Erziehungsberatung bei Familien mit hochbegabten Kindern. In: Koop, C.; Schenker, I.; Müller, G.; Welzien, S. und der Karg-Stiftung (Hrsg.): *Begabung wagen*, Weimar, Berlin: verlag das netz, 363 – 372.

Jacob, A. (2010): *Berliner Arbeitskreis „Erziehungsberatung bei Familien mit hochbegabten Kindern“. Quantitative Datenerhebung und -auswertung.* Unveröff. Falldokumentation für die Karg-Stiftung.

Jacob, A. (2014): *Interaktionsbeobachtung von Eltern und Kind*. Stuttgart: Kohlhammer.

Jacob, A. (2015): Ein psychosoziales Modell zur personalen Entwicklung unter Berücksichtigung von Hochbegabung und zur Herleitung von Beratungsschwerpunkten. In: Koop, C. und Jacob, A. (Hrsg.): *Psychologische Beratung im Feld Hochbegabung. Karg Hefte 08; 76 – 87..*

Jäger, A. O.; Holling, H.; Preckel, F.; Schulze, R.; Vock, M.; Süß,H.-M. und Beauducel, A. (2006): *Berliner Intelligenzstrukturtest für Jugendliche: Begabungs- und Hochbegabungsdiagnostik*. Göttingen: Hogrefe.

Jänecke, L. (2013): *Lehrbuch kognitive Neurowissenschaften*. Bern: Huber.

Jänecke, L. (2014): Neurobiologie der Begabung. In: Stamm, M. (Hrsg.): *Handbuch Talententwicklung*, Bern: Huber, 107 – 126.

Jost, M. (2001): Mobbing. In: *Deutsche Gesellschaft für das hochbegabte Kind (Hrsg.): Im Labyrinth*. Münster, LIT, 81 – 95.

Kalisch, K. (2012): Mentalisierung und Affektregulation – wie sich das kindliche Selbst entwickelt. In: *Praxis der Kinderpsychologie und Kinderpsychiatrie*, 61 (5), 336 – 47.

Kant, I. (1790): Critik der Urteilskraft. In: Kant, I. (1986): Kritik der Urteilskraft. Leipzig: Reclam.

Karg-Stiftung (2015): Beratung im Feld der Hochbegabung. Karg-Heft Nr. 8.

Kastner-Koller, U. und Deimann, P. (2009): Beobachtung und Befragung von Kindern. In Irblich, D. und Renner, G. (Hrsg.): *Diagnostik in der Klinischen Kinderpsychologie. Die ersten sieben Lebensjahre.* Göttingen: Hogrefe, 97 – 107.

Keirouz, K. S. (1990): Concerns of parents of gifted children: A research review. In: *Gifted Child Quarterly*, 34, 56 – 63.

Keller, D. und Thiel, R.-D. (1998): *Das Lern- und Arbeitsverhaltensinventar (LAVI).* Göttingen: Hogrefe.

Kellmer Pringle, M. (1979): *Was Kinder brauchen.* Stuttgart: Klett-Cotta.

Kempe, F. (2011): Lehrer, die Mentoren sind. Ein persönlicher Rückblick. In: Ostermeier, U. (Hrsg. im Auftrag des Vereins der Freunde und Förderer des Sächsischen Landesgymnasiums St. Afra e.V.): *Hochbegabung-Exzellenz-Werte. Positionen der schulischen Begabtenförderung.* Dresden: W.e.b. Universitätsverlag und Buchhandel, 269 – 274.

Kerr, A. & Zelazo, P. D. (2004): Development of „hot" executive function: the children's gambling task. In: *Brain and Cognition*, 55 (1), 148 – 157.

Kintzinger, M. (2007): *Wissen wird Macht. Bildung im Mittelalter.* Darmstadt, Ostfildern: Jan Thorbeke Verlag.

Kipman, U.; Kohlböck, G. und Weiguny, W. (2012): *Psychologische Testverfahren zur Messung intellektueller Begabung.* Österreichisches Zentrum für Begabtenförderung und Begabungsforschung (ÖZBF): Eigenverlag.

Kitano, M. K. & Lewis, R. B. (2005): Resilience and coping: Implications for gifted children and youth at risk. In: *Roeper Review,* 27(4), 200 – 205.

Koop, C. und Röseler, W. (2010): Herausforderung für eine chancengerechte Identifikation Hochbegabter. In: Koop, C.; Schenker, I.; Müller, G.; Welzien, S. und der Karg-Stiftung (Hrsg.): *Begabung wagen*, Weimar, Berlin: verlag das netz, 195 – 210.

Koop, C.; Schenker, I.; Müller, G. und Welzien, S. (Hrsg.) (2010): *Begabung wagen: Ein Handbuch für den Umgang mit Hochbegabung in Kindertagesstätten.* Weimar: Verlag das netz.

Koop, C. und Welzien, S. (2010): Im Dialog mit den Eltern. In: Koop, C.; Schenker, I.; Müller, G. und Welzien, S. (Hrsg.) (2010): *Begabung wagen: Ein Handbuch für den Umgang mit Hochbegabung in Kindertagesstätten.* Weimar: Verlag das netz, 339 – 345.

Koop, C.; Jacob, A. und Arnold, D. (2015): Fachliche Anforderungen an professionelle Beratung im Feld Hochbegabung. In: Koop, C. und Jacob, A.

(Hrsg.): *Psychologische Beratung im Feld Hochbegabung. Karg Hefte 08; 58 - 74.*

Kotztin, S. (2011): Wenn die Chemie stimmt. Mentoring am Sächsischen Landesgymnasium St. Afra. In: Ostermeier, U. (Hrsg. Im Auftrag des Vereins der Freunde und Förderer des Sächsischen Landesgymnasiums St. Afra e.V.): *Hochbegabung-Exzellenz-Werte. Positionen der schulischen Begabtenförderung.* Dresden, W.e.b.: Universitätsverlag und Buchhandel, 245 - 258.

Kreppner, K. (1989): Vorstellungen zur Entwicklung der Kinder: Zur Geschichte von Entwicklungstheorien in der Psychologie. In: Keller, H. (Hrsg.): *Lehrbuch Entwicklungspsychologie,* Bern: Huber, 121 - 146.

Kubinger, K. (2006): *Psychologische Diagnostik: Theorie und Praxis psychologischen Diagnostizierens* . Hogrefe: Göttingen.

Kuhl, J. und Christ, E. (1993): *Selbstregulations-Strategientest für Kinder.* Göttingen: Hogrefe.

Landesarbeitsgemeinschaft Erziehungsberatung Bayern (2009): *LAG-Standpunkt: Aufsuchende Erziehungsberatung stärken und ausbauen – Hinweise zu Formen, Konzepten und notwendigen Rahmenbedingungen.* http://www.lag-bayern.de/fileadmin/lag-bayern/pdf/aufsuchende-erziehungsberatung.pdf Letzter Abruf: 10.12.2014.

Lange-Eichbaum, W. (1928) (wieder herausgegeben: 1979): *Genie – Irrsinn und Ruhm.* München: Reinhardt.

Largo R. H. (1999): *Kinderjahre. Die Individualität des Kindes als erzieherische Herausforderung.* München, Zürich: Piper.

Laucht, M.; Schmidt, M. H. und Esser, G. (2000): Risiko- und Schutzfaktoren in der Entwicklung von Kindern und Jugendlichen. In: *Frühförderung interdisziplinär, 19,* 97 - 108.

Layzer, J. I.; Goodson, B. D.; Bernstein, L. & Price, C. (2001): *National Evaluation of Familiy Support Programs. Final Report. Volume A: The Meta-Analysis.* Cambridge: Abt Associates Inc. Verfügbar unter: http://www.acf.hhs.gov/sites/default/files/opre/fam_sup_vol_a.pdf Letzter Abruf: 18.01.15.

Lehmann, G. und Nieke, W. (1999/2006): *Zum Kompetenz-Modell.* http://bildungsserver-mv.de/download/material/text-lehmann-nieke.pdf Letzter Abruf: 20.11.2014.

Lehwald, G. (1985): *Zur Diagnostik des Erkenntnisstrebens.* Berlin: Volk und Wissen.

Lehwald, G. (2009): Beiträge zur Motivationsdiagnostik und Motivförderung in der Schule. In: *Österreichisches Zentrum für Begabtenförderung und Begabungsforschung.* Heft 2.

Lehwald, G. (2006): Motivationsdefizite bei hochbegabten Problemkindern. In: *Versteckt-Verkannt-Verborgen. Erkennen und Fördern hochbegabter Underachiever*. 5. Internationaler özbf-Kongress. Salzburg: özbf.

Leikas, S.; Mäkinen, S.; Lönnqvist, J.-E. & Verkasalo, M. (2009): Cognitive ability x emotional stability interactions on adjustment. In: *European Journal of Personality*, 23, 329 – 342.

Leitlinie der Arbeitsgemeinschaft ADHS der Kinder- und Jugendärzte e.V. Aktualisierte Fassung Januar 2007.

Lelord, F. (2008): *Hectors Reise oder die Suche nach dem Glück*. München: Piper.

Levine, R. (1999): *Eine Landkarte der Zeit. Wie Kulturen mit der Zeit umgehen*. München: Piper.

Lichtenberg, J. (1989): *Psychoanalysis and Motivation*. Hillsdale, NY: The Analytic Press.

Loeb, R. C. & Jay, G. (1987): Self-concept in gifted children: Differential impact in boys and girls. In: *Gifted Child Quarterly*, 31 (1), 9 – 14.

Lohrmann, K. (2008): *Langeweile im Unterricht*. Münster: Waxmann.

Lovecky, D. V. (1994): Exceptionally gifted children: Different minds. In: *Roeper Review*. Vol. 17, Iss. 2, 116 – 120.

Löffler, E. und Schneider, W. (2014): Hochbegabung und Metakognition. In: Stamm, M. (Hrsg.): *Handbuch Talententwicklung*. Bern: Hube, 385 – 392.

Lubinski, D. & Humphreys, L. G. (1990): A broadly based analysis of mathematical giftedness. In: *Intelligence*, 14, 327 – 355.

Lukesch, H. (2006): *Fragebogen zur Erfassung von Empathie, Prosozialität, Aggressionsbereitschaft und aggressivem Verhalten (FEPAA)*. Göttingen: Hogrefe.

Manteuffel, A. v. (2011): Das Mentorenkonzept am LGH. In: Ostermeier, U. (Hrsg. Im Auftrag des Vereins der Freunde und Förderer des Sächsischen Landesgymnasiums St. Afra e.V.): *Hochbegabung-Exzellenz-Werte. Positionen der schulischen Begabtenförderung*. Dresden, W.e.b.: Universitätsverlag und Buchhandel, 259 – 268.

Markard, M. (2013): Was von Karl Marx über (kindliche) Kompetenz zu lernen ist. In: *Psychologie & Gesellschaftskritik*, 3/4, 9 – 27.

Marrou, H.-J. (1986): *Geschichte der Erziehung im klassischen Altertum*. Frankfurt: DTV.

Maslow A. (1981): *Motivation und Persönlichkeit*. Reinbek: Rowohlt.

Mattejat, F. und Remschmidt, H. (2006): *Inventar zur Erfassung der Lebensqualität bei Kindern und Jugendlichen (ILK)*. Göttingen: Hogrefe.

Mendaglio, S. (2010): Overexitabilities und Dabrowskis Theorie der Positiven Desintegration. In: Preckel, F.; Schneider, W. und Holling, H. (Hrsg.): *Diagnostik von Hochbegabung*. Göttingen: Hogrefe, 169 – 195.

Meier, E., Vogl, K. & Preckel, F. (2014): Motivational Characteristics of students in gifted classes: The pivotal role of need for cognition. *Learning and Individual Differences*, 33, S. 39-46.

Merton, R. K. (1985): Der Matthäus-Effekt in der Wissenschaft. In: Merton, R. K. (Hrsg.): *Entwicklung und Wandel von Forschungsinteressen*. Frankfurt: Suhrkamp, 147 -171.

Mickley, M. und*Renner, G.* (2010): Intelligenztheorie für die Praxis: Auswahl, Anwendung und Interpretation deutschsprachiger Testverfahren für Kinder und Jugendliche auf Grundlage der CHC-Theorie. In: *Klinische Diagnostik und Evaluation*, 3 (4), 447 – 466.

Mönks, F. J. (1990): Hochbegabtenförderung als Aufgabe der Pädagogischen Psychologie. In: *Psychologie in Erziehung und Unterricht*, 37, 243 – 250.

Mönks, F. J. (1992): Ein interaktionales Modell der Hochbegabung. In: Hany, E. A. und Nickel, H. (Hrsg.): *Theoretische Konzepte, empirische Befunde, praktische Konsequenzen*. Bern: Huber, 17 – 22.

Mönks, F. J. und Knoers, A (1996): *Lehrbuch der Entwicklungspsychologie*. München: Reinhardt.

Mönks, F. J. und Ypenburg, I. H. (2012) *Unser Kind ist hochbegabt*. 5., neugestaltete und aktualisierte Auflage. München: Reinhardt

Müller, G. (2010): Begabung und ADHS. In: Koop, C.; Schenker, I.; Müller, G.; Welzien, S. und die Karg Stiftung (Hrsg.): *Begabung wagen*. Weimar, Berlin: Verlag das netz, 211 – 225.

Müller-Oppliger, V. (2011): (Hoch-)Begabung in pädagogischem Bezug zum Menschenbild. In: Hackl, A., Steenbuck, O. und Weigand, G. (Hrsg.): *Werte schulischer Begabtenförderung*, Karg-Heft Nr. 3, 55 – 68.

Müller-Oppliger, V. (2014): Paradigmenwechsel zu einem ökologischen Begabungsmodell. In: Weigand, G.; Hackel, A., Müller-Oppliger, V. und Schmid, G. (Hrsg.): *Personorientierte Begabungsförderung*, Weinheim: Beltz, 68 – 76.

Müller-Oppliger, V. (2014): Co-kognitive Personenmerkmale als Voraussetzung zur Realisierung von Begabungen. In: Weigand, G., Hackl, A., Müller-Oppliger, V. und Schmid, G. (2014): *Personorientierte Begabungsförderung*. Weinheim, Basel: Beltz, 89 – 94.

Nass, C. (2012): *Fragebogen zum schulischen Alltag (FAbbS)*. Direkt bei der Autorin anzufordern.

Neber, H. & Heller, K. (2002): Evaluation of a summer-school program for highly gifted secondary-school students: The German Pupils Academy. In: *European Journal of Psychological Assessment*, 18 (3), 214 – 228.

Neubauer, A. und Stern, E. (2007): *Lernen macht intelligent. Warum Begabung gefördert werden muss*. München: Deutsche Verlags Anstalt.

Norman, A.; Ramsay, S.; Martray, C. & Roberts, J. (1999): Relationship between levels of giftedness and psychosocial adjustment. In: *Roeper Review*, Vol. 22, 1, 5 – 9.

Nußbeck, S. (2010): *Einführung in die Beratungspsychologie.* (2. Aufl.), München: Reinhardt UTB.

Oerter, R. und Montada, L. (1998): *Entwicklungspsychologie.* (4. Aufl.), Weinheim: Beltz.

Omer, H. und van Schlippe, A. (2013): *Autorität durch Beziehung. Die Praxis des gewaltlosen Widerstands in der Erziehung.* (7. Aufl.), Göttingen: Vandenhoeck & Ruprecht.

Papastefanou, C. (1989): Die Bedeutung der Familie für die kognitive Entwicklung von Kindern. In: Paetzold, B. und Fried, L. (Hrsg.): *Einführung in die Familienpädagogik*, Weinheim: Beltz, 165 – 181.

Perleth, C. (2001): Follow-up-Untersuchungen zur Münchner Hochbegabungsstudie. In: Heller, K. (Hrsg.): *Hochbegabung im Kindes- und Jugendalter*, (2. Aufl.), Göttingen: Hogrefe. 357 – 446.

Perleth, C. und Sierwald, W. (2001): Entwicklungs- und Leistungsanalysen zur Hochbegabung. In: Heller, K. (Hrsg.): *Hochbegabung im Kindes- und Jugendalter.* Göttingen: Hogrefe, 172 – 357.

Petermann, U. und Petermann, F. (2013): *Lehrereinschätzliste für das Sozial- und Lernverhalten.* (2. Aufl.), Göttingen: Hogrefe.

Petermann, U.; Petermann, F. und Lohbeck, A. (2014): *Schülereinschätzliste für Sozial- und Lernverhalten.* Göttingen: Hogrefe.

Piaget J. (2003): *Meine Theorie der geistigen Entwicklung.* Weinheim: Beltz.

Preckel, F. und Brüll, M. (2008): *Intelligenztests.* München: Reinhardt.

Preckel, F. (2008): Erkennen und Fördern hochbegabter Schülerinnen und Schüler. In: Schneider, W. und Petermann, F. (Hrsg.), *Angewandte Entwicklungspsychologie. Enzyklopädie der Psychologie*, Bd. 7, Göttingen: Hogrefe, 449 – 495.

Preckel, F. und Eckelmann, C. (2008): Beratung bei (vermuteter) Hochbegabung: Was sind die Anlässe und wie hängen sie mit Geschlecht, Ausbildungsstufe und Hochbegabung zusammen? In: *Psychologie in Erziehung und Unterricht, 55*, 16 – 26.

Preckel, F. (2010): Intelligenztests in der Hochbegabungsdiagnostik. In: Preckel, F.; Schneider, W. und Holling, H. (Hrsg.): *Diagnostik von Hochbegabung.* Göttingen: Hogrefe, 19 – 44.

Preckel, F. und Baudson, T. (2013): *Hochbegabung.* München: C. H. Beck.

Preckel, F.; Niepel, C. ; Schneider, M. & Brunner, M. (2013): Self-concept in adolescence: A longitudinal study on reciprocal effects of self-perceptions in academic and social domains. In: *Journal of Adolescence*, 36 (6), 1165 – 1175.

Preckel, F. und Vock, M. (2013): *Hochbegabung. Ein Lehrbuch zu Grundlagen, Diagnostik und Fördermöglichkeiten*. Göttingen: Hogrefe.

Preckel, F. (2014): *Konzeption und Auswertung einer Umfrage zu Beratungsanlässen in der Hochbegabtenberatung. Abschlussbericht zum Projekt*. Unveröff. Manuskript für die Karg-Stiftung.

Preuss. L. J. & Dubov, E. F. (2004): A comparison between intellectually gifted and typical children in their coping responses to a school and a peer stressor. In: *Roeper Review*, 26, 105 – 111.

Pruisken, C. und Fridrici, M. (2005): Besondere Beratung bei besonderer Begabung? Beratungsanlässe in der Begabungsdiagnostischen Beratungsstellen BRAIN. In: Schilling, S. R.; Sparfeldt, J. R. und Pruisken, C. (Hrsg.), *Aktuelle Aspekte pädagogisch-psychologischer Forschung*. Münster: Waxmann, 111-128.

Quitmann, H. (2007): Besondere Begabungen. In: Fleischer, T.; Grewe, N.; Jötten, B.; Seifried, K. und Sieland, B. (Hrsg.): *Handbuch Schulpsychologie*, 1. Auflage, Stuttgart: Kohlhammer, 124 – 132.

Ramm, B. (2009): *Das Tandem-Prinzip. Mentoring für Kinder und Jugendliche*. Hamburg: Edition Körber Stiftung.

Rauer, W. und Schuck, K.-D. (2003): Fragebogen zur Erfassung emotionaler und sozialer Schulerfahrungen von Grundschulkindern dritter und vierter Klassen. Göttingen: Hogrefe.

Rauer, W. und Schuck, K.-D. (2004): Fragebogen zur Erfassung emotionaler und sozialer Schulerfahrungen von Grundschulkindern erster und zweiter Klassen. Göttingen: Hogrefe.

Ravens- Sieberer, U. und Bullinger, M. (2000): *KINDL®. Fragebogen zur Erfassung der gesundheitsbezogenen Lebensqualität bei Kindern und Jugendlichen* . Revidierte Form, Manual: www.kindl.org *Letzter Abruf: 10.01.2015.*

Reichle, B. (2004): *Hochbegabte Kinder. Erkennen, fördern, problematische Entwicklungen verhindern*. Weinheim: Beltz.

Reinders, H. (2014): Soziale und emotionale Entwicklung hochbegabter Kinder. In: M. Stamm (Hrsg.): *Handbuch Talententwicklung*. Stuttgart: Huber, 217 – 226.

Remschmidt, H. (2008): Autismus. In: Herpertz-Dahlmann, B.; Resch, F.; Schulte-Markwort, M. und Warnke, A. (Hrsg.): *Entwicklungspsychiatrie*; Stuttgart: Schattauer, 600 – 625.

Renzulli, J. S. (1978): What makes giftedness? Reexamining a definition. In: *Phi Delta Kappan*, 60, 180 – 184.

Renzulli, J. S., & Reis, S. M. (1985): *The schoolwide enrichment model: A comprehensive plan for educational excellence*. Mansfield Center, CT: Creative Learning Press.

Richards, J., Encel, J. & Shute, R. (2003): The Emotional and Behavioural Adjustment of Intellectually Gifted Adolescents: A Multi-Dimensional,

Multi-Informant Approach. In: *High Ability Studies*, Vol. 14, Nr. 2, 153 – 164.

Rittmann, B. (2011): Das Multimodale Therapiemodell in der Autismustherapie am Beispiel des Hamburger Autismus Instituts. In: Autismus Deutschland e.V. (Hrsg.): *Inklusion von Menschen mit Autismus*, Karlsruhe: Loeper-Literaturverlag, 235 – 244.

Rogers, C. R. (1972): *Die klientenzentrierte Gesprächspsychotherapie*. München: Kindler.

Rogers, C. (2008): *Eine Theorie der Psychotherapie, der Persönlichkeit und der zwischenmenschlichen Beziehung*. München: Reinhardt.

Rohrmann, S. und Rohrmann, T. (2005): *Hochbegabte Kinder und Jugendliche. Diagnostik – Förderung – Beratung*. München: Reinhardt.

Rohrmann, S. und Rohrmann, T. (2010): *Hochbegabte Kinder und Jugendliche: Diagnostik – Förderung – Beratung*. (2. vollst. überarbeitete Aufl.), München: Reinhardt.

Rollett,B. und Bartra, M. (1998): Anstrenungsvermeidungstest (AVM). Göttingen: Hogrefe.

Rost, D. und Czeschlik, T. (1990): Überdurchschnittlich intelligente Zehnjährige: Probleme mit der psychosozialen Anpassung? In: *Zeitschrift für Entwicklungspsychologie und Pädagogische Psychologie*, 22, 284 – 295.

Rost, D. (1993): *Lebensumfeldanalyse hochbegabter Kinder: das Marburger Hochbegabtenprojekt*. Göttingen: Hogrefe.

Rost, D. und Albrecht, H. (1985): Expensive homes, clever children? On the relationship between giftedness and housing quality. In: *School psychology International*, 6 (1), 5 – 12.

Rost, D. (2000): Grundlagen, Fragestellungen, Methode. In: Rost, D. (Hrsg.): *Hochbegabte und hochleistende Jugendliche*. Münster: Waxmann, 1 – 91.

Rost, D. (2009): *Intelligenz: Fakten und Mythen*. Weinheim: Beltz.

Rost, D. (Hrsg.) (2009): *Hochbegabte und hochleistende Jugendliche. Befunde aus dem Marburger Hochbegabtenprojekt*. (2. und erweiterte Auflage), Münster: Waxmann.

Rost, D. (2009): Selbstkonzept. In: Rost, D. (Hrsg.): *Hochbegabte und hochleistende Jugendliche. Befunde aus dem Marburger Hochbegabtenprojekt*, (2. und erweiterte Auflage), Münster: Waxmann, 211 – 278.

Rost, D. (2010): Stabilität von Hochbegabung. In: Preckel, F.; Schneider, W. und Holling, H. (Hrsg.): *Diagnostik von Hochbegabung*. Göttingen: Hogrefe, 233 – 266.

Rotering-Steinberg, S. (2009): Unterschiede und Gemeinsamkeiten von Coaching und Mentoring. In: Stöger, H.; Ziegler, A. und Schimke, D. (2009): *Mentoring: Theoretische Hintergründe, empirische Befunde und praktische Anwendungen*. Lengerich: Pabst, 31 – 54.

Rousseau, J.-J. (1988): *Julie oder die neue Héloise.* München: Artemis & Winkler.

Röthlisberger, M. (2010): *Exekutive Funktionen im Vorschul- und Grundschulalter: Entwicklungsverläufe und Möglichkeiten der Einflussnahme durch Umweltfaktoren.* Bern: Universität/ Philosophisch-Humanwissenschaftliche Fakultät.

Schaarschmidt, U.; Ricken, G.; Kieschke, U. und Preuß, *U.* (2004): *BIVA. Bildbasierter Intelligenztest für das Vorschulalter.* Göttingen: Hogrefe.

Scheffer, D. und Heckhausen, H. (2010): Eigenschaftstheorien der Motivation. In: Heckhausen, J. und Heckhausen, H.: *Motivation und Handeln.* (4. Aufl.), Berlin: Springer, 43 – 72.

Schilling, S. (2000): Peer-Beziehungen. In: Rost, D. (Hrsg.) (2000): *Hochbegabte und hochleistende Jugendliche.* Münster: Waxmann, 367 – 421.

Schlichting, U. U. (1968): Einige Persönlichkeitszüge von Gymnasiasten mit hoher Testintelligenz. In: *Archiv für die gesamt Psychologie*, Bd. 120 (2-4), 125 - 150.

Schmidt, H.-D. (1970): *Allgemeine Entwicklungspsychologie.* Berlin: Deutscher Verlag der Wissenschaften.

Schmitt, K. (2014): *Aufsuchende Beratung in einem Familienzentrum mit hohem Anteil an sozial benachteiligten Familien und Familien mit Migrationshintergrund.* Vortrag beim Karg-Beratungsnetzwerk am 27.03.2014 (unveröff.).

Schneider, W.; Preckel, F. und Stumpf, E. (2014): *Hochbegabtenförderung in der Sekundarstufe.* Karg Heft 7. Frankfurt: Karg-Stiftung.

Scholwinski, E. & Reynolds, C. R. (1985): Dimensions of Anxiety Among High IQ Children. In: *Gifted Child Quarterly*, 29, 125 – 130.

Schorn, A. (2011): Die Sicherung des Kindeswohls durch bindungsorientierte Frühprävention oder Warum die Stärkung der elterlichen Beziehungskompetenz so wichtig ist. In: Goldberg, B. und Schorn, A. (Hrsg.): *Kindeswohlgefährdung. Wahrnehmen-Bewerten-Intervenieren*, Opladen: Verlag Barbara Buderich, 187 – 214.

Schuler, P. (2002): Perfectionism in gifted children and adolescents. In: Neihart, S.; Reis, M.; Robinson, N. M. & Moon, S. M. (Eds.): *The social and emotional development of gifted children: What do we know*? Waco, Tex: Prufrock Press Inc., 71 – 80.

Schürmann, S.; Breuer, D.; Wolff Metternich-Kanzmann, T. und Döpfner, M. (2012): Intellektuelle Fähigkeiten bei Jugendlichen mit früherer ADHS-Diagnose. Zusammenhänge zu aktuellen ADHS-Symptomen, Komorbidität und früherer Medikation: Ergebnisse der 8.5-Jahre-Katamnese der Kölner Adaptiven Multimodalen Therapiestudie (KAMT). In: *Zeitschrift für Kinder- und Jugendlichenpsychiatrie und -psychotherapie*, 40 (1), 51 – 60.

Schütz, C. (2009): Leistungsbezogene Kognitionen. In: Rost, D. (Hrsg.) (2009): *Hochbegabte und hochleistende Jugendliche. Befunde aus dem Marburger Hochbegabtenprojekt*, (2. und erweiterte Auflage), Münster: Waxmann, 303 – 337.

Schwab, G. (2011): *Sagen des klassischen Altertums*. Köln: Anaconda Verlag.

Sears, R. R. (1977): Sources of life satisfaction of the Terman gifted man. In: *American Pychologist*, 32, 119 – 128.

Seitz, W. und Rausche, A. (2004): *Der Persönlichkeitsfragebogen für Kinder von 9 bis 14 Jahren (PFK)*.(4. Aufl.) Göttingen: Hogrefe.

Silverman, L. K. (1986): Parenting young gifted children. In: *Journal of Children in Contemporary Society*, 18 (3-4), 73 – 87.

Silverman, L. K. (1999): Perfectionism. In: *Gifted Education International*, 13, 216 – 255.

Sparfeldt, J. R.; Buch, S. R. und Rost, D. (2006): Hochbegabte Underachiever als Jugendliche und Erwachsene. In: *Zeitschrift für Pädagogische Psychologie*, 20 (3), 213 – 224.

Sparfeldt, J. R.; Buch, S. R.; Schwarz, F.; Jachmann, J. und Rost, D. (2009): „Rechnen ist langweilig" – Langeweile in Mathematik bei Grundschülern. In: *Psychologie und Unterricht*, 56, 16 – 26.

Sparfeldt, J. R.; Buch, S. R. und Rost, D. (2014): Begabte Underachiever. In: Stamm, M. (Hrsg.): *Handbuch Talententwicklung*, Bern: Huber, 365 – 374.

Sparer, N. und Brunstein, J. (2005): Diagnostik von selbstgesteuertem Lernen. Ein Vergleich zwischen Fragebogenverfahren und Interviewverfahren. In: Artelt, C. und Moschner, B. (Hrsg.): *Lernstrategien und Metakognition. Implikationen für Forschung und Praxis*, Münster: Waxmann, 43 – 64.

Spinath, B.; Stiensmeier-Pelster, J.; Schöne, C. und Dickhäuser, O. (2012): *Skalen zur Erfassung der Lern- und Leistungsmotivation (SELLMO)*, Göttingen: Hogrefe.

Stamm, M. (Hrsg.) (2014): *Handbuch Talentförderung*. Bern: Huber.

Stamm, M. (2014): Minoritäten als Begabungsreserve. In: Stamm, M. (Hrsg.): *Handbuch Talententwicklung*. Bern: Huber, 375 – 384.

Stapf, A. und Lang, R. (2002): Warum lebe ich eigentlich? Bedürfnisse und Förderung hochbegabter Vorschulkinder. In: *KiTa aktuell BW*, 11. Jahrg., Nr. 2, Kronach: Link, 36 – 39.

Stapf, A. (2003, 2010): *Hochbegabte Kinder. Persönlichkeit, Entwicklung, Förderung*. (5. Aufl.), München: C. H. Beck.

Stapf, A. (2010): Hochbegabung und Aufmerksamkeitsstörung (ADHS). In: Preckel, F.; Schneider, W. und Holling, H. (Hrsg.): *Diagnostik von Hochbegabung*. Göttingen: Hogrefe, 293 – 318.

Statistisches Bundesamt (2010): *Alleinerziehende in Deutschland. Ergebnisse des Mikrozensus 2009*. https://www.destatis.de/DE/PresseService/Presse/

Pressekonferenzen/2010/Alleinerziehende/pressebroschuere_Alleinerziehende2009.pdf?__blob=publicationFile, letzter Abruf am 06.03.3015.

Statistisches Bundesamt (2014): *Bevölkerung und Erwerbstätigkeit. Bevölkerung mit Migrationshintergrund – Ergebnisse des Mikrozensus 2013.* https://www.destatis.de/DE/Publikationen/Thematisch/Bevoelkerung/MigrationIntegration/Migrationshintergrund2010220137004.pdf?__blob=publicationFile, letzter Abruf am 06.03.2015.

Steenbuck, O.; Quitmann, H. und Schreiber, P. (2011): *Inklusive Begabtenförderung in der Grundschule: Konzepte und Praxisbeispiele zur Schulentwicklung*. Weinheim: Beltz.

Steinebach, C. (2006): Beratung und Psychologie. In: Steinebach, C. (Hrsg.): *Handbuch Psychologische Beratung*, Stuttgart: Klett, 11 – 35.

Steinheider, P. (2014): *Was Schulen für ihre guten Schülerinnen und Schüler tun können*. Berlin: Springer.

Stern, E. und Neubauer, A. (2013): *Intelligenz. Große Unterschiede und ihre Folgen*. München: Deutsche Verlags Anstalt.

Sternberg, R. J. (1985): *Beyond IQ: A tricharchic theory of human intelligence*. New York/NY: Cambridge University Press.

Sternberg, R. J. (1993): *The concept of „giftedness": A pentagonal implicit theory. The origins and development of high ability*. United Kingom: CIBA Foundation, 5 – 21.

Sternberg, R. J. (1997): The triarchic theory of intelligence. In: Flanagan, D.P.; Genshaft, J. L. & Harrison, P. L. (Eds.): *Contemporary intellectual assessment: Theories, tests, and issues*, New York: Guilford Press, 92 – 104.

Sternberg, R. (1998): *Erfolgsintelligenz. Warum wir mehr brauchen als EQ + IQ*. München: Lichtenberg.

Stöger, H.; Ziegler, A. und Heilemann, M. (Hrsg.) (2012): *Mädchen und Frauen in MINT. Bedingungen von Geschlechtsunterschieden und Interventionsmöglichkeiten*. Münster: LIT.

Stoeger, H. & Sontag, C. (2012): How Gifted Students Lern: A Literature Review. In: Ziegler, A.; Fischer, C.; Stoeger, H. & Reutlinger, M. (Eds.): *Gifted Education as a Lifelong Challenge*. Berlin: LIT, 315 – 336.

Stumm, G. und Keil, W. (2002): Das Profil der Klienten-/Personzentrierten Psychotherapie. In: Keil, W. und Stumm, G. (Hrsg.): *Die vielen Gesichter der Personenzentrierten Psychotherapie*, Wien: Springer, 1 – 62.

Süß, H.-M. und Beauducel, A. (2011): Intelligenztests und ihre Bezüge zu Intelligenztheorien. In: Hornke, L. F.; Amelang, M. und Kersting, M. (Hrsg.): *Leistungs-, Intelligenz- und Verhaltensdiagnostik*, (Enzyklopädie der Psychologie, Themenbereich B, Methodologie und Methoden, Serie II, Psychologische Diagnostik, Band 3), Göttingen: Hogrefe, 97-234.

Tardif, T. Z. & Sternberg, R. J. (1988): What we know about creativity? In: Sternberg, R. J. (Ed.): *The nature of creativity*, Cambridge/NY: Cambridge University Press, 429 – 440.

Tassel-Baska, J. L. van (1983): Profiles of precocity. In: *Gifted Child Quarterly*, 27 (3), 139 – 144.

Tettenborn, A. (1996): *Familien mit hochbegabten Kindern*. Münster: Waxmann.

Tomaschek, N. (2003): *Systemisches Coaching – Ein zielorientierter Beratungsansatz*. Wien: Facultas.

Tschechne, M. (1985): Viel Lärm um nichts. Streit um Hochbegabten-Beratung in Hamburg. In: *Die Zeit*, Ausgabe vom 8.1.1985.

Tschöpe-Scheffler, S. (2003): *Elternkurse auf dem Prüfstand, Wie Erziehung wieder Freude macht*. Opladen: Leske & Budrich.

Universität St. Gallen (2014): Mentorenprogramm. http://www.unisg.ch/de/studium/bachelor/allgemeineinformationen/mentoringprogramm/rollenundaufgaben Letzter Abruf: 19.12.2014.

Unzner, L. (2012): Goth, K., Schmeck, K. (2009): Das Junior Temperament und Charakter Inventar (JTCI).

Zentner, M., Ihrig, L. (2010): Inventar zur integrativen Erfassung des Kind-Temperaments (IKT) (Neuere Testverfahren). In: *Praxis der Kinderpsychologie und Kinderpsychiatrie*, 61 (4), 287 – 294.

Vorwerg, M. (1990): *Psychologie der individuellen Handlungsfähigkeit. Eine Einführung*. Berlin: Deutscher Verlag der Wissenschaften.

Vock, M.; Preckel, F. und Holling, H. (2007): *Förderung Hochbegabter in der Schule*. Göttingen: Hogrefe.

Vock, M. und Hasselhorn, M. (2010): Diagnostik der Funktionstüchtigkeit des Arbeitsgedächtnisses bei Hochbegabten. In: Preckel, F.; Schneider, W. und Holling, H. (Hrsg.): *Diagnostik von Hochbegabung*, Göttingen: Hogrefe, 119 – 140.

Vock, M.; Gauck, L. und Vogl, K. (2010): Diagnostik von Schulleistung und Underachievement. In: Preckel, F.; Schneider, W. und Holling, H. (2010) (Hrsg.): *Diagnostik von Hochbegabung*, Göttingen: Hogrefe, 1 – 18.

Wahlen, K. (2013): Diagnostik aus der Perspektive der Psychologie. In: Gahleitner, S.; Wahlen, K.; Bilke-Hentsch, O. und Hillenbrandt, D. (Hrsg.): *Biopsychosoziale Diagnostik in der Kinder- und Jugendhilfe*, Stuttgart: Kohlhammer, 34 – 48.

Wahlen, K. und Jacob, A. (2012): Diagnostik der Erziehungs- und Entwicklungssituation nach dem Multiaxialen Diagnosesystem Jugendhilfe (MAD-J). In: Gahleitner, S.; Wahlen, K.; Bilke-Hentsch, O. und Hillenbrandt, D. (Hrsg.): *Biopsychosoziale Diagnostik in der Kinder- und Jugendhilfe*, Stuttgart: Kohlhammer, 132 – 142.

Warschburger, P. (Hrsg.) (2009): *Beratungspsychologie*. Berlin: Springer.

Webb, J. T.; Amend, E. R.; Webb, N. D.; Goerss, J.; Beljan, P. & Olenchak, F. R. (2005): *Misdiagnosis and dual diagnosis of gifted children and adults: ADHD, Bipolar, OCD, Asperger's, Depression and other disorders.* Scottsdale, AZ: Great Potenzial Press.

Webb, J. T.; Meckstroth, E. und Tolan, S. S. (2006): *Hochbegabte Kinder – ihre Eltern, ihre Lehrer. Ein Ratgeber.* (5. Aufl.), Bern: Huber.

Webb, J. T. (2015): *Doppeldiagnosen und Fehldiagnosen bei Hochbegabung. Ein Ratgeber für Fachpersonen und Betroffene.* Bern: Huber

Wechsler, D. (2011) (dt. Bearbeitung: Petermann, F. und Petermann, U.): *Wechsler Intelligence Scale for Children® – Fourth Edition.* Frankfurt: Pearson.

Weigand G. (2004): *Schule der Person: Zur anthropologischen Grundlegung einer Theorie der Schule.* Würzburg: Ergon.

Weigand, G. (2011): Geschichte und Herleitung eines pädagogischen Begabungsbegriffs. In: Hackl, A.; Steenbuck, O. und Weigand, G. (Hrsg.): *Werte schulischer Begabtenförderung.* Karg-Heft Nr. 3. Frankfurt: Karg-Stiftung, 48 -54.

Weigand, G. (2014): Begabung und Person. In: Weigand, G.; Hackl, A.; Müller-Oppliger, V. und Schmid, G. (Hrsg.): *Personorientierte Begabungsförderung,* Weinheim: Beltz, 26 – 36.

Weiß, C.; Stumpf, E und Schneider, W. (2012): Das Beratungskonzept der psychologischen Beratungsstelle der Universität Würzburg. In: Ziegler, A.; Grassinger, R. und Harder, B. (Hrsg.): *Konzepte der Hochbegabtenberatung in der Praxis,* Berlin: LIT, 227 – 245.

Westhoff, K., Steinborn, M. B. & Schurz, A. (2013): Was versteht man unter dem Konstrukt „Gewissenhaftigkeit"? Ein regelbasierter Ansatz zur Operationalisierung von Eigenschaften. *Report Psychologie, 38,* 200-208

Wieczerkowski, W.; Nickel, H.; Janowski, A.; Fittkau, B. und Rauer, W. (1981): *Angstfragebogen für Schüler.* (6. Aufl.), Göttingen: Hogrefe.

Wieczerkowski, W. & Prado, T. (2003): Parental fears and expectations from the point of view of a counseling center for the gifted. In: Cropley, A. J. & Dehn, D. (Eds.): *Fostering the growth of high ability. European perspectives,* Nowood/ NJ: Ablex, 515 – 534.

Wiesner, R. (2006): *SGB VIII. Kinder- und Jugendhilfe. Kommentar.* (3. Aufl.), München: C. H. Beck.

Wittmann, A. und Holling, H. (2001; 2. überarbeitete Auflage 2004): *Hochbegabtenberatung in der Praxis.* Göttingen: Hogrefe.

Wittmann, A. (2003): *Hochbegabtenberatung. Theoretische Grundlagen und empirische Analysen.* Göttingen: Hogrefe.

Woerner, W.; Becker, A.; Friedrich, C.; Klasen, H.; Goodman, R. und Rothenberger, A. (2002): Normierung und Evaluation der deutschen Elternversion des Strengths and Difficulties Questionnaire (SDQ): Ergebnisse einer repräsentativen Felderhebung. In: *Zeitschrift für Kinder- und Jugendpsychiatrie und Psychotherapie*, 30, 105 – 112.

Wolf, M. (2014): *Konzeption und Umsetzung von Fördermaßnahmen für Underachiever an Haupt- und Realschulen. Abschlussbericht zum Projekt zur Identifikation und Förderung schulischer Underachiever im Rhein-Erft-Kreis.* Unveröff. Manuskript für die Karg-Stiftung.

Wustinger, R. (2014): Befähigen statt begleiten. Coaching in Schulen?! In: Weigand, G.; Hackl, A.; Müller-Oppliger, V. und Schmid, G. (2014): *Personorienterte Begabungsförderung*, Weinheim: Beltz, 211 – 218.

Wälte, D.; Borg-Laufs, M. und Brückner, B. (2011): *Psychologische Grundlagen der sozialen Arbeit*. Stuttgart: Kohlhammer.

Yewchuk, C. R. & Schlosser, G. A. (1996): Childhood sibling relationships of eminent Canadian women. In: *Roeper Review*, 18 (4), 287 -292.

Zeidner, M. & Shani-Zinovic, I. (2011): Do academically gifted and nongifted students differ on the big-five and adaptive status? Some recent data and conclusions. In: *Personality and Individual Differences*, 51, 566 – 570.

Zentner, M und Ihrig, L. (2011): *Inventar zur integrativen Erfassung des Kind-Temperaments*. Göttingen: Hogrefe.

Ziegler, A. (2005): The Actiotope Model of Giftedness. In: Sternberg, R. J. & Davidson, J. E. (Eds.): *Conceptions of giftedness*, (2end ed.) Cambridge/ NY: Cambridge University Press, 411 – 434.

Ziegler, A. (2008): *Hochbegabung*. München: Reinhardt UTB.

Ziegler, A. (2009): Mentoring: Konzeptuelle Grundlagen und Wirksamkeitsanalyse. In: Stöger, H.; Ziegler, A. und Schimke, D. (2009): *Mentoring: Theoretische Hintergründe, empirische Befunde und praktische Anwendungen*, Lengerich: Pabst. 7 – 30.

Ziegler, A. (2010): Hochbegabte und Begabtenförderung. In: Tippelt, R. und Schmidt, B. (Hrsg.): *Handbuch Bildungsforschung*, (3. Aufl.), Opladen: Leske & Budrich, 937 – 952.

Ziegler, A.; Grassinger, R. und Harder, B. (Hrsg.) (2012): *Konzepte der Hochbegabtenberatung in der Praxis*. Berlin: LIT.

Ziegler, A., Grassinger, R., Stöger, H. und Harder, B. (2012): Das Beratungskonzept der Landesweiten Beratungs- und Forschungsstelle für Hochbegabung (LBFH). In: Ziegler, A.; Grassinger, R. und Harder, B. (Hrsg.): *Konzepte der Hochbegabtenberatung in der Praxis*, Berlin: LIT, 247 – 270.

Weitere Weblinks

Baudson, G. (2012): MinD-Magazin 91. http://www.uni-trier.de/fileadmin/fb1/prof/PSY/HBF/Mindmag91-tgb.pdf Letzter Abruf: 08.07.2014.

http://www.galton-1865-hereditary-talent.pdf Letzter Abruf: 06.02.2015.
http://www.galton-1869-macmillans-judges.pdf Letzter Abruf: 06.02.2015.
http://www.litde.com/sturm-und-drang-epoche/statt-einer-wirkungs geschichte/zur-geschichte-des-geniebegriffs.php. Letzter Abruf: 01.07.2014.
http://www.spiegel.de/wirtschaft/unternehmen/sap-stellt-autisten-ein-a-901090.html
Spiegel Online (2014): http://www.spiegel.de/schulspiegel/wissen/pisa-studie-jungen-besser-als-maedchen-a-961921.html Letzter Abruf: 09.09.2014.
news & science. Begabtenförderung und Begabungsforschung. özbf, Okt. 06, Sonderausgabe für alle Schulen in Österreich, S. 24-26. http://www.oezbf.net/cms/tl_files/Forschung/Abgeschlossene%20Forschungsprojekte/03-02-Big-fish_preckel_fuerwebsite_01%285%29.pdf Letzter Abruf: 17.9.2014.
http://www.klikk-elterntraining.de Letzter Abruf: 06.01.2015.
http://www.bildung-und-begabung.de/begabungslotse/datenbank Letzter Abruf: 01.02.2015.
http://www.fachportal-hochbegabung.de/

Verzeichnis der Abbildungen